# 赋能『双减』

## 我国中小学生参与课外补习的影响因素分析

薛海平⊙著

国家自然科学基金面上项目『家庭资本、影子教育与社会再生产』（71774112）研究成果

The Influential Factors of Chinese Primary and Middle School Students' Participation in Extracurricular Tutoring

科学出版社
北京

## 内 容 简 介

“双减”政策背景下，基础教育课外补习问题是当前我国政府和社会各界高度关注的焦点问题。揭示学生和家庭参与课外补习的深层次原因有助于化解学生和家庭对课外补习的需求，实现“双减”政策目标。本书基于历年中国家庭追踪调查的相关数据，不仅探讨了学生个体和家庭社会经济背景等对课外补习的影响，也探讨了社会经济和教育政策等对学生和家庭课外补习决策行为的深层次影响，提出“双减”政策背景下治理课外补习问题应该“堵”“疏”结合，以促进家庭教育、学校教育、校外教育三方协同发展，实现立德树人根本目的和学生全面发展目标。相关实证研究成果可为我国“双减”政策的进一步实施及后续的政策制定提供理论依据和参考。

本书可供教育研究者、教育管理者、大中小学教师、大学教育专业学生、中小学生家长，以及对此问题感兴趣的读者参阅。

**图书在版编目（CIP）数据**

赋能“双减”：我国中小学生参与课外补习的影响因素分析／薛海平著．—北京：科学出版社，2022.11

ISBN 978-7-03-073841-7

Ⅰ.①赋… Ⅱ.①薛… Ⅲ.①基础教育-校外教育-研究-中国 Ⅳ.①G639.2

中国版本图书馆CIP数据核字（2022）第220747号

责任编辑：崔文燕／责任校对：贾伟娟
责任印制：李 彤／封面设计：润一文化

科学出版社 出版
北京东黄城根北街16号
邮政编码：100717
http://www.sciencep.com
北京中石油彩色印刷有限责任公司 印刷
科学出版社发行 各地新华书店经销
*
2022年11月第 一 版 开本：720×1000 1/16
2023年6月第二次印刷 印张：16 1/4
字数：290 000

**定价：99.00 元**

（如有印装质量问题，我社负责调换）

# 序

近十年来，我国基础教育阶段学生大规模参与课外补习现象已成常态化，由此引发一系列诸如学生学业负担过重、教育内卷、家长焦虑等教育和社会问题。2021年7月24日，中共中央办公厅、国务院办公厅印发《关于进一步减轻义务教育阶段学生作业负担和校外培训负担的意见》(以下简称“双减”)，可谓一石激起千层浪。“双减”政策的重点之一是减轻孩子和家长的校外培训负担，为此教育部还专门提前成立了校外教育培训监管司，基础教育课外补习问题再次受到全社会高度关注。“双减”政策的颁布表达了我国中央政府治理学生作业负担和课外补习问题的决心，如何落实“双减”政策将成为未来一段时期我国基础教育面临的挑战。为督促各地切实贯彻落实“双减”政策，国务院教育督导委员会办公室印发专门通知，拟对各省份“双减”工作落实进度每半月通报一次，半月通报制度为“双减”政策再加码。

“双减”政策背景下治理课外补习问题应该“堵”“疏”结合，在规范校外培训机构发展的同时积极化解学生和家庭对课外补习的需求，促进家庭教育、学校教育、校外教育三方协同发展，实现立德树人根本目的和学生全面发展目标。基础教育学生参与课外补习的决策受到学生个体、家庭、学校、社会等多方面因素的影响，学生大规模参与课外补习有深刻的政治、经济、文化、教育、人口等社会原因。揭示学生和家庭参与课外补习的深层次原因有助于化解学生和家庭对课外补习的需求，有利于“双减”政策的实施。遗憾的是，探讨我国基础教育阶段学生和家庭参与课外补习原因的实证研究还很薄弱，已有实证研究主要集中于探讨学生个体和家庭社会经济背景因素的影响，很少有研究去探讨社会经济和教育政策对学生和家庭课外补习决策行为的深层次影响，我国亟须针对学生和家庭参与课外补习原因开展全面深入实证研究，相关研究成果将可以为我国“双减”政策的具体实施以及后续的政策制定提供理论依据和参考。

该书中作者利用我国多项具有全国代表性的基础教育基线调查数据，采用计量经济学模型，从家、校、社协同育人的视角全方位地探究了中国基础教育学生参与课外补习的影响因素，这在已有研究中尚不多见，具有鲜明的研究特色。该书不仅从家庭微观层面研究家庭社会经济背景、父母教养方式、家长参与、社区同伴影响引发的邻里效应对学生参与课外补习的影响，也从学校中观层次探讨教师工资水平、教育资源配置均衡水平、班级和学校同伴影响引发的剧场效应对学生参与课外补习的影响，还从社会宏观层次探究了中高考升学竞争、高等教育规模扩张、收入不平等对学生参与课外补习的影响。该书采用了生存分析、多层线性模型、面板数据随机效应模型、双重差分模型、Tobit 模型等多种高级统计分析方法来研究课外补习影响因素问题，力图克服传统研究方法的缺陷。

该书在多个方面均有所创新，具体来说有下面几点。第一，课外补习风靡中国和世界许多国家和地区，不同家庭社会经济背景的孩子参与课外补习规模和支出存在明显分化，这种分化折射出不同阶层家庭家长教育理念和教养方式的差异。有许多学者研究了家庭社会经济背景对孩子参与课外补习的影响，但很少有学者探讨家长教养方式对孩子参与课外补习的影响。该书探讨了家长教养方式对孩子参与课外补习的影响，揭示了家庭社会经济背景、家长教养方式与孩子参与课外补习的关系。第二，学生和家长参与课外补习决策通常受到同辈群体的影响，这也是课外补习剧场效应发生的重要原因，然而探讨这种同伴影响的实证研究很难见到，该书探讨了班级和学校同伴以及社区同伴对学生参与课外补习的影响，证明了学生和家长参与课外补习决策过程中存在剧场效应和邻里效应。第三，一些国外实证研究显示，在教师工资比较低的国家，教师更容易参与有偿补课，而教师有偿补课会促使学生参与课外补习，因此在职教师工资水平会影响学生参与课外补习，但迄今为止我国没有关于职教师工资水平和学生参与课外补习关系的实证研究。该书考察了省级层面中小学教师工资指数对学生参与课外补习的影响。第四，一些学者和政府官员认为课外补习盛行的重要原因是教育发展不均衡。近年来，我国各级政府大力推进义务教育均衡发展，但义务教育均衡发展是否有助于降低学生的课外补习参与率和支出？目前，针对该问题的实证研究非常缺乏。该书探讨了教育均衡发展水平对初中学生课外补习参与决策和支出水平的影响。第五，许多学者认为抑制课外补习的重要途径在于改革考试招生制度，但几乎没有实证研究探讨考试招生制度改革对学生参与课外补习的影响，该书以我国 2014 年开始的新高考改革作为准自然实验，采用全国微观调研数据和双重差分方法，首次探究高校考试招生制度改革对中小学生参与课外补习的影响。第六，课外补习曾在我国基础教育盛行的一个重要原因与我国的中高考升学竞争有关，课外补习对学生中高考升学竞争的影响虽然受到各界关注，然而鲜有研究讨论中高考升学竞争如何影响学生参与课外补习。该书基于中国家庭追踪调查（China Family Panel Studies，CFPS）数据和各省份中高考录取率数据，探究了中高考升学竞争与基础教育阶段学生参与课外补习的关系。第七，随着我国高等教育规模的不断扩张，学生和家长在追求高等教育机会的同时，更希望追求高等教育质量，享有优质的高等教育资源，学生和家长对接受高等教育的期望会影响课外补习参与决策，所以有必要探讨高等教育规模扩张与学生课外补习参与的关系，然而，这方面的实证研究基本没有。该书基于中国家庭追踪调查数据和收集各省份的高等教育录取率数据，通过面板数据随机效应模型，从高等教育规模数量扩张和质量扩张两个维度，探讨高等教育普及化对学生参与课外补习的影响。第八，收入不平等的扩大同时伴随着家庭教育投入阶层差异的扩大，学生间课外补习参与因家庭经济社会地位的不同而表现出阶层差异。那么，收入不平等与课外补习参与之间是什么关系？仅有少数学者研究了收入不平等对家庭教育支出的影响，很少有研究探讨收入不平等对学生课外补习支出的影响。该书借助中国教育财政家庭调查数据和同年匹配的中国家庭金融调查与研究数据，探讨收入不平等与基础教育学生课外补习参与和支出之间的关系。

“双减”政策背景下基础教育课外补习问题是当前我国政府和社会各界高度关注的焦点问题，吸引了许多学者开展相关研究，但我国基础教育课外补习问题研究还很薄弱，该书作者长期以来一直致力于基础教育课外补习问题研究，取得了丰硕的研究成果。该书集中呈现了作者和项目组成员近五年来对我国基础教育课外补习成因问题研究代表性成果，也在一定程度上反映了我国基础教育课外补习研究的最新进展。该书研究成果不仅对教育经济与管理研究人员具有重要的学习参考价值，同时也能为教育行政管理部门和家长理性认知课外补习与落实“双减”政策提供参考依据。

# 前　　言

课外补习是指为提高学生学业成绩而进行的正规学校教育外的补充性教育活动。国际学术界通常称课外补习为“影子教育”（shadow education），即主流学校教育投射的一个影子。“影子教育”有两种主要形式：非正式组织的家教和机构化的校外辅导培训。近些年随着教育竞争的加剧，我国基础教育阶段学生参与课外补习的规模越来越庞大，这加重了学生学业负担与家长精力和经济负担，危害了学生的身心健康，扰乱了学校的教育教学秩序，引发了教育不平等、教育焦虑等一系列社会问题。课外补习问题成为政府和社会各界高度关注的焦点问题。为了减轻学生过重的作业负担和校外培训负担，党和国家于2021年7月出台了“双减”政策，这是我国史上最高层级的“减负令”。

“双减”政策实施一年多来，我国义务教育阶段学生减负工作已初见成效，学生校内作业负担得到有效控制，校外培训机构的数量和规模得到有效压减，课堂教学质量不断提升。然而，在实施“双减”政策的过程中仍然面临着许多阻力和困难，如部分家长通过“众筹私教”“家庭式培训”等隐形变异的校外培训方式规避“双减”政策，许多家长的教育焦虑仍然没有得到有效缓解，家校社协同育人机制还未健全等。“双减”政策背景下治理课外补习问题应该“疏”“堵”结合：一方面要规范校外培训机构办学行为；另一方面要了解学生和家长对课外补习的需求，摸清学生和家长参与课外补习的深层原因，基于原因的分析有针对性地采取措施，疏解学生和家长对课外补习的需求，疏通“双减”政策实施过程中的梗阻。目前国内外关于中小学生参与课外补习原因的实证研究主要集中于探讨微观层次学生个体和家庭社会经济背景因素的影响，很少有宏观层次研究去探讨社会经济、文化和教育政策对学生和家庭课外补习决策行为的深层次影响。本书基于我国多项大样本基线调查数据，采用计量经济学模型，深入、系统地分析了影响中小学生参与课外补习的各类因素，全面揭示了中小学生选择参与课外补习的深层次原因。本书虽然采用“双减”政策实施之前的调查数据进行分析，但是鉴于中小学生参与课外补习的家庭背景和社会宏观环境并未发生根本性变化，所以本书的研究成果仍然对落实“双减”政策具有重要的参考价值。

总的来说，本书第一章至第四章主要从微观层面分析学生个体投资影子教育的收益率、家庭社会经济背景、家庭收入、家长教养方式对中小学生参与课外补习的影响，第五章至第七章主要从中观层面探讨社区同伴、学校教师工资水平对中小学生参与课外补习的影响，第八章至第十二章主要从宏观层面探讨新高考改革、中高考升学竞争、义务教育均衡水平、高等教育普及化等教育政策对中小学生参与课外补习的影响。

具体来说，本书共十二章。第一章主要探讨了我国中小学生首次参与课外补习时间及其变动趋势，并利用生存分析的研究方法分析了家庭社会经济背景对中小学生首次参与课外补习时间的影响。第二章主要探讨了家庭收入与课外补习支出之间的弹性关系，分析了不同家庭对课外补习的依赖度、不同学生群体家庭对学科类和兴趣类课外补习需求的差异性以及学校课后服务对课外补习需求的调节作用。第三章主要探讨了家长教养方式与中小学生参与课外补习的关系，分析了家庭社会经济背景、家长教养方式对中小学生参与课外补习的影响。第四章主要探讨了基础教育阶段学生投资影子教育的收益率，分析了不同特征群体学生投资影子教育收益率的差异性。第五章和第六章主要探讨了同伴效应与中小学生参与课外补习的关系，分析了班级和学校同伴、家庭社区同伴对中小学生参与课外补习的影响。第七章主要从课外补习供给方视角探讨中小学教师工资水平对学生课外补习参与的影响。第八章主要探讨了义务教育均衡水平对初中生课外补习参与率和初中生课外补习支出的影响。第九章主要探讨了新高考改革对中小学生课外补习支出的影响，分析了高考考试招生制度的改变对中小学生课外补习支出的影响机制。第十章主要探讨了高等教育普及化对中小学生参与课外补习的动态影响，从高等教育规模的数量扩张和质量扩张两个维度，分析了高等教育规模扩张对基础教育阶段学生参与课外补习的影响。第十一章和第十二章主要探讨了高、中考升学竞争与基础教育阶段学生参与课外补习的关系，分析了高校本科录取率、高中录取率对中小学生参与课外补习的影响。

本书的主要特色在于基于大数据、多视角、多方法系统地探究了我国基础教育阶段学生参与课外补习的影响因素，这在已有研究中尚不多见。具体来说，大数据体现在本书采用的数据均来自具有全国代表性的大样本基线调查数据，如北京大学的中国家庭追踪调查（CFPS）数据、中国家庭金融调查与研究（China Household Finance Survey，CHFS）以及2017年和2019年中国教育财政家庭调查（China Institute for Educational Finance Research-Household Survey，CIEFR-HS）数据、中国人民大学的中国教育追踪调查（China Education Panel Survey，CEPS）数据。多视角体现在本书既关注个体和家庭背景等微观因素对学生参与课外补习的影响，也关注学校同伴效应、学校教师工资水平、社区邻里效应等中观因素对学生参与课外补习的影响，还关注教育政策、教育改革等宏观因素对学生参与课外补习的影响。多方法体现在本书采用多种高级统计分析方法来研究我国中小学生参与课外补习的影响因素，如采用生存分析方法研究我国中小学生首次参与课外补习时间及其变动趋势，采用Tobit模型来系统剖析家庭收入与课外补习支出之间的弹性关系，采用多层线性模型研究家庭经济地位、家长教养方式对中小学生参与课外补习的影响，采用面板数据随机效应模型研究高等教育普及化与中小学生参与课外补习的关系，采用双重差分模型研究新高考改革对中小学生课外补习支出的影响等。

近年来，我国基础教育阶段课外补习市场呈现过度逐利、野蛮生长的态势，课外补习问题已经成为学界关注的重点问题。本书对我国基础教育阶段学生参与课外补习的原因进行了系统、深入的理论与实证研究，对高等院校教育学、经济学、社会学类专业的师生以及广大教育研究人员具有重要的参考价值。此外，落实“双减”政策，减轻学生的校外培训负担是未来一段时期内我国基础教育工作的重点内容，也是广大一线教育行政管理人员和中小学管理人员面临的难题和挑战。本书的研究成果亦可为教育行政管理部门和中小学管理者实施“双减”政策提供重要参考依据。

# 目　　录

## 中篇 我国中小学生参与课外补习的中观影响因素分析



## 下篇 我国中小学生参与课外补习的宏观影响因素分析

# 上　篇

# 我国中小学生参与课外补习的微观影响因素分析

# 第一章 家庭社会经济背景对中小学生首次参与课外补习时间的影响

课外补习，在国际学术界通常被称为“影子教育”，即主流学校教育投射的一个影子，史蒂文森和贝克最早提出这一概念，并将其定义为“发生在正规学校教育之外，旨在提高学生学业表现的一系列教育活动”①。贝磊等进一步指出“课外补习是指为提高学生成绩而进行的正规学校教育之外的补充性教育活动”②。课外补习近年来已经在全球范围广泛扩张。③我国首份国家义务教育质量监测报告《中国义务教育质量监测报告》显示，2015—2017年，中小学生参加课外补习比例较高，四年级和八年级学生参加数学和语文校外辅导班的比例分别为43.8%和17.1%。④2019年，全国课外补习市场收入已达到4751亿元，2021年超过5600亿元，受访群体中52.3%的家庭会给孩子报名课外辅导班。⑤学生课外补习不仅参与规模庞大，甚至在课外补习市场开始出现“赢在起跑线”的趋势。有数据显示，五六年级的学生很有可能有五六年课外补习参与经历，很多学生从小学一年级开始就是课外补习的“常客”。⑥那么，我国中小学生一般在哪个学段首次选择参与课外补习？家庭社会经济背景对学生首次参与课外补习时间产生了怎

① Stevenson D L，Baker D P. Shadow education and allocation in formal schooling：Transition to university in Japan. American Journal of Sociology，1992，97（6）：1639-1657.

② Bray M，Kwok P. Demand for private supplementary tutoring：Conceptual considerations，and socio-economic patterns in Hong Kong. Economics of Education Review，2003，22（6）：611-620.

③ Bray M. The impact of shadow education on student academic achievement：Why the research is inconclusive and what can be done about it. Asia Pacific Education Review，2014，15（3）：381-389.

④ 教育部. 我国首份《中国义务教育质量监测报告》发布. http://www.moe.gov.cn/jyb_xwfb/gzdt_gzdt/s5987/201807/t20180724_343663.html.（2018-07-24）[2022-09-19].

⑤ 腾讯新闻&企鹅智库：中国商业教育辅导市场消费力报告. http://www.199it.com/archives/971615.html.（2019-11-27）[2022-04-25].

⑥ 钟森. 扭曲的小学生补习班. 中国教育报，2012-05-10.

样的影响？上述问题值得研究，但已有关于学生课外补习参与时间的研究通常是基于某一时间点的截面数据描述不同学段或年级学生参与课外补习规模，并未研究探讨学生首次参与课外补习时间及其随学段上升的变动趋势，也很少有研究探讨家庭社会经济背景对学生首次参与课外补习时间的影响。因此本章研究采用生存分析的研究方法，试图刻画我国中小学生首次参与课外补习时间及其变动趋势，揭示家庭社会经济背景对学生首次参与课外补习时间的影响。

## 第一节　研 究 设 计

### 一、相关研究

#### （一）国内外中小学生首次参与课外补习时间研究

国内外关于中小学生参与课外补习时间研究主要集中于不同年级的参与规模，早在 1993 年，日本 24%的小学生和 60%的初中生参加了课外补习，韩国 1997 年的数据显示小学生、初中生和高中生参与课外补习比例分别为 82%、66% 和 59%。[①]西班牙升入初中前的小学生参加过课外补习的比例超过了 60%。[②]德国参加过课外补习的小学生和中学生比例分别为 6%和 18%，其中 17 岁的学生参加过课外补习的比例为 47%。[③]马来西亚的中小学生参与课外补习比例显示高年级小学生参加课外补习比例高于低年级小学生。[④]国外相关文献中尚未研究中小学生首次参与课外补习时间，但已有研究表明小学阶段就有大量学生开始选择参与课外补习，并且随着年级的升高，参与过课外补习的学生比例呈上升趋势。

从国内中小学生参与课外补习时间来看，2011 年的一项调查发现，我国香港地区九年级学生中，有 53.8%参加课外补习，高三参加课外补习的学生比例更是

① Bray M. The Shadow education system：Private tutoring and its implications for planners. Paris：International Institute for Education Planning，1999：24-25.

② Runtegeidel A，Marzo P F. Shadow education in Spain：Examining social inequalities through the analysis of PISA results. European Education，2015，47（2）：117-136.

③ Hille A，Spiess C K，Staneva M. Private Tutoring. Berlin：Deutches Institut for Wirtschaftsforschung，2016：112-135.

④ Jelani J，Tan A K G. Determinants of participation and expenditure patterns of private tuition received by primary school students in Penang，Malaysia：An exploratory study. Asia Pacific Journal of Education，2012，32（1）：35-51.

达到 71.8%。[①]武汉市的调查数据显示，小学二年级学生参加课外补习比例就达到 77.4%。[②]2014 年，北京市某示范初中学生样本数据显示小学一年级学生参加数学课外补习比例为 17.86%，到六年级这一比例达到 72.66%。[③]但由于数据选取为北京市的示范性初中，因此无法有效代表我国中小学生首次参与课外补习时间的总体情况。2018 年，一项对中国家庭追踪调查数据的研究发现，我国基础教育学生样本中参加课外补习学生比例为 32.4%，并呈现东部最高、中部次之、西部最低的特征。[④]

### （二）中小学生参与课外补习影响因素研究

从中小学生参与课外补习影响因素的相关研究来看，家庭背景因素受到国内外学者的广泛关注。国内相关研究中，薛海平和丁小浩通过研究中国城镇学生课外补习情况发现，父母受教育水平和家庭经济收入对我国城镇学生选择参与课外补习具有显著正影响。[⑤]对重庆九年级学生的调查数据显示，父母学历水平越高的学生越可能选择参与课外补习。[⑥]胡咏梅等的研究发现，来自不同家庭社会经济地位（socioeconomic status，SES）的学生参与课外补习的机会存在显著差异，家庭社会经济地位越高的学生参加课外补习的可能性越大。[⑦]从国外相关研究来看，通过比较德国和日本学生课外补习参与情况，史蒂夫的研究发现，德国学生是否选择参与课外补习并没有受到家庭社会经济地位的显著影响。[⑧]但是，西班牙的一项调查数据显示，父母为白领的学生比父母为蓝领的学生选择参与课外补习的可能性大。[⑨]

---

① Zhan S，Bray M，Wang D. The effectiveness of private tutoring：students' perceptions in comparison with mainstream schooling in Hong Kong. Asia Pacific Education Review，2013，14（4）：495-509.

② 陈全功. 课外补习、贫富差距的映像与代际变化. 西北人口，2009（5）：89-92+96.

③ 张羽，陈东，刘娟娟. 小学课外补习对初中学业成绩的影响——基于北京市. 教育发展研究，2015（2）：18-25.

④ 薛海平，左舒艺. 我国基础教育学生参加课外补习的现状与变动趋势. 教育科学研究，2021（1）：16-25+36.

⑤ 薛海平，丁小浩. 中国城镇学生教育补习研究. 教育研究，2009（1）：39-46.

⑥ Zhang W. Private supplementary tutoring received by grade 9 students in Chongqing，China：Determinants of demand，and policy implications. The University of Hong Kong，2013.

⑦ 胡咏梅，范文凤，丁维莉. 影子教育是否扩大教育结果的不均等——基于 PISA 2012 上海数据的经验研究. 北京大学教育评论，2015（7）：29-46，188.

⑧ Steve R E. German and Japanese education in the shadow：Do Out-of-School lessons really contribute to class reproduction？ The IAFOR Journal of Education，2014，2（2）：17-53.

⑨ Runtegeidel A，Marzo P F. Shadow education in Spain：Examining social inequalities through the analysis of PISA results. European Education，2015，47（2）：117-136.

在欧盟[1]、韩国[2]、俄罗斯[3]、柬埔寨[4]也都有研究表明，家庭社会经济地位越高的学生参加课外补习的可能性显著越大。概言之，国内外许多学者都有研究发现家庭社会经济地位越高的学生越可能选择参与课外补习。[5][6][7][8]因此，家庭社会经济背景是分析中小学生首次参与课外补习时间的重要影响因素。家庭所在地对学生选择参与课外补习也具有不可忽视的作用，从国内相关研究来看，已有研究发现，我国西部地区学生参加课外补习可能性显著低于东部和中部地区。[9]我国城市学生参加课外补习的概率远高于农村学生。[10]国外相关研究发现我国城市学生比农村学生更可能选择参与课外补习。[11]韩国[12]、肯尼亚[13]、土耳其[14]也都存在相一致的研究结论，即与农村地区相比，城市地区学生对课外补习的需求显著大于课外补习机构的供给能力。

---

① Bray M. Benefits and tensions of shadow education：Comparative perspectives on the roles and impact of private supplementary tutoring in the lives of Hong Kong students. Journal of International and Comparative Education，2013，2（1）：18-30.

② Kim S，Lee J H. Private tutoring and demand for education in South Korea. Economic Development and Cultural Change，2010，58（2）：259-296.

③ Loyalka P，Zakharov A. Does shadow education help students prepare for college？ Evidence from Russia. International Journal of Educational Development，2016（49）：22-30.

④ Jeffery H M，Tsuyoshi F. Shadow education and inequality in lower secondary schooling in Cambodia：Understanding the dynamics of private tutoring participation and provision. Comparative Education Review，2019，63（4）：98-120.

⑤ Bray M. Benefits and tensions of shadow education：Comparative perspectives on the roles and impact of private supplementary tutoring in the lives of Hong Kong students. Journal of International and Comparative Education，2013，2（1）：18-30.

⑥ 李佳丽. “替代”还是“补充”：从影子教育发展审视学校教育质量——基于 PISA 2015 中国四省市数据的分析. 北京社会科学，2019（5）：57-68.

⑦ 薛海平，宋海生. 课外补习时间对中学生成绩影响的实证研究——基于 PISA 2012 上海的数据. 教育科学研究，2018（4）：55-60.

⑧ 张薇，马克·贝磊. 影子教育的影响因素及其政策意义. 教育科学研究，2017（6）：56-62.

⑨ 薛海平. 从学校教育到影子教育：教育竞争与社会再生产. 北京大学教育评论，2015（7）：47-69，188-189.

⑩ 陈全功，程蹊，李忠斌. 我国城乡补习教育发展及其经济成本的调查研究. 教育与经济，2011（2）：32-36.

⑪ Liu J，Bray M. Determinants of demand for private supplementary tutoring in China：findings from a national survey. Education Economics，2017（25）：205-218.

⑫ Kim J H，Park D. The determinants of demand for private tutoring in South Korea. Asia Pacific Education Review，2010，11（3）：411-421.

⑬ Buchmann C. Getting ahead in Kenya：Social capital，shadow education，and achievement . Bingley：Emerald Group Publishing Limited，2002：133-159.

⑭ Tansel A，Bircan F. Demand for education in Turkey：A tobit analysis of private tutoring expenditures. Economics of Education Review，2006，25（3）：303-313.

## （三）生存分析方法相关研究

生存分析是一种探究生存时间及其影响因素的方法，国内相关研究主要集中于医学、经济学和社会学领域，在教育学领域中涉及生存分析方法的研究尚不多见，主要集中于毕业生就业时间状况[①]、学生辍学的时间规律[②]、教育代际流动[③]。从国外采用生存分析方法的研究来看，托伊纳采用生存分析方法探究了德国学生工作状况与获得学位时间的关系。[④]也有研究使用生存分析方法预测了南非青少年辍学的风险，分析结果表明抽烟和饮酒行为对青少年辍学具有显著预测作用。[⑤]马歇尔基于希腊和意大利大学生数据，使用生存分析方法探究了高等教育研究中两个新指标的性别差异。[⑥]另有研究采用生存分析方法探究居民受教育程度对健康的影响[⑦⑧]、教育代际流动问题[⑨⑩]、家庭背景对学生受教育时间的影响等。[⑪]总而言之，国内外采用生存分析方法进行课外补习问题的研究尚未出现。

## （四）相关文献述评

课外补习参与规模的扩张已经冲击到了教育生态，加重了学生的学业负担和家长的经济负担，引起政府部门和社会各界的高度关注。“双减”政策全面规范了校外培训机构的办学行为，释放了营造良好教育生态的信号。探究学生和家长选择首次参与课外补习时间及其背后原因对“双减”政策有效落实具有重要的现

---

① 丁小浩，李莹. 待业时间与受教育程度的生存分析. 教育发展研究，2006（9A）：18-23.

② 李莹，王晓鸣. 远程开放教育学习者辍学的时间规律及其影响因素分析. 中国电化教育，2009（3）：33-36.

③ 吕国光，刘伟民. 云南民族地区社会分层与义务教育机会获得研究——基于测量工具的视角. 宁波大学学报（教育科学版），2012（7）：19-25.

④ Theune K. The working status of students and time to degree at German universities. Higher Education，2015，70（4）：725-752.

⑤ Weybright E H，Caldwell L L，Xie H，et al. Predicting secondary school dropout among South African adolescents：A survival analysis approach. South African Journal of Education，2017，37（2）：1-11.

⑥ Marshall A H，Zenga M，Kalamatianou A. Academic students' progress indicators and gender gaps based on survival analysis and data mining frameworks. Social Indicators Research，2020（3）：1097-1128.

⑦ Margolis R. Educational differences in healthy behavior changes and adherence among middle-aged Americans. Journal of Health and Social Behavior，2013，54（3）：353-368.

⑧ Van K H，O'Donnell O，Van D E. Long run returns to education：Does schooling lead to an extended old age？ Journal of Human Resources，2011，46（4）：695-721.

⑨ Carmen A. Parental background and university dropout in Italy. Higher Education，2013，65（4）：437-456.

⑩ Finch H，Lapsley D K，Baker B M. A survival analysis of student mobility and retention in Indiana charter schools. Education Policy Analysis Archives，2009，17（18）：1-18.

⑪ Fuller B，Singer J D，Keiley M. Why do daughters leave school in Southern Africa？ Family economy and mothers' commitments. Social Forces，1995，74（2）：657-681.

实意义。综上所述，课外补习已经成为全球范围内普遍存在的社会现象，国内外越来越多的学者开始研究课外补习问题。已有相关研究显示，小学阶段课外补习参与率呈现较高水平，在小学低年级课外补习参与率就已呈现较高水平。家庭背景对中小学生选择参与课外补习具有不可忽视的影响，中小学生是否参加课外补习与家庭所在地、父母职业等级、父母受教育水平、经济收入具有较强的关联性。上述研究结论为课外补习问题研究提供了重要参考，但仍然存在以下不足之处：第一，关于中小学生首次参与课外补习时间的研究极少，已有研究虽然呈现了不同年级学生参与课外补习的情况，但并未指出中小学生首次参与课外补习始于哪个年级；第二，已有学生参与课外补习的相关研究主要基于横截面数据进行静态统计分析，没有动态展现中小学生首次参与课外补习时间随学段上升的动态变化规律；第三，关于家庭社会经济背景对学生参加课外补习的影响研究较多，但探讨家庭社会经济背景对学生首次参与课外补习时间的影响研究基本没有；第四，采用生存分析方法探讨学生首次参与课外补习时间的研究尚未出现。因此，本章研究使用生存分析方法探究我国中小学生首次参与课外补习时间及随学段上升的动态变化规律，深刻揭示家庭社会经济背景对中小学生首次参与课外补习时间的影响及其动态变化特征，探究学生和家长首次选择参与课外补习时间及其背后原因，以期为“双减”政策的有效落实提供一定的实证研究支持。

## 二、研究数据与变量说明

### （一）研究数据

本章研究基于中国教育财政家庭调查（China Institute for Educational Finance Research-Household Survey，CIEFR-HS）2017 年数据对我国课外补习现状进行描述。CIEFR-HS 是国内首个专门针对家庭教育支出的具有全国代表性的大型入户调查。调查的主要内容包括该家庭学龄儿童的入学机会、政府补贴情况和家庭教育支出情况三个方面。其中，家庭教育支出又包括校内教育支出和校外教育支出两部分。本章研究使用的 CIEFR-HS 2017 年的基线调查数据。CIEFR-HS 2017 年采取分层、三阶段的概率比例规模抽样的方法进行抽样，覆盖除西藏、新疆和港澳台地区外的 29 个省份 363 个县，共涉及 40 011 户的 127 012 个家庭成员。其中，农村 12 732 户，城镇 27 279 户，0—6 岁及 16 岁以上在校生 2.1 万多名，中小学在校生 1.3 万多名。鉴于本章研究的研究对象，我们以 CIEFR-HS 数据中的基础教育阶段学生为分析样本。该样本在我们所关注的学校、家庭、个人方面的变量缺失率较低，删除在我们关注的自变量存在缺失的个案之后，我们最终得到的样本规模为10 470人。其中，小学生5699名，初中生2654名，高中生2117名；农村地区的学生3763名；城市地区的学生6707名。本章研究为便于比较地区差异，根据2019年《中国统计年鉴》把样本分为东北部、东部、中部和西部4个地区。①

### （二）变量说明

国内外学者在研究课外补习问题时通常是从小学阶段开始，很少涉及学前教育阶段的校外培训，因此本章研究将小学一年级作为初始年级，重点关注中小学生首次参与课外补习时间，将中小学生首次参与课外补习时间界定为从小学一年级开始到首次参与课外补习年级的间隔时间。CIEFR-HS数据中分别调查了学生最早开始参加学科类和兴趣类课外补习时间，问卷选项有“没参加过”和“小学一年级、小学二年级、小学三年级、小学四年级、小学五年级、小学六年级、初中一年级、初中二年级、初中三年级、高中一年级、高中二年级、高中三年级”。若选择“小学一年级”，则界定学生首次参与学科类或兴趣类课外补习时间为0年，“小学二年级”为1年，以此类推，学生最早参与学科类或兴趣类课外补习时间若为“高中三年级”，则首次参与学科类或兴趣类课外补习时间为11年。若某学生在回答最早开始参加学科类或兴趣类课外补习时间时选择“没参加过”，其首次参与学科类或兴趣类课外补习时间根据其现在就读的年级计算得出。此外，若某学生既选择了学科类课外补习最早年级，又选择了兴趣类课外补习最早年级，本章研究就选取两者中最早的那个年级并以此计算该学生首次参与课外补习时间。若某学生只选择了学科类或兴趣类课外补习最早年级，在另一类课外补习上选择“没参加过”，本章研究就以选择这类课外补习最早年级作为依据计算该学生首次参与课外补习时间。若某学生在回答学科类或兴趣类课外补习最早年级时都选择“没参加过”，其首次参与课外补习时间根据其现在就读的年级计算得出。

根据已有文献研究和本章研究数据变量的可得性，在家庭层面，本章研究主要关注父母职业、父母受教育年限、家庭经济水平、家庭所在地区对学生首次参与课外补习时间、首次参与学科类课外补习时间、首次参与兴趣类课外补习时间的影响。在考察父母职业变量时，本章研究借鉴李春玲的职业分层研究，把学生

---

① 国家统计局. 2019中国统计年鉴. 北京：中国统计出版社，2019：171.

父母职业按照社会经济地位指数分为下、中、上三层，选取父母职业社会经济地位指数等级最高一方作为学生家庭社会资本测量指标。①父母受教育年限选取父母最高学历的一方的受教育年限作为测量指标。家庭经济水平划分为困难、中等和富裕三个等级。根据《中国统计年鉴 2019》，本章研究将家庭所在地区分为东北部、东部、中部和西部 4 个地区。在个体层面，本章研究主要关注学生的户口、性别对学生首次参与课外补习时间、首次参与学科类课外补习时间、首次参与兴趣类课外补习时间的影响。学生的户口分为城市户口和农村户口两类。本章研究中涉及的学生个体层面、家庭层面的各类因变量和自变量详细说明见表 1-1。

**表 1-1 数据变量说明**

| 变量类型 | 变量名 | 变量说明 |
|---|---|---|
| 个体层面 | 首次参加课外补习时间 | 连续变量，单位：年 |
| | 首次参加学科类课外补习时间 | 连续变量，单位：年 |
| | 首次参加兴趣类课外补习时间 | 连续变量，单位：年 |
| | 性别 | 0=女，1=男 |
| | 户口 | 0=农村，1=城市 |
| 家庭层面 | 父母职业等级分层（以父母职业社会经济地位指数等级最高一方为变量） | 定序变量，1=下层，2=中层，3=上层 |
| | 父母受教育年限（以父母最高学历一方的受教育年限为变量） | 连续变量，单位：年 |
| | 家庭经济水平 | 定序变量，1=困难，2=中等，3=富裕 |
| | 家庭所在地区 | 分类变量，1=东部，2=东北部，3=中部，4=西部 |

## 三、研究方法

本章研究关注的我国中小学生何时首次参与课外补习，即学生首次参与课外补习这一事件的发生时机，属于典型的事件发生时间数据（time-to-event data），为此需要采用生存分析方法进行数据统计分析。②若在章节中无特殊说明，本书各章节均采用 SPSS26.0、STATA16.0 分析数据。

标准生存分析方法假定只要观测时间足够长，所有个体都会最终经历所关注的事件。例如在医学研究领域中，每名患者最终都会“死亡”。如果采用标准生

① 李春玲. 当代中国社会的声望分层——职业声望与社会经济地位指数测量. 社会学研究，2005（2）：74-102+244.

② Allison P D. Event History Analysis：Regression for Longitudinal Event Data. New York：Sage Publications，1984：89-112.

存模型对学生首次参与课外补习时间进行分析，未参加课外补习的学生都会简单地被处理为“删失”，即每名学生最终都会选择参与课外补习。就本章研究关注的课外补习而言，这一关于归并机制的内在基本假定是存在问题的，无论从理论上还是在现实中，都会有相当一部分学生不能或不会参加课外补习。换言之，这部分学生对课外补习是“免疫”的，属于生存分析方法文献中的“长期存活者”（long-term survival），将他们视为删失样本会导致有偏的参数估计和无效的统计检验。①②本章研究在统计分析中采用更恰当的方式考虑这个问题。

通过上述分析可知，调查时未参与课外补习的学生群体可以分为两类：一类是将来可能选择参与课外补习，这类学生可处理为“右删失”；另一类永远不会选择参与课外补习，即未参与课外补习的“长期存活者”，他们的存在会导致生存分析方法内在假定无法得以满足，从而影响统计分析结果的准确性和统计推断的有效性。因此，本章研究将采用分割总体的生存分析模型来处理这一问题。分割总体生存模型的表达式为：

$$S(t|x,z)=(z)S(t|U=1,x)+\left[1-(z)\right] \tag{1-1}$$

其中，$U$ 表示学生是否可能会参与课外补习的二分变量，如果学生可能参与课外补习则 $U=1$，如果学生一定不会参与课外补习则 $U=0$。同时，$t$ 表示学生从小学一年级到首次参与课外补习所在年级的生存时间。$S(t|x,z)$ 是指总体学生首次参与课外补习时机的生存函数，$S(t|U=1,x)$ 是指可能会参与课外补习学生的生存函数，$(z)$ 是在给定解释变量向量 $z$ 的条件下学生参与课外补习的概率。

公式 1-1 中的 $S(t|U=1,x)$ 需要根据存活时间的测度是连续还是离散的来确定，统计分析可区分为两类：连续时间和离散时间模型。③若事件发生时间是经由精确测度得到的，则属于连续时间，不过实际研究中常和本章研究一样，时间的测度都是粗略的、离散的。对此，Cox 回归是最为常用的生存分析方法，但其内在地包含风险成比例假定，结合前述提到的归并机制问题，考虑到时间测度的离散属性，本章研究最终选用 cloglog 模型作为生存函数的基本形式，采用基于 cloglog 连接函数的离散时间生存分析方法。赫斯和皮尔逊的研究发现，离散时间的 cloglog 模型可以避免连续时间 Cox 模型的几个缺点：一是许多结点连续时间

---

① Maller R A，Xian Z. Survival Analysis with Long-Term Survivors. New York：John Wiley & Sons，1996：1241.

② 巫锡炜. 初婚初育史对育龄妇女二孩生育间隔的影响. 中国人口社会科学，2010（1）：36-45+111.

③ Allison P D. Event History Analysis：Regression for Longitudinal Event Data. New York：Sage Publications，1984：156-167.

（tied duration time）导致模型分析的系数和标准差的有偏估计；二是难以合理有效地控制那些无法进行观测的异质性所导致的有偏估计；三是 Cox 模型的比例风险假定不合理。①Cloglog 模型的基本表达式为：

$$\text{cloglog}\left(1-h_{it}\right)=\log\left[-\log\left(1-h_{it}\right)\right]=\beta' X+\gamma_i+\mu \quad (1\text{-}2)$$

其中，$h_{it}$ 表示离散时间风险率，$\gamma_i$ 为基准危险率，$X$ 为本章研究解释变量的集合，包括性别、城乡、父母最高职业等级、父母受教育年限、家庭经济水平、家庭地理位置，$\beta'$ 表示各个解释变量的系数，$\mu$ 为误差项。本章研究检验了比例风险性假设，发现部分自变量不符合该假定，因此在分析模型中加入时依协变量。注意，公式 1-2 是公式 1-1 的一部分，用来对 $S\left(t|U=1,x\right)$ 进行建模。

# 第二节　家庭社会经济背景对学生首次参与课外补习时间的影响

## 一、我国中小学生参加课外补习最早开始年级

表 1-2 呈现了我国中小学生参加课外补习最早开始年级样本分布比例，具有如下特点：①总体而言，学生首次参与各类课外补习在小学阶段比例高于初中，而学生首次参与各类课外补习在初中比例又高于高中。②在各学段内，学生首次参与各类课外补习在低年级比例高于高年级。在各类课外补习的最早开始年级中，小学一年级均为最高，课外补习比例达到 17.8%，学科类补习比例为 9.1%，兴趣类补习比例为 12.3%；高三最低，课外补习比例只有 0.5%，学科类补习比例为 0.4%，兴趣类补习比例仅为 0.1%。略有不同的是，学生参加各类课外补习始于小学三年级比例均明显高于小学二年级。③除小学一年级外，其他各年级学生首次参与学科类课外补习比例明显高于兴趣类课外补习比例。小学一年级学生首次参与兴趣类课外补习比例明显高于学科类课外补习。

**表 1-2　学生参加课外补习最早开始年级样本分布**

| 最早开始年级 | 课外补习 | | 学科类补习 | | 兴趣类补习 | |
|---|---|---|---|---|---|---|
| | 比例（%） | $N$ | 比例（%） | $N$ | 比例（%） | $N$ |
| 小一 | 17.8 | 1794 | 9.1 | 929 | 12.3 | 1250 |
| 小二 | 5.8 | 583 | 4.6 | 470 | 3.0 | 305 |

① Hess W，Persson M. The duration of trade revisited：Continuous-time vs.discrete-time hazards. Working Paper Series，2010，52（1），154-162.

续表

| 最早开始年级 | 课外补习 | | 学科类补习 | | 兴趣类补习 | |
|---|---|---|---|---|---|---|
| | 比例（%） | *N* | 比例（%） | *N* | 比例（%） | *N* |
| 小三 | 8.9 | 895 | 8.7 | 891 | 3.3 | 339 |
| 小四 | 4.1 | 417 | 4.5 | 463 | 1.7 | 178 |
| 小五 | 3.2 | 318 | 3.3 | 341 | 1.0 | 106 |
| 小六 | 1.9 | 195 | 2.0 | 209 | 0.6 | 63 |
| 初一 | 4.6 | 467 | 5.2 | 529 | 0.9 | 95 |
| 初二 | 2.2 | 222 | 2.4 | 247 | 0.4 | 39 |
| 初三 | 1.5 | 148 | 1.8 | 180 | 0.3 | 26 |
| 高一 | 1.3 | 132 | 1.3 | 137 | 0.4 | 44 |
| 高二 | 0.8 | 80 | 0.8 | 77 | 0.2 | 23 |
| 高三 | 0.5 | 46 | 0.4 | 46 | 0.1 | 8 |

图 1-1 呈现了我国中小学生参与课外补习最早开始年级样本分布趋势。除小学三年级和初中一年级外，学生首次参与课外补习比例随着年级上升而下降。从小学二年级开始，各年级学生首次参与学科类课外补习比例均明显高于兴趣类课外补习。“双减”政策中明确提出“各地不再审批新的面向义务教育阶段学生的学科类校外培训机构，现有学科类培训机构统一登记为非营利性机构”。因此，“双减”政策限制了义务教育阶段的学科类课外补习市场规模，这对于营造良好教育生态具有十分重要的意义。

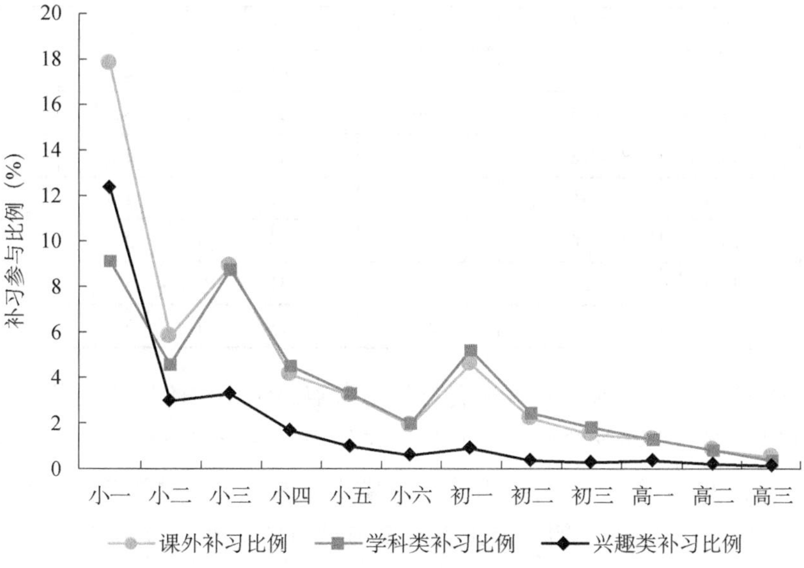


图 1-1　学生参加课外补习最早开始年级分布

## 二、我国中小学生首次参与课外补习时间寿命表分析

### （一）学生首次参与课外补习时间寿命表分析

本章研究采用生存分析中的寿命表法对我国中小学生首次参与课外补习时间进行分析，表 1-3 呈现了小学一年级至高三学生首次参与课外补习比例、累积未参与课外补习比例、首次参与学科类课外补习比例、累积未参与学科类课外补习比例、首次参与兴趣类课外补习比例、累积未参与兴趣类课外补习比例。通过分析表 1-3，发现学生首次参与课外补习有如下特点：①在小学阶段和初中阶段，较低年级首次参与课外补习比例大体上高于较高年级；而在高中阶段则相反，较低年级首次参与课外补习比例低于较高年级。②到小学六年级，有 52%的学生没有参与过课外补习；到初三，有 35%的学生没有参加过课外补习；到高三，只有 20%的学生没有参与过课外补习。

**表 1-3　学生首次参与课外补习时间寿命表分析**　　单位：%

| 所在年级 | 课外补习 | | 学科类课外补习 | | 兴趣类课外补习 | |
|---|---|---|---|---|---|---|
| | 首次参与比例 | 累积未参与比例 | 首次参与比例 | 累积未参与比例 | 首次参与比例 | 累积未参与比例 |
| 小一 | 18 | 82 | 9 | 91 | 12 | 88 |
| 小二 | 7 | 76 | 5 | 86 | 4 | 85 |
| 小三 | 13 | 66 | 12 | 76 | 4 | 81 |
| 小四 | 11 | 59 | 8 | 70 | 3 | 78 |
| 小五 | 7 | 55 | 7 | 65 | 2 | 77 |
| 小六 | 5 | 52 | 5 | 61 | 2 | 75 |
| 初一 | 17 | 43 | 16 | 51 | 3 | 73 |
| 初二 | 10 | 38 | 11 | 46 | 1 | 72 |
| 初三 | 10 | 35 | 11 | 41 | 1 | 71 |
| 高一 | 13 | 30 | 13 | 36 | 3 | 69 |
| 高二 | 14 | 26 | 12 | 31 | 3 | 67 |
| 高三 | 23 | 20 | 21 | 25 | 3 | 66 |

从学生参与学科类课外补习来看有如下特点：①中学阶段学生首次参与学科类课外补习比例高于小学阶段。②小学各年级中，三年级学生首次参与学科类课外补习比例最高（12%），二年级和六年级学生首次参与学科类课外补习比例最低（5%）。③初中各年级中，初一学生首次参与学科类课外补习比例最高（16%）。④高中各年级中，高三学生首次参与学科类课外补习比例最高（21%）。⑤到小

学六年级，有61%的学生没有参加过学科类课外补习；到初三，有41%的学生没有参加过学科类课外补习；到高三，仅有25%的学生没有参加过学科类课外补习。

从学生参与兴趣类课外补习来看，可以发现如下特点：①总体而言，小学阶段学生参与兴趣类课外补习比例高于中学阶段。②小学和初中各年级中，初始年级学生参与兴趣类课外补习比例最高，毕业年级学生参与兴趣类课外补习比例最低。③到小学六年级，有75%的学生没有参加过兴趣类课外补习；到初三，有71%的学生没有参加过兴趣类课外补习；到高三，还有66%的学生没有参加过兴趣类课外补习。

从表1-3可以看到，除小学一年级外，各年级学生首次参与学科类课外补习比例均明显高于兴趣类课外补习。初三学生累积未参与学科类课外补习的比例为41%，而累积未参与兴趣类课外补习的初三学生比例为71%，这表明多数学生在义务教育阶段已经参与过学科类课外补习。中小学生大规模参与学科类课外补习必然加重家庭经济负担，因此，“双减”政策在工作目标中提出要使“学生过重作业负担和校外培训负担、家庭教育支出和家长相应精力负担1年内有效减轻、3年内成效显著，人民群众教育满意度明显提升”。

图1-2是学生首次参与课外补习、首次参与学科类课外补习、首次参与兴趣类课外补习生存曲线截图，直观反映出随着学段上升，学生累积未参与课外补习比例逐渐变小的趋势。同时，在小学阶段就开始有大量的学生首次参与课外补习，初中开始阶段也有较高比例的学生首次参与课外补习，高中阶段首次参与课外补习学生比例虽不是太高，但可以看出高中阶段的学生大多数参加过课外补习。

学生首次参与学科类课外补习生存曲线直观反映出随着学段上升，累积未参与学科类课外补习比例逐渐变小的变化趋势。一个重要特点是不同年级间学生首次参与学科类课外补习比例的波动幅度有较大差异，小学低年级阶段和初中开始阶段首次参与课外补习学生比例较高。

学生首次参与兴趣类课外补习生存曲线，直观反映出随着学段上升，学生累积未参与兴趣类课外补习比例逐渐变小的变化趋势。一个重要特点是小学一年级到二年级学生参加兴趣类课外补习比例大幅下降，而后各年级学生参加兴趣类课外补习比例波动幅度变小。

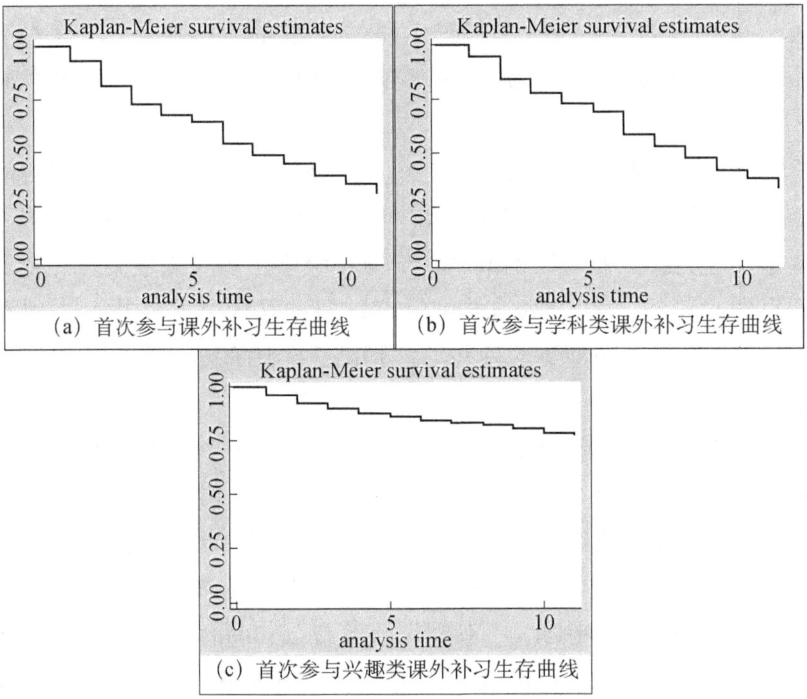


(a) 首次参与课外补习生存曲线

(b) 首次参与学科类课外补习生存曲线

(c) 首次参与兴趣类课外补习生存曲线

图 1-2　学生首次参与课外补习、学科类课外补习和兴趣类课外补习生存曲线截图

## （二）不同家庭背景学生首次参与课外补习时间寿命表对比分析

### 1. 城市和农村地区学生首次参与课外补习时间对比分析

采用寿命表法对我国城市和农村地区学生首次参与课外补习时间进行比较分析。通过表 1-4 分析，发现有如下特点：①农村学生在除高一、高二外的各年级首次参与课外补习比例均低于城市学生，这表明农村学生首次参与课外补习时间晚于城市学生。②从各时点累积生存比例来看，农村与城市学生课外补习参与比例差异随着学段的上升而逐渐缩小。到小学六年级农村学生参与课外补习累积比例为 29%，比城市学生（56%）低 27 个百分点；到初三，两者的比例相差 25 个百分点，差距缩小 2 个百分点；到高三，两者的比例相差 19 个百分点，差距又缩小 6 个百分点，农村和城市学生参与课外补习累积比例的差异进一步缩小。

**表 1-4　城市和农村地区学生首次参与课外补习时间寿命表对比**　单位：%

| 所在年级 | 首次参与比例 | | 未参与比例 | | 累积未参与比例 | |
|---|---|---|---|---|---|---|
| | 农村学生 | 城市学生 | 农村学生 | 城市学生 | 农村学生 | 城市学生 |
| 小一 | 6 | 23 | 94 | 77 | 94 | 77 |
| 小二 | 4 | 9 | 90 | 91 | 90 | 70 |

续表

| 所在年级 | 首次参与比例 | | 未参与比例 | | 累积未参与比例 | |
|---|---|---|---|---|---|---|
| | 农村学生 | 城市学生 | 农村学生 | 城市学生 | 农村学生 | 城市学生 |
| 小三 | 6 | 17 | 85 | 83 | 85 | 59 |
| 小四 | 8 | 12 | 77 | 88 | 77 | 51 |
| 小五 | 4 | 9 | 74 | 91 | 74 | 47 |
| 小六 | 5 | 6 | 71 | 94 | 71 | 44 |
| 初一 | 11 | 20 | 63 | 80 | 63 | 35 |
| 初二 | 8 | 12 | 58 | 88 | 58 | 31 |
| 初三 | 9 | 11 | 53 | 89 | 53 | 28 |
| 高一 | 14 | 13 | 45 | 87 | 45 | 24 |
| 高二 | 14 | 14 | 39 | 86 | 39 | 21 |
| 高三 | 14 | 27 | 34 | 73 | 34 | 15 |

注：农村学生生存分析时间中位数为9.36，城市学生生存分析时间中位数为4.32。

利用 Kaplan-Meier 法对农村和城市学生首次参与课外补习时间生存函数进行差异检验，结果（表 1-5）显示农村和城市学生首次参与课外补习时间、首次参与学科类课外补习、首次参与兴趣类课外补习生存函数存在显著差异。这表明中小学生首次选择参与课外补习时间存在城乡差异，“双减”政策规范校外培训机构，有助于缩小城乡之间学生教育资源的差距，促进城乡义务教育均衡发展。

**表 1-5　城市和农村地区学生首次参与课外补习时间生存函数差异检验**

| 补习类型 | 检验方法 | $\chi^2$ | $df$ | $p$ |
|---|---|---|---|---|
| 课外补习 | 对数秩检测 | 615.054 | 1 | <0.001 |
| | Wilcoxon 检验 | 700.475 | 1 | <0.001 |
| | Tarone-Ware 检测 | 692.876 | 1 | <0.001 |
| 学科类课外补习 | 对数秩检测 | 334.388 | 1 | <0.001 |
| | Wilcoxon 检验 | 329.791 | 1 | <0.001 |
| | Tarone-Ware 检测 | 349.957 | 1 | <0.001 |
| 兴趣类课外补习 | 对数秩检测 | 611.102 | 1 | <0.001 |
| | Wilcoxon 检验 | 642.426 | 1 | <0.001 |
| | Tarone-Ware 检测 | 641.732 | 1 | <0.001 |

图 1-3 呈现的是农村与城市学生首次参与课外补习、首次参与学科类课外补习和首次参与兴趣类课外补习生存曲线截图，直观反映出城市学生累积课外补习参与比例明显高于农村学生。从学科类课外补习生存曲线来看，城市学生累积学科类课外补习参与比例明显高于农村学生，并具有如下特点：①农村学生在各年

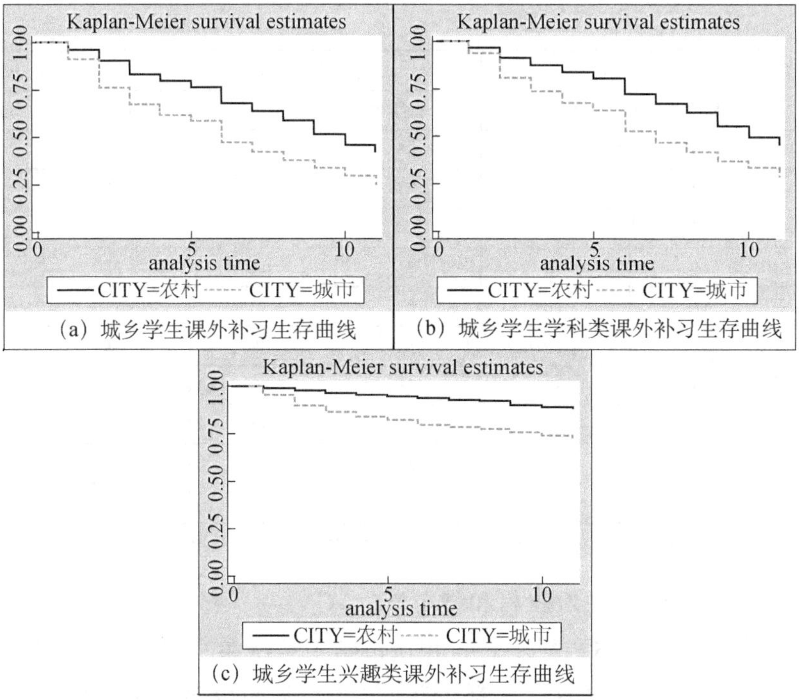


(a) 城乡学生课外补习生存曲线 (b) 城乡学生学科类课外补习生存曲线 (c) 城乡学生兴趣类课外补习生存曲线

图 1-3 城市和农村学生首次参与课外补习生存曲线截图

级首次参与学科类课外补习比例均明显低于城市学生，这表明农村学生首次参与学科类课外补习时间晚于城市学生。②从各时点累积未参与学科类课外补习学生比例来看，农村与城市学生学科类课外补习参与比例差异随着学段的上升而呈缩小趋势。从兴趣类课外补习生存曲线来看，城市与农村学生参与兴趣类课外补习比例差距要明显大于城市与农村学生首次参与学科类课外补习比例差距，并具有如下特点：①农村学生在各年级首次参与兴趣类课外补习比例均明显低于城市学生，表明农村学生首次参与兴趣类课外补习时间晚于城市学生。②从各时点累积未参与兴趣类课外补习学生比例来看，农村与城市学生兴趣类课外补习参与比例差异随着学段上升的变化不大。因此，从城市和农村学生首次参与课外补习生存曲线图来看，中小学生对兴趣类课外补习需求也较大，尤其是城市地区中小学生首次参与课外补习时间早于农村地区中小学生。城乡学生首次参与课外补习时间具有显著差距的原因，一定程度上与学校教育减负导致的“三点半难题”有关。为减轻中小学生学业负担，中小学生放学时间一般提前到下午三点半至四点半。城市学生的家长多为双职工，工作时间固定，其收入水平一般高于农村学生家长，再加上城市地区课外补习机构的供给能力高于农村地区，为了解决孩子放学后无人看管的难题和应对升学竞争压力，城市学生家长相比于农村学生家长更有意愿和能力为孩子寻求课外补习。因此，“双减”政策提出，要强化学校育人主阵地的作用，要求学校延长课后服务时间和提升课后服务质量，解决家长的后顾之忧，缓解家长对课外补习的需求。

### 2. 不同阶层家庭学生首次参与课外补习时间对比分析

采用寿命表法对我国不同阶层家庭学生首次参与课外补习时间进行比较分析，结果见表 1-6。通过表 1-6 分析，发现有如下特点：①总体上，中层和上层家庭学生在各年级首次参与课外补习比例高于下层家庭学生，而中层和上层家庭学生在各年级首次参与课外补习比例差异的规律不明显。②从各时点累积参与课外补习学生比例来看，不同阶层家庭学生课外补习参与比例差异随学段上升而逐渐缩小。到小学六年级下层家庭学生参与课外补习累积比例为 39%，比上层家庭学生（59%）低 20 个百分点；到初三，下层与上层家庭学生参与课外补习比例相差 19 个百分点，差距缩小 1 个百分点；到高三，下层与上层家庭学生参与课外补习比例相差 13 个百分点，差距又缩小 6 个百分点。不同阶层家庭学生参与课外补习比例差异总体上进一步缩小。

表 1-6　不同阶层家庭学生首次参与课外补习时间寿命表对比

| 所在年级 | 首次参与比例 | | | 未参与比例 | | | 累积未参与比例 | | |
|---|---|---|---|---|---|---|---|---|---|
| | 下层 | 中层 | 上层 | 下层 | 中层 | 上层 | 下层 | 中层 | 上层 |
| 小一 | 0.12 | 0.24 | 0.26 | 0.88 | 0.76 | 0.74 | 0.88 | 0.76 | 0.74 |
| 小二 | 0.06 | 0.08 | 0.10 | 0.94 | 0.92 | 0.90 | 0.83 | 0.70 | 0.67 |
| 小三 | 0.10 | 0.16 | 0.17 | 0.90 | 0.84 | 0.83 | 0.75 | 0.58 | 0.56 |
| 小四 | 0.09 | 0.14 | 0.12 | 0.91 | 0.86 | 0.88 | 0.68 | 0.50 | 0.49 |
| 小五 | 0.06 | 0.07 | 0.10 | 0.94 | 0.93 | 0.90 | 0.64 | 0.46 | 0.44 |
| 小六 | 0.05 | 0.07 | 0.06 | 0.95 | 0.93 | 0.94 | 0.61 | 0.43 | 0.41 |
| 初一 | 0.14 | 0.20 | 0.22 | 0.86 | 0.80 | 0.78 | 0.52 | 0.35 | 0.32 |
| 初二 | 0.10 | 0.11 | 0.11 | 0.90 | 0.89 | 0.89 | 0.47 | 0.31 | 0.29 |
| 初三 | 0.06 | 0.17 | 0.13 | 0.94 | 0.83 | 0.87 | 0.44 | 0.25 | 0.25 |
| 高一 | 0.12 | 0.14 | 0.15 | 0.88 | 0.86 | 0.85 | 0.38 | 0.22 | 0.21 |
| 高二 | 0.13 | 0.14 | 0.15 | 0.87 | 0.86 | 0.85 | 0.33 | 0.19 | 0.18 |
| 高三 | 0.23 | 0.20 | 0.25 | 0.77 | 0.80 | 0.75 | 0.26 | 0.15 | 0.13 |

注：下层生存分析时间中位数为 7.38，中层生存分析时间中位数为 3.99，上层生存分析时间中位数为 3.82。

利用 Kaplan-Meier 法对不同阶层家庭学生首次参与课外补习时间、首次参与学科类课外补习时间、首次参与兴趣类课外补习时间生存函数进行差异检验，结果（表 1-7）显示不同阶层家庭学生首次参与课外补习时间、首次参与学科类课外补习时间、首次参与兴趣类课外补习时间生存函数有显著差异。

**表 1-7 不同阶层家庭学生首次参与课外补习时间生存函数差异检验**

| 补习类型 | 检验方法 | $\chi^2$ | $df$ | $p$ |
|---|---|---|---|---|
| 课外补习 | 对数秩检测 | 436.040 | 2 | <0.001 |
| | Wilcoxon 检验 | 473.100 | 2 | <0.001 |
| | Tarone-Ware 检验 | 473.864 | 2 | <0.001 |
| 学科类课外补习 | 对数秩检测 | 183.69 | 2 | <0.001 |
| | Wilcoxon 检验 | 146.546 | 2 | <0.001 |
| | Tarone-Ware 检验 | 168.92 | 2 | <0.001 |
| 兴趣类课外补习 | 对数秩检测 | 586.361 | 2 | <0.001 |
| | Wilcoxon 检验 | 610.595 | 2 | <0.001 |
| | Tarone-Ware 检验 | 613.415 | 2 | <0.001 |

图 1-4 比较了不同阶层家庭学生首次参与课外补习、首次参与学科类课外补习、首次参与兴趣类课外补习生存曲线，直观反映出中层和上层家庭学生各年级累积未参与课外补习比例均明显低于下层家庭学生，而中层和上层家庭间学生各年级累积参与课外补习比例差异规律不明显。从学科类课外补习生存曲线图来看，中层和上层家庭学生各年级累积未参与学科类课外补习比例均明显低于下层家庭学生，而中层和上层家庭间学生在各年级首次参与学科类课外补习比例则呈现交替反超的规律。从兴趣类课外补习生存曲线图来看，具有以下特点：①学生在小学和初中各年级首次参与兴趣类课外补习比例呈现上层家庭最高、中层家庭次之、下层家庭最低的规律。②中层和上层家庭学生各年级累积未参与兴趣类课外补习比例均远低于下层家庭学生。因此，学生首次参与课外补习存在阶层差异，相对于下层家庭学生，中上层家庭学生更早地选择参与课外补习，这表明中上层家庭对课外补习资源的争夺更为激烈，且这些家庭在较低学段就开始让子女参与课外补习，这样势必造成课外补习的“剧场效应”，破坏良好的教育生态。因此，“双减”政策的提出对于缩小不同阶层家庭学生参与课外补习差距，促进阶层之间的教育公平具有十分重要的意义和价值。

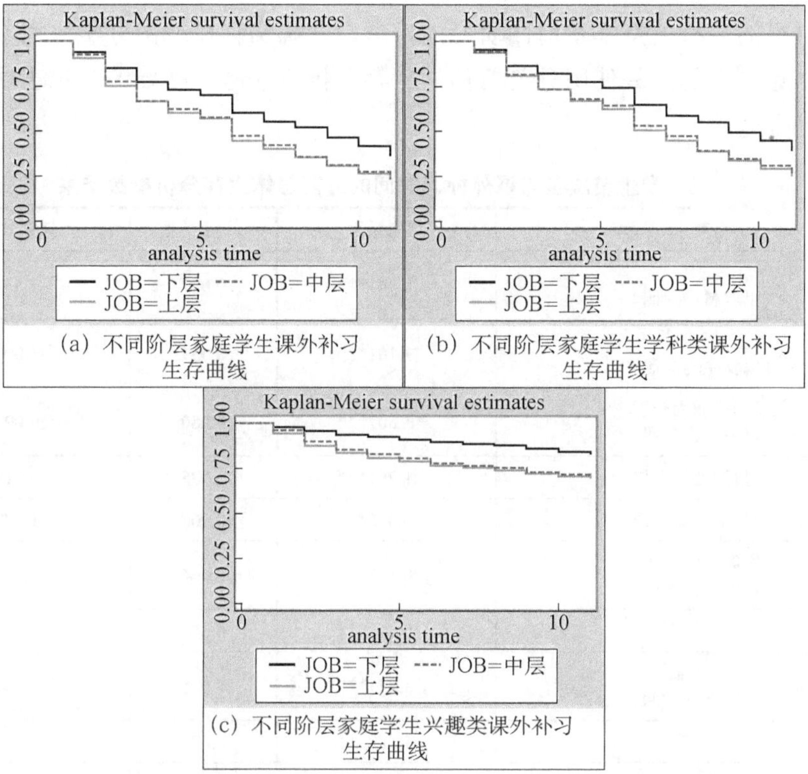


(a) 不同阶层家庭学生课外补习生存曲线

(b) 不同阶层家庭学生学科类课外补习生存曲线

(c) 不同阶层家庭学生兴趣类课外补习生存曲线

图 1-4　不同阶层家庭学生首次参与课外补习生存曲线截图

## 三、我国中小学生首次参与课外补习时间影响因素分析

### （一）基于 cloglog 连接函数的生存分析结果

“双减”政策全面规范了校外培训机构的办学行为，释放了营造良好教育生态的信号，但真正缓解家长的教育焦虑并有效推进“双减”政策落地，需要分析子女首次参与课外补习时间的影响因素。本章研究使用基于 cloglog 连接函数的离散时间分割总体模型，探究了学生首次参与课外补习时间、首次参与学科类课外补习时间和首次参与兴趣类课外补习时间的影响因素。本章研究根据不同群体的生存曲线，发现部分变量在不同群体之间没有保持等比例变化，因此有必要纳入与生存时间的交互项。[①]表 1-8 显示的是学生首次参与课外补习时间的分割总体生存分析参数结果。首先，我们看到模型针对“长期存活者”存在与否的检验在 0.01 水平得以验证。这里分析结果表明，有 5.7%的学生将始终不会参与课外

① 为节省篇幅，本章研究未呈现检验分析结果。

补习。这里的分析支持本章前面研究的推理，即确实存在一部分学生对参与课外补习是“免疫”的，故使用分割总体的生存分析方法是有必要的，也表明我们所用方法是合适的。

**表 1-8 学生首次参与课外补习时间的分割总体生存分析参数结果**

| 自变量 | 回归系数 | *SE* | 风险比率 |
|---|---|---|---|
| 城市（以农村为参照） | 0.441*** | 0.057 | 1.554 |
| 男生（以女生为参照） | 1.101*** | 0.057 | 3.007 |
| 父母职业为中层（以下层为参照） | 1.807*** | 0.080 | 6.092 |
| 父母职业为上层 | 1.795*** | 0.075 | 6.019 |
| 父母受教育年限 | 0.075*** | 0.007 | 1.078 |
| 家庭经济中等（以困难为参照） | 0.193*** | 0.064 | 1.213 |
| 家庭经济富裕 | 0.462*** | 0.073 | 1.587 |
| 东北部（以东部为参照） | 1.471*** | 0.098 | 4.354 |
| 中部 | 1.208*** | 0.077 | 3.347 |
| 西部 | 0.888** | 0.075 | 2.430 |
| 男生×生存时间 | −0.350*** | 0.013 | 0.705 |
| 父母职业为中层×生存时间 | −0.488*** | 0.018 | 0.614 |
| 父母职业为上层×生存时间 | −0.469*** | 0.019 | 0.626 |
| 东北部×生存时间 | −0.344*** | 0.026 | 0.709 |
| 中部×生存时间 | −0.330*** | 0.019 | 0.719 |
| 西部×生存时间 | −0.285*** | 0.017 | 0.752 |
| logt | 1.483*** | 0.045 | 4.406 |
| _cons | −4.595*** | 0.111 | 0.010 |
| cure_p _cons | −2.808*** | 0.111 | 0.060 |
| Pr（never fail）（“长期存活者”概率） | 0.057 | | |
| 似然比 | −8184.309 | | |
| $\chi^2$ | 6475.33 | | |
| *p* | <0.001 | | |

*表示 $p<0.05$，**表示 $p<0.01$，***表示 $p<0.001$，全书同；$c$=Pr(never fail)=0.057；*SE*=0.007；Likelihood ratio test of(c=0): $p<0.001$。

接下来重点讨论学生特征对其首次参与课外补习时间选择的影响。模型的分析结果显示：就读年级等特征相同的情况下，城市中小学生参加课外补习的风险是农村中小学生的 1.554 倍；男生首次参与课外补习风险是女生的 3.007 倍；父母职业为中层和上层的学生首次参与课外补习风险分别是下层学生的 6.092 倍和 6.019 倍，但这种差异会随着年级的升高而逐渐减小（由父母最高职业与生存时间交互项系数可知）；父母受教育年限每增加一年，学生首次参与课外补习风险变为原来的 1.078 倍；家庭经济为中等和富裕的学生在相同年级首次参与课外补习的风险分别是家庭经济为困难学生的 1.213 倍和 1.587 倍；家庭所在地区分别为东北部、中部、西部的学生在相同年级首次参加课外补习风险分别是家庭为东部地区学生的 4.354 倍、3.347 倍和 2.430 倍，但这种差异随着年级的升高而逐渐减小（由地区与生存时间的交互项系数可知）。从学生首次参与课外补习时间的分析结果来看，学生首次参与课外补习时间存在显著的城乡差异和家庭社会经济地位差异，城市地区学生和家庭社会经济地位较高的学生更可能较早地选择参与课外补习，这样更容易引发家长群体的教育焦虑。因此，“双减”政策的颁布有利于从课外补习市场供给侧出发来缓解家长的焦虑情绪，避免引发义务教育阶段学生较早地参与课外补习而造成异化的“教育内卷”。

表 1-9 显示的是学生首次参与学科类和兴趣类课外补习时间的分割总体生存分析参数结果，结果显示：其中对于是否存在学科类课外补习“长期存活者”的检验通过了显著性水平且存在比例为 10.8%［$c$=Pr(never fail)=0.108，Likelihood ratio test of ($c$=0): $p$<0.001］，对于是否存在兴趣类课外补习“长期存活者”的检验通过了显著性水平且存在比例为 2.9%［$c$=Pr(never fail)=0.029，Likelihood ratio test of ($c$=0): $p$<0.001］。就学生首次参与学科类课外补习时间而言，父母职业为中层和上层的学生在相同年级首次参与学科类课外补习的风险分别是父母职业为下层学生的 5.302 倍和 4.614 倍；父母受教育年限每增加一年，学生首次参与学科类课外补习的风险变为原来的 1.043 倍；家庭经济中等和富裕的学生在相同年级首次参与学科类课外补习的风险分别是家庭经济困难学生的 1.163 倍和 1.461 倍。就学生首次参与兴趣类课外补习时间而言，父母职业为中层和上层的学生在相同年级首次参与兴趣类课外补习的风险分别是父母职业为下层学生的 8.908 倍和 9.016 倍；父母受教育年限每增加一年，学生首次参与兴趣类课外补习的风险将变为原来的 1.140 倍；家庭经济中等和富裕的学生在相同年级首次参与兴趣类课外补习的风险分别是家庭经济困难学生的 1.319 倍和 1.889 倍。从学生首次参与学科类和兴趣类课外补习时间的分析结果来看，家庭社会经济地位较高的学生

对兴趣类课外补习的需求更大，这在一定程度上反映了家长对高质量学校教育的追求。“双减”政策在指导思想中也明确提出要强化学校主阵地作用，同时也要提升学校课后服务水平，满足学生多样化需求。因此，“双减”政策也是从需求侧出发，满足了家长和学生对高质量学校教育的追求。

**表 1-9 学生首次参与学科类和兴趣类课外补习时间的分割总体生存分析参数结果**

| 自变量 | 学科类课外补习 | | | 兴趣类课外补习 | | |
|---|---|---|---|---|---|---|
| | 回归系数 | *SE* | 风险比率 | 回归系数 | *SE* | 风险比率 |
| 城市（以农村为参照） | 0.345*** | 0.061 | 1.412 | 0.667*** | 0.089 | 1.948 |
| 男生（以女生为参照） | 1.679*** | 0.072 | 5.360 | 0.573*** | 0.073 | 1.774 |
| 父母职业为中层（以下层为参照） | 1.668*** | 0.093 | 5.302 | 2.187*** | 0.104 | 8.908 |
| 父母职业为上层 | 1.529*** | 0.087 | 4.614 | 2.199*** | 0.100 | 9.016 |
| 父母受教育年限 | 0.042*** | 0.008 | 1.043 | 0.131*** | 0.010 | 1.140 |
| 家庭经济中等（以困难为参照） | 0.151** | 0.068 | 1.163 | 0.277*** | 0.101 | 1.319 |
| 家庭经济富裕 | 0.379*** | 0.079 | 1.461 | 0.636*** | 0.108 | 1.889 |
| 东北部（以东部为参照） | 2.151*** | 0.111 | 8.593 | 1.316*** | 0.146 | 3.728 |
| 中部 | 1.453*** | 0.093 | 4.276 | 1.071*** | 0.100 | 2.918 |
| 西部 | 1.028*** | 0.055 | 2.795 | 0.925*** | 0.097 | 2.522 |
| 男生×生存时间 | −0.414*** | 0.015 | 0.661 | −0.276*** | 0.019 | 0.759 |
| 父母职业为中层×生存时间 | −0.388*** | 0.020 | 0.678 | −0.575*** | 0.029 | 0.563 |
| 父母职业为上层×生存时间 | −0.374*** | 0.018 | 0.688 | −0.596*** | 0.026 | 0.551 |
| 东北部×生存时间 | −0.423*** | 0.026 | 0.655 | −0.451*** | 0.048 | 0.637 |
| 中部×生存时间 | −0.340*** | 0.021 | 0.712 | −0.324*** | 0.030 | 0.723 |
| 西部×生存时间 | −0.281*** | 0.019 | 0.755 | −0.312*** | 0.027 | 0.732 |
| logt | 2.037*** | 0.053 | 7.668 | 0.765*** | 0.056 | 2.149 |
| _cons | −5.331*** | 0.125 | 0.005 | −5.627*** | 0.162 | 0.004 |
| cure_p_cons | −2.112*** | 0.125 | 0.121 | −3.515*** | 0.526 | 0.030 |
| Pr(never fail)（“长期存活者”概率） | 0.108 | | | 0.029 | | |
| 似然比 | −7926.913 | | | −4670.978 | | |
| $\chi^2$ | 4799.64 | | | 6062.88 | | |
| $p$ | <0.001 | | | <0.001 | | |

注：学科类课外补习 $c$=Pr(never fail)=0.108；*SE*=0.011；Likelihood ratio test of($c$=0): $p<0.001$。兴趣类课外补习 $c$=Pr(never fail)=0.029；*SE*=0.015；Likelihood ratio test of($c$=0): $p<0.001$。

## （二）稳健性检验

基于 cloglog 连接函数的分割总体生存分析之后，为检验上述分析结果是否具有稳健性，本章研究将连接函数由 cloglog 替换为 logistic，进行基于 logistic 连接函数的分割总体生存分析。由表 1-10 的分析结果可知，父母最高职业等级、父母受教育年限和家庭经济水平对学生首次参与课外补习影响的分析结果与基准模型相一致，结果较为稳健。

**表 1-10　基于 logistic 连接函数的学生首次参与课外补习分析结果**

| 自变量 | 回归系数 | *SE* | 风险比率 |
|---|---|---|---|
| 父母职业为中层（以下层为参照） | 0.193*** | 0.064 | 1.213 |
| 父母职业为上层 | 0.119* | 0.063 | 1.126 |
| 父母受教育年限 | 0.071*** | 0.010 | 1.074 |
| 家庭经济中等（以困难为参照） | 0.178** | 0.076 | 1.195 |
| 家庭经济富裕 | 0.523*** | 0.090 | 1.688 |
| 其他变量 | 控制 | | |
| “长期存活者”概率 | 0.163 | | |
| 截距 | −4.397*** | 0.131 | 0.012 |

表 1-11 显示的是因变量为学生首次参与学科类和兴趣类课外补习，基于 logistic 连接函数的分割总体生存分析结果。由分析结果可知，父母最高职业等级、父母最高受教育水平和家庭经济水平对学生首次参与学科类和兴趣类课外补习的影响与基准模型相一致，结果较为稳健。

**表 1-11　基于 logistic 连接函数的学生首次参与学科类和兴趣类课外补习分析结果**

| 自变量 | 因变量 | | | | | |
|---|---|---|---|---|---|---|
| | 学科类课外补习 | | | 兴趣类课外补习 | | |
| | 回归系数 | *SE* | 风险比率 | 回归系数 | *SE* | 风险比率 |
| 父母职业为中层（以下层为参照） | 0.184*** | 0.067 | 1.202 | 0.327*** | 0.126 | 1.387 |
| 父母职业为上层 | 0.084 | 0.066 | 1.087 | 0.376*** | 0.121 | 1.457 |
| 父母受教育年限 | 0.050*** | 0.010 | 1.051 | 0.150*** | 0.017 | 1.161 |
| 家庭经济中等（以困难为参照） | 0.113** | 0.079 | 1.119 | 0.403** | 0.172 | 1.497 |
| 家庭经济富裕 | 0.376*** | 0.094 | 1.457 | 1.014*** | 0.187 | 2.755 |
| 其他变量 | 控制 | | | 控制 | | |
| “长期存活者”概率 | 0.170 | | | 0.083 | | |
| 截距 | −4.493*** | 0.138 | 0.011 | −6.112*** | 0.267 | 0.002 |

## 第三节 研究结论、讨论与政策建议

### 一、研究结论

前文利用寿命表法和 Kaplan-Meier 法对我国中小学生首次参与课外补习时间进行了分析，并采用生存分析方法探讨了学生首次参与课外补习时间的影响因素。基于此，我们得出如下主要结论：

第一，我国中小学生大多数参加过课外补习，且许多学生比较早就参加了课外补习。小学一年级有 17.8%的学生参加了课外补习；到小学六年级，有 48%学生参加过课外补习；到初三，有 35%学生没有参加过课外补习；到高三，有 20%学生没有参加过课外补习。

第二，相比兴趣类课外补习，我国中小学生更热衷于学科类课外补习。除小学一年级外，各年级学生首次参与学科类课外补习比例均明显高于兴趣类课外补习。到小学六年级，没有参加过学科类、兴趣类课外补习学生分别占 61%、75%；到初三，这一比例分别为 41%、71%；到高三，这一比例分别为 25%、66%。

第三，小学和初中各年级中，初始年级学生首次参与兴趣类课外补习比例最高，毕业年级学生首次参与兴趣类课外补习比例最低。小学各年级中，三年级学生首次参与学科类课外补习比例最高，毕业年级学生首次参与学科类课外补习比例最低；初中各年级中，初始年级学生首次参与学科类课外补习比例最高，毕业年级学生首次参与学科类课外补习比例最低。

第四，城乡学生首次参与课外补习时间存在显著差异。农村学生在除高一、高二外的各年级首次参与课外补习比例均低于城市学生，农村与城市学生首次参与课外补习比例差异总体上随学段上升而逐渐缩小。

第五，不同阶层家庭学生首次参与课外补习时间存在显著差异。具体来说，中层和上层家庭学生首次参与课外补习时间早于下层家庭学生，但这种差异随着学段的上升而减小。

第六，家庭社会经济背景对学生首次参与课外补习时间有显著影响。家庭社会经济背景越好的学生，首次参加学科类和兴趣类课外补习时间越早。具体表现为父母受教育程度较高、父母职业所处阶层较高、家庭经济水平较高的学生，首次参与学科类和兴趣类课外补习时间较早。

## 二、结论讨论

我国基础教育在地区间、城乡间、学校间发展不均衡，课外补习作为一种补充性教育活动，愈发成为学生寻求个性化教育的重要途径。家长和学生多样化教育需求与学校教育同质化发展之间的矛盾间接刺激了中小学生课外补习参与规模的膨胀。儒家文化中“学而优则仕”的思想对我国影响深远，教育成就的高低往往被视为学生个人成就的重要标准，高考的学业竞争压力已经逐步下沉并传导至基础教育的各个阶段。薛海平指出，我国义务教育阶段学生的学业竞争从校内扩展到校外，从学校教育延伸到课外补习。我国中小学生参加课外补习的规模庞大，且学生首次参与课外补习时间随年级升高而逐步降低，这表明学生在小学阶段就开始大量进入课外补习市场，如此大规模学生群体势必为校外培训机构的发展提供生长的“土壤”，引发课外补习市场的“剧场效应”。[①]“双减”政策从供给侧对课外补习市场规模进行了限定，提出要深化校外培训机构治理，这对缓解中小学生的“课外补习热”问题具有十分重要的现实意义。

我国中小学生首次参与课外补习时间存在地区差异，东北部、中部和西部地区的中小学生首次参与课外补习时间早于东部地区。从“双一流”大学的地区分布来看，东部地区的“双一流”大学多于东北部、中部和西部地区。已有研究发现，重点高校录取率越高，学生课外补习参与率越低，[②]东部地区学生升入重点高校的概率较大，而东北部、中部和西部地区的中小学生面临更严峻的升学压力，这可能造成东北部、中部和西部地区中小学生首次参与课外补习时间早于东部地区学生。同时，在职教师违规补课会诱导中小学生参与课外补习，有研究发现在职教师给本校学生提供课外补习的情况在全国普遍存在，而且东北部、中部和西部都要高于东部地区。[③]这可能也是中小学生首次参与课外补习时间存在地区差异的原因。但是随着年级的升高，各个地区的中小学生面临中考和高考的升学压力，使得进入课外补习市场的学生规模增大，中小学生首次参与课外补习时间的地区差异逐渐减小。目前，“双减”政策将北京市、上海市、沈阳市、广州市、成都市、郑州市、长治市、威海市、南通市等列为全国试点，要求这些试点

---

① 薛海平. 从学校教育到影子教育：教育竞争与社会再生产. 北京大学教育评论，2015（7）：47-69+188-189.

② 薛海平，方晨晨. 高考升学竞争与学生课外补习——基于中国家庭追踪调查数据的实证分析. 北京大学教育评论，2020，18（3）：172-186+192.

③ 魏易，薛海平. 我国基础教育阶段家庭校外培训的消费行为研究——基于2017中国教育财政家庭调查的分析. 教育学报，2019，15（6）：68-81.

城市压减学科类培训。以上全国试点的地区分布主要偏重东部地区，而东北部、中部和西部地区的试点较少。本章研究显示东北部、中部和西部地区的中小学生首次参与课外补习时间早于东部地区，证明课外补习不仅在北京、上海等大城市“火爆”，在东北部、中部和西部地区同样广泛存在，这些地区的学科类培训同样需要被压减。中高考是以标准化考试成绩择优录取的人才选拔制度，中高考分数几乎成为衡量学生能力的唯一指标，中高考也因此成为引导中小学生学习内容的“指挥棒”。对一些学生和家长而言，“考什么就学什么，学什么就补什么”是普遍的学习方式，有助于提高中考和高考分数的课外补习逐渐成为获取学业竞争优势的重要手段。因此，众多中小学生积极参与课外补习且较早就有了课外补习经历。相比兴趣类课外补习，中小学生更热衷于学科类课外补习，且首次参与学科类课外补习比例也明显高于兴趣类课外补习，随着年级的升高这一差异更为显著，这是因为学科类课外补习能更有效地提高中考和高考分数。2021 年 7 月 30 日印发的《教育部办公厅关于进一步明确义务教育阶段校外培训学科类和非学科类范围的通知》，明确提出要对涉及义务教育阶段课程设置的学科类课程进行管理。本章研究也发现，相比兴趣类课外补习，我国中小学生更热衷于学科类课外补习，且在较低学段就开始选择参与课外补习。这就造成了中小学生对课外补习的过度竞争，容易导致“教育内卷”现象不断激化，破坏正常的学校教育教学体系，影响学生的身心健康发展。“双减”政策明确提出，要落实立德树人根本任务，建设高质量教育体系，强化学校教育主阵地作用。这有助于构建良好的教育生态体系。

目前，我国虽然已经实现农村贫困人口全部实现脱贫，绝对贫困历史性地被消除，但我国特殊的城乡二元结构决定了城市和农村之间的差异还将长期存在，城市学生比农村学生会更早地进入课外补习市场。从我国中小学空间分布来看，小学数量最多，分布最广；初中多分布于乡镇；高中主要集中于县城和市区，这种随学段上升而趋向集中于城市的学校空间分布为升入初中和高中的农村学生提供了更多的课外补习选择机会。随着学段的升高，农村学生也逐渐开始选择参加课外补习为自身争取教育竞争优势，进而出现农村学生与城市学生首次参与课外补习的比例逐渐缩小。这意味着随着学段的上升，农村学生开始在课外补习场域与城市学生展开更为激烈的教育竞争。对课外补习资源的竞争会加重中小学生家庭经济负担，还会造成城乡之间的课外补习机会不平等。“双减”政策提出要做优做强免费线上学习服务，免费向学生提供高质量专题教育资源和覆盖各年级各学科的学习资源，推动教育资源均衡发展，从而更好地促进教育公平。

不同阶层学生首次参与课外补习时间存在差异。有效维持不平等假设提出优势阶层家庭会极力争取和确保子女的教育优势，比如利用自身的优势寻求其他教育类型来确保其教育优势。随着我国义务教育均衡发展，来自不同社会阶层的学生不仅拥有相同的教育机会，而且享有均等的学校教育质量，这一政策极大地削弱了中层和上层家庭的资本优势在学校教育中的作用。依据有效维持不平等（effectively maintained inequality，EMI）理论，他们会转而参加课外补习来发挥家庭资本优势。因此，本章研究发现中层和上层家庭在各年级首次参与课外补习比例明显要高于下层家庭。已有研究发现家庭背景对学生早期入学阶段的影响最大，随着学段的上升家庭背景的影响逐渐下降。①随着学段的升高，那些在学习成绩上处于劣势地位的学生已经在早期学段被筛选掉，能够持续接受中等教育的学生都已经顺利通过升学考试的选拔，不同阶层家庭学生在教育期望方面差异较小。因此，随着学段的上升，不同阶层家庭学生首次参与课外补习比例的差异逐渐缩小。本章研究发现，在早期学段，家庭阶层对学生首次参加课外补习的影响最大，随着学段的上升，家庭阶层的影响逐渐减小。家庭阶层越高的学生越可能较早地选择参与课外补习，这可能引发其他阶层家庭对课外补习的关注，从而导致各个阶层家长纷纷加入让子女参与课外补习的行列，并引发“鸡娃”式教育。因此，“双减”政策落实难点在于家庭，建议政府注意对家长的积极引导，尤其是对于家庭阶层较高的家长，政府要通过提高学校教育教学质量和课后服务质量来有效缓解家长的教育焦虑。同时，本章研究数据发现中层和上层家庭学生首次参与课外补习时间不存在明显差异，但是“双减”政策之后出现了一些“住家教师”“高端家政”等变异形态的课外补习，这些收费更高的“高端课外补习”可能让中层家庭逐步退出课外补习市场，但上层家庭可能依然选择参加收费颇高的课外补习，从而带来新的教育不公平问题。因此，“双减”政策要严厉打击这些变异形态的课外补习，切实整治课外补习市场的违规行为，坚决维护教育公平。

家庭社会经济背景对学生首次参与课外补习时间具有显著影响。累积优势（cumulative advantage）理论提出：随着时间的变化，某一个体或群体相对于另外个体或群体的优势逐渐增长或累积。教育过程中也存在累积优势的现象，学生在前一阶段接受的教育质量为下一阶段的教育机会和教育质量提供了优势积累作用。本章研究发现，家庭社会经济背景越好的学生首次参加学科类和兴趣类课外

---

① 唐俊超. 输在起跑线——再议中国社会的教育不平等（1978—2008）. 社会学研究，2015（3）：123-145+244.

补习的时间越早，这表明在课外补习场域同样存在累积优势现象。家庭社会经济背景越好的学生越急于进入课外补习市场，期望通过“赢得起跑线”为自身争取首次参与课外补习时间的优势地位，拉开与家庭社会经济背景较差的学生之间的累积优势差距，造成学生首次参与课外补习时间的“马太效应”，家庭社会经济背景越好的学生越可能更早地参与课外补习。“双减”政策提出要完善家校社协同机制，进一步明晰家校育人责任，密切家校沟通，创新协同方式，推进协同育人共同建设。

## 三、政策建议

第一，建议政府继续提高学校教育质量，丰富基础教育课程类型和形式，更好地满足家长和学生对个性化教育的需求。我国中小学生大量进入课外补习市场在一定程度上反映出学校教育无法满足家长和学生的多元教育需求。现阶段人们对学校教育质量要求越来越高，更加关注优质教育和个性化教育。“全国教育满意度测评研究”课题组研究发现，因材施教、尊重个性特点是家长和学生对基础教育的诉求，但目前各学段工作却做得不好。[①]因此，家长和学生更容易将目光投向课外补习，期望通过参加课外补习来实现对个性化教育的需求，本章研究发现，我国中小学生参加课外补习规模庞大，小学阶段已有近半数的学生参加过课外补习。“双减”政策明确提出，要强化学校教育主阵地作用，要大力提升教育教学质量，确保学生在校内学足学好。因此，政府不仅要看到课外补习对个性化教育的供给能力，更要继续提高学校教育质量，切实提高校内课后服务质量，尤其是东北部、中部和西部地区学校要着力提升课后服务品质，为家长和学生提供更加个性化和多样化的教育，引导学生的学习回归校园，真正发挥学校教育主阵地作用。

第二，建议政府重点照顾弱势阶层家庭，为学习成绩较差的弱势阶层学生提供校内学业辅导帮助。教育公平关乎社会公平，农村地区和弱势阶层子女在教育竞争中本就处于相对劣势的地位。课外补习作为一种有偿性教育活动，需要支付相应的补习费用才能获得，这进一步加大了弱势阶层的竞争压力。本章研究发现，城乡之间、不同阶层之间学生首次参与课外补习时间存在显著差异，而且家庭背景越好的学生首次参与课外补习时间越早，越可能实现自身课外补习的累积优势。《正义论》中提出在天赋上占优势者不能仅仅因为他们的天分较高而得

---

① “全国教育满意度测评研究”课题组. 基础教育满意度实证研究. 教育研究，2016（6）：31-42.

益，而只能通过抵消训练和教育费用和用他们的天赋帮助较不利者得益。[①]“双减”政策提出要提高课后服务质量，增强课后服务的吸引力，做强做优免费线上学习服务。因此，政府要重点照顾弱势阶层家庭，对于那些成绩较差的弱势阶层学生，可以提供校内学业辅导来帮助这些学生也能够享受到个性化的学业辅导服务，维护教育公平和社会公平。

第三，政府要引导家长理性选择课外补习，客观辩证地审视课外补习对学生发展的影响。课外补习目前已然成为一种普遍的社会现象，中小学生参加课外补习规模的日益庞大可能导致家长降低理性选择意识，对课外补习展开盲目竞争。本章研究发现中小学生首次参与课外补习时间较早，在课外补习场域也开始出现“赢在起跑线”的现象。但过早地参与课外补习不一定有助于学生的长期发展，目前已有研究发现，小学阶段过早参加数学和语文课外补习，对学生在初中阶段的发展不利。[②]同时过早地参加学科类课外补习容易加重学生的学业负担，可能导致学生产生厌学情绪、降低学生的学习积极性等消极影响。教育部负责人就“双减”政策答记者问时提到，学校要建立家庭教育领导和协调机制，规范设立家长学校。[③]因此，政府要引导家长树立正确的教育观，为子女理性地选择课外补习，客观、辩证地审视课外补习对孩子发展的影响，避免出现课外补习市场的“剧场效应”。

---

① 约翰·罗尔斯. 正义论. 何怀荣译. 北京：中国社会科学出版社，2016：102.

② 张羽，陈东，刘娟娟. 小学课外补习对初中学业成绩的影响——基于北京市. 教育发展研究，2015（2）：18-25.

③ 坚决贯彻中央决策部署 深入推进“双减”工作——教育部有关负责人就《关于进一步减轻义务教育阶段学生作业负担和校外培训负担的意见》答记者问. http://www.jyb.cn/rmtzgjyb/202107/t20210725_609624.html.（2021-07-25）[2022-04-25].

# 第二章 家庭收入对中小学生课外补习支出的影响

公共教育和课外补习之间的关系类似于自来水和矿泉水的关系。公共教育为家长提供优质自来水，但也允许其从私人供应商处购买矿泉水，当公共教育不能满足人们对更好教育的渴望时，家长就会选择课外补习作为替代补充。在我国考试制度和激烈的教育竞争背景下，为得到更好的教育产出结果和人力资本投资回报，一些家庭已经不再满足于公共教育制度之下的学校教育，越来越多的家庭教育支出被用于课外补习，以便孩子获得更加优质的教育资源。学生面临的考试重压来自政府将学生成绩和未来发展联系在一起，人们对课外补习需求的原因在于优质学校教育供不应求。[①]显然，在考试和升学重压下，校外很容易成为教育竞逐和社会再生产的重要场域。国际学生评估项目（Programme for International Student Assessment，PISA）2003—2015 年调查数据显示，全球范围内包括中国在内的 23 个国家 15 岁学生中都有一定比例参与了校外学科补习活动，且各国学生补习参与率随着时间的推移呈上升趋势。中国（四省市）15 岁学生补习参与率在 2015 年达到 60.15%。[②]相关研究也发现，2017 年，我国中小学阶段学生的校外培训总体参与率为 48.3%（包括参加学科类补习或兴趣类补习）。参加校外培训的学生平均支出约为 5616 元，并且随着家庭经济水平的提高，学科类和兴趣类的补习参与率都在提升。[③]2019 年，我国中小学阶段学生的校外培训总体参与率为 24.4%。全国中小学生每年校外补习平均支出上升到

① Baker D P，LeTendre G K. National Differences，Global Similarities：World Culture and the Future of Schooling. Palo Alto，California：Stanford University Press，2005：69.

② 杨钋. 经济不平等时代的校外教育参与. 华东师范大学学报（教育科学版），2020，38（5）：63-77.

③ 黄晓婷，魏易. 校外培训行业发展现状——基于 2017 年中国教育财政家庭调查的分析. 中国教育新业态发展报告（2017）. 北京：社会科学文献出版社，2018：98-114.

8438 元。[①]以上调查研究都证明，课外补习这一“超越学校围墙的学习”（learning beyond the school walls）[②]已经成为一种重要的育儿参与方式。[③]

“双减”政策以及后续系列配套政策的出台重申了学校教育的主阵地作用，也表明了政府全面推进基础教育改革，推动我国高质量教育体系的建设和完善的决心。基于此，政府加大力度致力于全面规范校外培训行为，减轻中小学生课外培训负担，减轻家庭教育支出负担。进一步提升学校教育教学质量和服务水平，开展多元化学校课后服务，以满足学生发展需要，促进学生全面发展、健康成长。《2021 中国基础教育年度报告》显示，截至 2021 年底，学校课后服务基本实现全覆盖，学生参与课后服务比例显著增高，到 2021 年秋季学期末达到 92.2%。[④]同时，北京师范大学中国教育与社会发展研究院 2022 年 3 月 2 日发布的《全国“双减”成效调查报告》的数据显示，“双减”后，83.5%的学生未参加校外学科培训，63.3%的学生未参加非学科类培训，而且被调查的学生中 85.8%的学生参与了课后服务，在课后总体满意度方面，89.0%的学生对课后服务满意。[⑤]那么中小学生家庭对课外补习的需求收入弹性如何？中小学生家庭对课外补习的需求收入弹性在不同特征群体学生之间是否存在异质性？学校开展课后服务是否能够降低甚至替代家庭对课外补习的需求和依赖？当“双减”政策在我国全面贯彻落实之际，学术界却较少有学者探究上述问题，基于弹性经济学的视角研究我国基础教育阶段课外补习的需求收入弹性，探讨课外补习需求收入弹性在不同群体之间的差异性以及学校课后服务对课外补习需求收入弹性的调节作用，能够揭示不同群体学生家庭对课外补习的依赖程度及学校课后服务对其的影响。

因此，本章研究利用 CIEFR-HS 2019 年数据，将课外补习区分为学科类课外补习和兴趣类课外补习，从弹性经济学的视角系统剖析家庭收入与课外补习支出之间的弹性关系，精准判断不同家庭对课外补习的依赖度，甄别不同学生群体家庭对学科类和兴趣类课外补习需求的差异性，分析学校课后服务对课外补习需求的调节作用，可以为“双减”政策推进提供科学的依据。

---

① 魏易，陆伟. 我国中小学生校外培训参与和支出的城乡差异. 中国教育财政政策咨询报告（2019—2021），2022：427-453.

② Park H，Buchmann C，Choi J，et al. Learning beyond the school walls：Trends and implications. Annual Review of Sociology，2016，42（1）：231-252.

③ Mori I，Baker D. The origin of universal shadow education：What the supplemental education phenomenon tells us about the postmodern institution of education. Asia Pacific Education Review，2010，11（1）：36-48.

④ 2021 中国基础教育年度报告. 人民教育，2022（Z1）：6.

⑤ 《全国“双减”成效调查报告》发布“双减”政策受到普遍赞同. http://news.cssn.cn/zx/bwyc/202203/t20220304_5396974. shtml.（2022-03-04）[2022-04-25].

# 第一节 研 究 设 计

## 一、研究回顾

### （一）家庭教育支出的收入弹性分析

家庭教育支出的收入弹性分析已经得到了学术界的较多关注，已有研究发现全球不同地区之间家庭教育支出的收入弹性具有差异性。以美国和澳大利亚为代表的英语国家家庭教育支出具有收入弹性特征，但不同层次收入家庭弹性系数不同。本森的研究发现，美国家庭教育支出的收入弹性随家庭收入的变化而波动，其中，中等收入家庭的弹性系数大于1，表现为教育支出富有弹性，低收入和高收入家庭的弹性系数为0—1，教育支出缺乏弹性。①赫斯博格等采用OLS、MM稳健回归和Tobit对参数Engel曲线进行建模，发现澳大利亚样本家庭的教育支出收入弹性系数大于1。②

亚洲文化圈国家家庭教育支出的收入弹性整体来看是富有弹性，但不同收入家庭的弹性系数同样具有异质性。在东亚地区，有学者利用1989年日本全国性家庭调查数据发现日本家庭教育支出的平均收入弹性系数为1.72，但在不同收入家庭之间具有异质性，除最高收入类别外，所有收入类别的弹性系数均大于1。此外，有两个孩子的家庭教育收入弹性更高，弹性系数为2.35。③南亚地区以印度为代表，有学者利用印度农村全国家庭调查数据发现，印度农村家庭教育支出的收入弹性系数大于1，家庭教育支出富有弹性。④

国内相关研究结论也并不一致。谷宏伟和杨秋平的研究发现，家长月收入与家庭教育支出之间的弹性系数大于1。⑤而楚红丽的研究发现，我国义务教育阶段的教育收入弹性系数大于0小于1，呈现为教育支出缺乏弹性，但在不同收入情况下，教育收入弹性是动态变化的。⑥陈鑫等进一步研究发现，低收入家庭教

① Benson C S. The Economics of Public Education. Booston：Houghton Mifflin，1961：557.

② Hirschberg J G，Lye J N，Slottje D J. Inferential methods for elasticity estimates. Journal of Econometrics，2008，147（2）：299-315.

③ Hashimoto K，Heath J A. Income elasticities of educational expenditure by income class：The case of Japanese households. Economics of Education Review，1995，14（1）：63-71.

④ Tilak J B G. Elasticity of household expenditure on education in rural India. South Asia Economic Journal，2002，3（2）：217-226.

⑤ 谷宏伟，杨秋平．收入、期望与教育支出：对当前中国家庭教育投资行为的实证分析．宏观经济研究，2013（3）：68-74+88.

⑥ 楚红丽．义务教育阶段家庭教育支出的收入弹性与价格弹性分析．教育科学，2008（2）：9-15.

育支出的收入弹性系数大于 1。[①]

此外国内一些学者分别对农村地区和城市地区家庭教育支出的收入弹性进行了分析，基于不同年代和不同地区的调查数据，研究结果也不尽相同。针对农村地区的研究，雷万鹏和钟宇平调查发现，1985—1999 年我国农村家庭教育支出的收入弹性系数大于 1。[②]孙志军基于我国甘肃省的调查数据得出来具有差异性的结论，认为农村地区的小学教育支出的收入弹性系数为 0.163，收入弹性系数小于 1。但不同收入组的收入弹性存在较大差异。中间层收入组的教育支出弹性最高，中等偏下收入组的收入弹性是负值。[③]针对城市地区的研究，李普亮和朱永德[④]、迟巍等[⑤]通过各自实证研究都发现我国城镇居民家庭教育支出的收入弹性系数大于 0 小于 1，家庭教育支出缺乏弹性。

### （二）课外补习支出的收入弹性分析

国内外也有部分学者考察了课外补习支出的收入弹性。根据已有研究的结果，整体来看，不同国家对课外补习的依赖程度都较大，东亚重视考试的儒家文化圈国家表现的尤为突出。有学者以希腊大学新生为调查对象调查他们高中阶段的课外补习情况，发现希腊家庭的课外补习支出表现为收入缺乏弹性[⑥]。也有学者以土耳其家庭学生为研究对象，利用 Tobit 模型发现土耳其家庭的校外补习支出的收入弹性为单位弹性。[⑦]

东亚儒家文化圈的国家对课外补习的需求都较大，具体来看，有研究发现韩国家庭普遍存在课外补习现象，并且课外辅导支出随着收入的增加而增加。[⑧]此后，有学者基于韩国中学生调查数据发现不同收入家庭课外补习支出都缺乏弹

---

① 陈鑫，衣平，姜佰辰，等. 低收入家庭子女教育支出研究——以吉林省长春市为例. 现代商业，2013（9）：275-277.

② 雷万鹏，钟宇平. 中国农村家庭教育支出的实证研究：1985—1999. 教育理论与实践，2003（7）：38-42.

③ 孙志军. 中国农村的教育成本、收益与家庭教育决策：以甘肃省为基础的研究. 北京：北京师范大学出版社，2004：28-29.

④ 李普亮，朱永德. 广东省城镇居民家庭教育支出的收入弹性分析. 惠州学院学报（社会科学版），2010，30（1）：66-70.

⑤ 迟巍，钱晓烨，吴斌珍. 我国城镇居民家庭教育负担研究. 清华大学教育研究，2012，33（3）：75-82.

⑥ Psacharopoulos G，Papakonstantinou G. The real university cost in a “free” higher education country. Economics of Education Review，2005，24（1）：103-108.

⑦ Tansel A，Bircan F. Demand for education in Turkey：A tobit analysis of private tutoring expenditures. Economics of Education Review，2006，25（3）：303-313.

⑧ Kim S，Lee J H. Demand for education and developmental state：Private tutoring in South Korea. SSRN Electronic Journal，2001（3）：1-51 .

性，但相较于高收入家庭，低收入家庭的课外补习支出收入弹性更大。[①]布雷等通过对我国香港特区 2011—2012 学年中学生进行调查的数据得出了相似结论，研究发现香港特区家庭课外补习需求收入弹性系数小于 1，缺乏弹性。[②]雷万鹏以北京市、江苏省、湖北省和陕西省四省份高中生为调查样本，研究发现高中教育补习支出的收入弹性系数为 0—1，课外补习支出缺乏弹性。[③]薛海平和丁小浩基于 2004 年我国城镇居民教育的有关数据，发现了我国城镇家庭课外补习支出的收入弹性系数小于 1。[④]迟巍等基于国家统计局 2007 年城镇居民教育调查的全国性数据得出了相似研究结论。[⑤]以上研究说明，整体来看课外补习对我国城市家庭来说受收入变化影响较小，表现为课外补习支出缺乏弹性。

### （三）学校课后服务与课外补习的关系研究

“课后服务”指的是主要由学校组织的，以作业、自主阅读，文体科普活动，娱乐游戏、拓展训练、社团及兴趣小组活动，观看适宜儿童影片等等多种形式为内容的，旨在促进学生健康成长和全面发展的课后教育活动。[⑥]被国际学术界称为“影子教育”的“课外补习”主要指为提高学生学业成绩而进行的正规学校教育外的补充性教育活动。[⑦]

学术类补习是其主要的特性之一[⑧]，但随着课外补习研究在我国的发展，艺体等兴趣类补习也被纳入课外补习的概念中。[⑨]中小学课后服务与课外补习之间的关系不是相互分离的，它们都指向中小学生“放学后”问题，是同一个问题的两个方面的体现。[⑩]关于学校课后服务与课外补习的关系研究中主要存在两种观

---

① Kim S，Lee J. Private tutoring and demand for education in South Korea. Economic Development and Cultural Change. 2010，58（2）：259-296.

② Bray M，Zhan S，Lykins C，et al. Differentiated demand for private supplementary tutoring：Patterns and implications in Hong Kong secondary education. Economics of Education Review，2014，38（1）：24-37.

③ 雷万鹏. 高中生教育补习支出：影响因素及政策启示. 教育与经济，2005（1）：39-42.

④ 薛海平，丁小浩. 中国城镇学生教育补习研究. 教育研究，2009（1）：39-46.

⑤ 迟巍，钱晓烨，吴斌珍. 我国城镇居民家庭教育负担研究. 清华大学教育研究，2012，33（3）：75-82.

⑥ 教育部办公厅关于做好中小学生课后服务工作的指导意见. http://www.moe.gov.cn/srcsite/A06/s3325/201703/t20170304_298203.html.（2017-03-04）[2022-03-21].

⑦ Bray M，Kwok P. Demand for private supplementary tutoring：conceptual considerations，and socio-economic patterns in Hong Kong. Economics of Education Review，2003，22（6）：116-620.

⑧ Bray M. The Shadow education system：Private tutoring and its implications for planners. Fundamentals of Educational Planning No. 61. Paris：UNESCO International Institute for Educational Planning，1999：20.

⑨ Liu J Y，Bray M . Determinants of demand for private supplementary tutoring in China：Findings from a national survey. Education Economics，2017，25：205-218.

⑩ 刘宇佳. 中小学课后服务与校外培训问题探究——基于教育生态学视角. 教育视界，2019（19）：12-15.

点：一种观点认为学校课后服务与课外补习是互补性关系，例如卡萨德对瑞典校内外课后教育比较研究指出了校内课后服务放学后的休闲项目更倾向于为了培养孩子的公民团结和同理心，而课外活动更多的是为了适应义务教育的目标和条件①；另一种观点认为学校课后服务与课外补习是竞争性关系，例如龙宝新在相关研究中指出课后服务与校外培训存在相互竞争的关系，“双减”背景下课后服务发展需要构筑校社竞争式课后服务格局②。此外，有研究者认为学校补习或课后服务与校外培训存在相互竞争的关系。③④

（四）相关研究述评

通过相关文献的回顾与梳理，我们发现已有研究还存在以下不足：第一，国内外关于家庭教育支出的收入弹性分析有较多研究，但已有研究中并没有明确区分校内支出和校外补习支出；第二，从需求收入弹性视角探究家庭课外补习需求的相关研究较少，针对我国基础教育阶段的课外补习支出的需求收入弹性的实证研究更少；第三，我国课外补习可以分为学科类和兴趣类两种类型，但已有研究并没有分别考察学科类课外补习和兴趣类课外补习的需求收入弹性；第四，国内已有研究更多地分析了城镇课外补习需求的收入弹性，缺乏对农村课外补习需求的收入弹性的考察，以及对城乡之间课外补习收入弹性的异质性分析；第五，已有研究缺乏对课外补习需求收入弹性在不同父母学历家庭以及不同学段的异质性的考察，不能有效识别不同群体特征学生对课外补习需求程度的差异；第六，国内外虽然存在探讨课后服务与课外补习关系的研究，但关于两者之间的关系在已有研究中存在争议，学校课后服务是否对课外补习需求有调节作用，关于这一问题的实证研究很少。

针对以上不足，本章研究利用 CIEFR-HS 2019 年数据，把课外补习支出分为学科类课外补习支出和兴趣类课外补习支出；考虑到课外补习支出是受限因变量，所以使用 Tobit 模型，全面考察我国家庭课外补习需求在不同群体特征学生之间的差异；在分析不同类型课外补习需求在不同学生群体之间异质性的基础

① Karlsudd P. Looking for special education in the Swedish after-school leisure program construction and testing of an analysis model. Education Sciences，2020，10（12）：1-13.

② 龙宝新.“双减”政策背景下学校课后服务的定位与改进. 北京教育学院学报，2021，35（6）：1-11.

③ Bray M，Zhan S，Lykins C，et al. Differentiated demand for private supplementary tutoring：Patterns and implications in Hong Kong secondary education. Economics of Education Review，2014，38（1）：24-37.

④ 李醒东，赵伟春，陈蕊蕊. 对义务教育阶段学生课后服务的再思考. 中国教育学刊，2020（11）：61-65+91.

上，进一步考察学校课后服务对课外补习需求的调节作用，助力“双减”政策更准确有效的贯彻和落实。

### （五）课外补习需求收入弹性分析模型

需求收入弹性（income elasticity of demand，简称“收入弹性”），表示一定时期内消费者对某种商品需求量对于消费者收入变动的反应程度，它是需求量变化百分比与收入变化百分比之比。[①]对于课外补习这种教育“商品”而言，假设价格不变的情况下，其收入弹性表示为收入变化的百分比引起的课外补习需求量变化的百分比。若以 $Em$ 表示课外补习的需求收入弹性系数，$Q$ 代表课外补习需求量，$\Delta Q$ 代表对课外补习需求量的变动量，$I$ 代表家庭收入，$\Delta I$ 代表家庭收入的变动量，则课外补习的需求收入弹性系数的表达式为：

$$Em = \frac{\Delta Q}{\Delta I} \times \frac{I}{Q} = \frac{\text{课外补习需求量变化百分比}}{\text{家庭收入变化百分比}} \quad (2\text{-}1)$$

以价格不变为假设前提，根据需求收入弹性规律，需求收入弹性可划分为五种情况：①$Em=0$，即需求收入无弹性，表示家庭收入变化后，对课外补习的需求量并无明显变化；②$Em>1$，即需求收入富有弹性，表示家庭收入增长比例大于所导致的对课外补习需求的增长比例，对课外补习的消费将随收入增加而增加，商品称为奢侈品；③$0<Em<1$，即需求收入缺乏弹性，表示家庭收入增长比例小于所导致的对课外补习支出的增加比例，对课外补习的需求增加幅度低于收入增加幅度，商品称为必需品；④$Em<0$，即需求量与收入呈反向变化趋势，表示家庭收入提高后对课外补习的需求会减少，商品称为低档品；⑤$Em=1$，即单位需求收入弹性，需求量与收入同比例变动，表示对课外补习的需求增长比例与收入增加比例是相等的。

根据微观经济学中需求收入弹性的有关实证研究，对某商品的需求变量多用某商品的消费支出指代，[②③]按照王善迈的观点，教育需求是指人们在一定的经济条件下对教育的有支付能力的需要。[④]所以本章研究在参照楚红丽[⑤]、周红莉和冯增俊[⑥]的相关研究对教育需求变量测量的基础上，结合其他学科相关实证

---

① 薛进军. 弹性经济学. 长沙：湖南人民出版社，1987：98.

② 张蕊，田澎. 中国城镇居民10年消费结构变化实证研究. 上海理工大学学报，2005（2）：151-156.

③ 王少飞. 用恩格尔系数衡量居民生活水平的可行性研究. 统计研究，2002（6）：19-22.

④ 王善迈. 教育投入与产出研究. 石家庄：河北教育出版社，1996：317.

⑤ 楚红丽. 义务教育阶段家庭教育支出的收入弹性与价格弹性分析. 教育科学，2008（2）：9-15.

⑥ 周红莉，冯增俊. 恩格尔定律下中国家庭收入与教育投入关系的实证研究. 当代教育科学，2016（3）：46-49.

研究关于某商品需求变量的测量，以课外补习支出作为课外补习需求变量，以家庭人均年收入作为家庭收入变量。计算课外补习需求收入弹性以课外补习需求的自然对数为因变量，以家庭收入的自然对数为自变量，建立模型，求得自变量的回归系数即表示课外补习需求收入弹性系数。通过计算学科类和兴趣类课外补习需求弹性系数，可以辨别课外补习这种教育“商品”对不同家庭来讲是奢侈品、必需品还是低档品。

## 二、数据及变量说明

本章研究数据来自 CIEFR-HS 2019 年的全国抽样调查。该调查旨在全面追踪家庭经济金融行为动态，调查内容涵盖了家庭的资产与负债、收入与支出等方面信息，其中教育支出包括学校教育和校外教育两方面的支出情况。CIEFR-HS 2019 年调查样本量为 34 643 户家庭，样本覆盖全国 29 个省份 345 个县（含区、县级市），具有全国和省级代表性。中国教育财政家庭调查在调查访问期间采用了分层、三阶段的概率比例规模抽样等多种方式进行抽样调查，严格进行数据监测，确保调查获取的数据能够反映真实的情况。

本章研究中的被解释变量是家庭在子女基础教育阶段每年的学科类课外补习支出和每年的兴趣类课外补习支出。CIEFR-HS 详细地调查了过去一年家庭校外支出的情况。根据问卷对校外教育支出问题的分类，子女校外教育支出可以分为学科类课外补习和兴趣类课外补习两部分。核心自变量是家庭人均年收入。首先，家庭人均年收入是由家庭年收入除以家庭人口数获得。其次，本章研究将学生的性别、户口、成绩、学段、家庭学生数、父母受教育程度以及学生是否参加学校课后服务（包括学科类和兴趣类）作为控制变量纳入模型。此外，作为本章研究重要的调节变量，学生参加学校课后服务变量包括学生是否参加学校学科类课后服务和学生是否参加学校兴趣类课后服务两类。具体变量说明见表 2-1。

**表 2-1 变量及其定义**

| 变量名 | 变量说明 |
|---|---|
| 家庭人均年收入 | 家庭年收入除以家庭人口数获得 |
| 学科类课外补习支出 | 过去一年补习班费用 |
| 兴趣类课外补习支出 | 过去一年兴趣班费用 |
| 学生性别 | 学生性别为女设为 1，性别为男设为 0 |
| 学生户口 | 学生户口为农村设为 1，城市户口设为 0 |
| 学生成绩 | 学生在班上成绩。1. 前几名 2. 中上 3. 中等 4. 中下 5. 最后几名 |

续表

| 变量名 | 变量说明 |
|---|---|
| 学生学段 | 学生所在的学段情况。1. 小学 2. 初中 3. 高中 |
| 家庭学生数 | 家庭 18 岁及以下在校学生数 |
| 父母受教育程度 | 虚拟变量。根据学生的父母最高学历测量。专科以下学历赋值为 0，表示父母未受过高等教育。专科及以上的赋值为 1，表示父母受过高等教育 |
| 是否参加学校学科类课后服务 | 虚拟变量。学生是否参加学校组织的语文、数学、英语等课后补习班。没有参加设为 0，参加设为 1 |
| 是否参加学校兴趣类课后服务 | 虚拟变量。学生是否参加学校组织的音乐、体育、美术等兴趣班。没有参加设为 0，参加设为 1 |

在描述性统计中，首先删除无效样本，即保留参与课外补习并发生了支出的家庭。总体上，有 24.4%的中小学生在过去一学年参加过学科类课外补习，学科类课外补习支出均值为 8437.89 元。有 15.5%的中小学生在过去一学年参加过校外兴趣班，兴趣类课外补习支出均值为 5339.90 元。被调查样本中，只有 8.4%的中小学生参加了学校学科类课后服务，有 10.0%的中小学生参加了学校兴趣类课后服务。参与课外补习的描述统计如表 2-2 所示。

**表 2-2　参与课外补习的描述统计**

| 变量 | *N* | Min | Max | *M* | *SE* |
|---|---|---|---|---|---|
| 家庭人均年收入 | 104 045 | 0 | 6 404 167 | 27 297.71 | 61 714.10 |
| 学科类课外补习支出 | 2 866 | 0 | 200 000 | 8 437.89 | 14 723.10 |
| 兴趣类课外补习支出 | 1 783 | 0 | 200 000 | 5 339.90 | 9 212.11 |
| 女性性别 | 107 008 | 0 | 1 | 0.49 | 0.50 |
| 农村户口 | 107 008 | 0 | 1 | 0.60 | 0.49 |
| 家庭学生数 | 40 235 | 0 | 8 | 0.99 | 1.04 |
| 父母受过高等教育 | 13 379 | 0 | 1 | 0.13 | 0.34 |
| 学生成绩 | 12 163 | 1 | 5 | 2.54 | 0.97 |
| 小学 | 12 284 | 0 | 1 | 0.529 | 0.499 |
| 初中 | 12 284 | 0 | 1 | 0.258 | 0.438 |
| 高中 | 12 284 | 0 | 1 | 0.212 | 0.409 |
| 参加学校学科类课后服务 | 3 937 | 0 | 1 | 0.17 | 0.37 |
| 参加学校兴趣类课后服务 | 3 937 | 0 | 1 | 0.22 | 0.42 |

## 三、分析方法

本章研究的被解释变量学科类和兴趣类课外补习支出有大量的 0 值，即子女在中小学阶段没有参加学科类和兴趣类课外补习，有学者定义有部分观测值被限制在某个点上则被称为截堵。[①]若我们想保留大于等于 0 的样本，需将课外补习支出视为截堵变量，它是一种受限因变量（limited dependent variable），以上的数据结构中，OLS 非线性扰动项将被纳入扰动项，导致估计不一致，因此，OLS 回归模型并不是最恰当的模型。对于截堵数据，当左侧受限点为 0，无右侧受限点时，采用 Tobit 模型进行数据处理更为恰当。[②]Tobit 模型不同于离散选择模型和一般的连续变量选择模型，它的特点在于因变量是受限变量，模型分为两类方程，主要针对在某些选择行为下，连续变量如何变化的问题进行研究。[③]因此本章研究使用 Tobit 模型分析家庭收入对课外补习花费的影响更为合理。为保留学科类和兴趣类课外补习支出为 0 的家庭，对学科类和兴趣类课外补习支出加 1 后再进行对数处理。回归模型如下：

$$\ln\left(y_i^*\right)=\beta_0+\beta_1\ln x+\beta_2 z+u_i,\ \ u_i\sim \mathrm{N}\left(0,\ \delta^2\right) \tag{2-2}$$

$$y_i=\begin{cases} y_i^*,\ \ if\ y_i^*>0 \\ 0,\ \ if\ y_i^*\leqslant 0 \end{cases} \tag{2-3}$$

其中，$\ln\left(y_i^*\right)$代表学生 $i$ 过去一年中的学科类或兴趣类课外补习支出费用对数，$y_i$代表学生 $i$ 在模型中实际的课外补习支出数值。当 $y_i^*>0$ 时，课外补习支出的真实值就是 $y_i^*$；当 $y_i^*\leqslant 0$时，此时家庭没有课外补习支出，实际课外补习值为 0。$\ln x$ 为家庭人均年收入对数，$z$ 代表影响课外补习支出的其他因素，包括个人因素和家庭因素。$\beta$代表系数，其中 $\beta_1$ 为弹性系数，$u_i$ 代表随机扰动项。

## 第二节　家庭收入对课外补习支出的影响

### 一、课外补习需求收入弹性分析

表 2-3 考察了学科类和兴趣类课外补习需求收入弹性。模型 1 显示，在控制了相关变量之后，学科类课外补习支出对家庭人均年收入的弹性系数为 0.160（大于 0 小于 1），且通过了显著性检验，说明家庭人均年收入增长 1%，学科类课外补习支出增长 0.160%，学科类课外补习对中小学生家庭来讲已经成为生活必需品。模型 2 显示，在控制了相关变量之后，兴趣类课外补习支出对家庭人均年收

① 李子奈，潘文卿. 计量经济学（第四版）. 北京：高等教育出版社，2015：203-204.

② Tobin J. Estimation of relationships for limited dependent variables. Econometrica，1958（1）：24-36.

③ 周华林，李雪松. Tobit 模型估计方法与应用. 经济学动态，2012（5）：105-119.

入的弹性系数为0.353，且通过了显著性检验，说明家庭人均年收入增长1%，兴趣类课外补习支出增长0.353%，兴趣类课外补习对中小学生家庭来讲同样成为生活必需品。

**表 2-3 课外补习需求收入弹性分析**

| 变量 | 学科类课外补习支出对数 | 兴趣类课外补习支出对数 |
|---|---|---|
| | 模型 1 | 模型 2 |
| 家庭<br>人均年收入对数 | 0.160***（3.37） | 0.353***（2.98） |
| 女性性别 | 0.034（0.29） | 0.407*（1.78） |
| 农村户口 | −0.732***（−5.35） | −0.814***（−3.22） |
| 家庭学生数 | −0.392***（−4.56） | −0.164（−0.91） |
| 父母受过高等教育 | 0.543***（3.53） | 0.843***（3.24） |
| 学生成绩 | 0.041（0.72） | 0.040（0.31） |
| 初中学段 | 0.441***（3.27） | −0.281（−0.90） |
| 高中学段 | 0.183（1.08） | −0.553（−1.40） |
| 常数项 | 6.766***（12.05） | 3.568***（2.69） |
| 调整后 $R^2$ | 0.0490 | 0.0290 |
| $N$ | 832 | 546 |

注：括号中为 $t$ 值，本章下同。

## 二、课外补习需求收入弹性的异质性分析

表2-4分样本回归用于考察学科类课外补习需求收入弹性在不同收入家庭的差异。模型1和模型2显示，学科类补习支出对家庭人均年收入的弹性系数在低收入家庭为负数，在中等收入家庭为正数。这说明对于低收入家庭，随着家庭收入提高，对学科类课外补习的需求会减少；中等收入家庭则对学科类课外补习有旺盛的需求。但两者均没有通过显著性检验。模型3显示，学科类补习支出对家庭人均年收入的弹性系数大于0小于1，且通过了显著性检验，说明高收入家庭对学科类课外补习有旺盛需求。

**表 2-4 学科类课外补习需求收入弹性在不同收入家庭的差异分析**

| 变量 | 学科类课外补习支出对数 | | |
|---|---|---|---|
| | 低收入 | 中等收入 | 高收入 |
| | 模型 1 | 模型 2 | 模型 3 |
| 家庭<br>人均年收入对数 | −0.094（−0.90） | 0.148（0.77） | 0.314**（1.80） |

续表

| 变量 | 学科类课外补习支出对数 | | |
|---|---|---|---|
| | 低收入 | 中等收入 | 高收入 |
| | 模型 1 | 模型 2 | 模型 3 |
| 女性性别 | −0.050（−0.14） | 0.064（0.42） | −0.010（−0.05） |
| 农村户口 | −0.835**（−1.99） | −0.645***（−3.81） | −0.638**（−2.30） |
| 家庭学生数 | −0.448**（−2.13） | −0.353***（−3.37） | −0.278（−1.25） |
| 父母受过高等教育 | −2.527**（−2.09） | 0.349*（1.80） | 0.788***（2.98） |
| 学生成绩 | 0.050（0.23） | 0.019（0.24） | 0.194（1.56） |
| 初中学段 | 0.260（0.61） | 0.634***（3.72） | −0.012（−0.05） |
| 高中学段 | 0.596（1.21） | 0.105（0.46） | −0.106（−0.37） |
| 常数项 | 8.930***（8.37） | 6.860***（3.53） | 4.871**（2.50） |
| 调整后 $R^2$ | 0.0341 | 0.0366 | 0.0393 |
| $N$ | 126 | 451 | 255 |

表 2-5 分样本回归用于考察兴趣类课外补习需求收入弹性在不同收入家庭的差异。模型 1 显示，兴趣类课外补习支出对家庭人均年收入的弹性系数在低收入家庭为负数，说明对于低收入家庭，随着家庭收入提高，对兴趣类课外补习的需求会减少。但结果没有通过显著性检验。由模型 2 和模型 3 结果可知，兴趣类补习支出对家庭人均年收入的弹性系数在中等收入和高收入家庭都显示为大于 0 小于 1，且两者都通过了显著性检验，说明中等收入家庭和高收入家庭对兴趣类课外补习都有旺盛需求。

**表 2-5 兴趣类课外补习需求收入弹性在不同收入家庭的差异分析**

| 变量 | 兴趣类课外补习支出对数 | | |
|---|---|---|---|
| | 低收入 | 中等收入 | 高收入 |
| | 模型 1 | 模型 2 | 模型 3 |
| 家庭人均年收入对数 | −0.235<br>（−0.53） | 0.909**<br>（2.07） | 0.609**<br>（2.37） |
| 女性性别 | 0.191<br>（0.23） | 0.238<br>（0.68） | 0.928***<br>（3.37） |
| 农村户口 | −2.329**<br>（−2.53） | −0.578<br>（−1.61） | −0.374<br>（−1.05） |
| 家庭学生数 | 0.120<br>（0.30） | −0.274<br>（−0.95） | −0.061<br>（−0.21） |
| 父母受过高等教育 | 1.710<br>（1.11） | 1.003***<br>（2.69） | 0.730**<br>（2.19） |

续表

| 变量 | 兴趣类课外补习支出对数 | | |
|---|---|---|---|
| | 低收入 | 中等收入 | 高收入 |
| | 模型 1 | 模型 2 | 模型 3 |
| 学生成绩 | −0.119<br>（−0.29） | 0.194<br>（1.03） | −0.006<br>（−0.04） |
| 初中学段 | −0.345<br>（−0.26） | −0.1145<br>（−0.26） | −0.480<br>（−1.20） |
| 高中学段 | 0.870<br>（0.85） | −1.918<br>（−3.11） | 0.087<br>（0.15） |
| 常数项 | 9.180**<br>（2.43） | −2.237<br>（−0.51） | 0.571<br>（0.20） |
| 调整后 $R^2$ | 0.0373 | 0.0224 | 0.0353 |
| $N$ | 64 | 284 | 198 |

表 2-6 在模型中分别加入家庭人均年收入对数与农村户口、父母受过高等教育和学段的交互项，以考察学科类课外补习需求收入弹性在不同群体特征学生间的异质性。模型 1 显示，家庭人均年收入对数与农村户口的交互项系数为负数，但结果没有通过显著性检验，说明对学科类课外补习的需求在城市家庭和农村家庭没有显著差异。模型 2 显示，家庭人均年收入对数与父母受过高等教育的交互项为正数，且通过显著性检验，说明对学科类课外补习的需求在受过高等教育父母的家庭中更强烈。模型 3 显示，家庭人均年收入对数与学段两个虚拟变量的交互项都为负数，但两者皆没有通过显著性检验，说明对学科类课外补习的旺盛需求在不同学段之间没有显著差异。

**表 2-6 学科类课外补习需求收入弹性异质性分析**

| 变量 | 学科类课外补习支出对数 | | |
|---|---|---|---|
| | 模型 1 | 模型 2 | 模型 3 |
| 家庭<br>人均年收入对数 | 0.182***<br>（2.81） | 0.092*<br>（1.81） | 0.211***<br>（3.38） |
| 女性性别 | 0.032<br>（0.27） | 0.287<br>（0.24） | 0.035<br>（0.29） |
| 农村户口 | −0.724***<br>（−5.24） | −0.710***<br>（−5.21） | −0.731***<br>（−5.33） |
| 家庭学生数 | −0.393***<br>（−4.57） | −0.384***<br>（−4.50） | −0.380***<br>（−4.41） |
| 父母受过高等教育 | 0.529***<br>（3.39） | 0.167<br>（0.89） | 0.551***<br>（3.58） |
| 学生成绩 | 0.040<br>（0.61） | 0.442<br>（0.68） | 0.045<br>（0.69） |

续表

| 变量 | 学科类课外补习支出对数 | | |
|---|---|---|---|
| | 模型 1 | 模型 2 | 模型 3 |
| 初中学段 | 0.438***<br>(3.25) | 0.431***<br>(3.22) | 0.470***<br>(3.41) |
| 高中学段 | 0.184<br>(1.08) | 0.134<br>(0.79) | 0.229<br>(1.31) |
| 家庭人均年收入对数×农村户口 | −0.463<br>(−0.52) | — | — |
| 家庭人均年收入对数×父母受过高等教育 | — | 0.428***<br>(3.37) | — |
| 家庭人均年收入对数×初中学段 | — | — | −0.094<br>(−0.93) |
| 家庭人均年收入对数×高中学段 | — | — | −0.131<br>(−1.16) |
| 常数项 | 6.667***<br>(9.68) | 7.494***<br>(13.15) | 6.345***<br>(9.21) |
| 调整后 $R^2$ | 0.0510 | 0.0542 | 0.0514 |
| $N$ | 832 | 832 | 832 |

相似地，表 2-7 同样分别加入家庭人均年收入对数与农村户口、父母受过高等教育和学段的交互项，用以考察兴趣类课外补习需求收入弹性及在不同群体特征学生间的异质性。模型 1 显示，家庭人均年收入对数与农村户口的交互项系数为正数，且通过了显著性检验，说明对兴趣类课外补习的需求在农村家庭更明显。模型 2 显示，家庭人均年收入对数与父母受过高等教育的交互项为负数，但没有通过显著性检验，说明对兴趣类课外补习的需求在受过高等教育父母的家庭和没有受过高等教育父母的家庭没有显著差异。模型 3 显示，家庭人均年收入对数与学段两个虚拟变量的交互项都为负数，但两者皆没有通过显著性检验，说明对兴趣类课外补习的需求在不同学段之间没有显著差异。

**表 2-7　兴趣类课外补习需求收入弹性异质性分析**

| 变量 | 兴趣类课外补习支出对数 | | |
|---|---|---|---|
| | 模型 1 | 模型 2 | 模型 3 |
| 家庭<br>人均年收入对数 | 0.160<br>(1.02) | 0.361**<br>(2.45) | 0.427***<br>(3.04) |
| 女性性别 | 0.405*<br>(1.78) | 0.407*<br>(1.78) | 0.409*<br>(1.79) |
| 农村户口 | −1.010***<br>(−3.70) | −0.815***<br>(−3.22) | −0.807***<br>(−3.19) |
| 家庭学生数 | −0.150<br>(−0.83) | −0.165<br>(−0.91) | −0.158<br>(−0.87) |

续表

| 变量 | 兴趣类课外补习支出对数 | | |
|---|---|---|---|
| | 模型 1 | 模型 2 | 模型 3 |
| 父母受过高等教育 | 0.885***<br>（3.39） | 0.858***<br>（2.79） | 0.834***<br>（3.20） |
| 学生成绩 | 0.059<br>（0.46） | 0.040<br>（0.31） | 0.046<br>（0.36） |
| 初中学段 | −0.266<br>（−0.85） | −0.281***<br>（−0.90） | −0.181<br>（−0.51） |
| 高中学段 | −0.564<br>（−1.43） | −0.551<br>（−1.40） | −0.490<br>（−1.23） |
| 家庭人均年收入对数×农村户口 | 0.414*<br>（1.87） | — | — |
| 家庭人均年收入对数×父母受过高等教育 | — | −0.021<br>（−0.09） | — |
| 家庭人均年收入对数×初中学段 | — | — | −0.167<br>（−0.56） |
| 家庭人均年收入对数×高中学段 | — | — | −0.273<br>（−0.93） |
| 常数项 | 5.465***<br>（3.28） | 3.495**<br>（2.23） | 2.797*<br>（1.82） |
| 调整后 $R^2$ | 0.0304 | 0.0290 | 0.0294 |
| $N$ | 546 | 546 | 546 |

## 三、学校课后服务对课外补习需求的调节效应分析

为了考察参加学校课后服务对课外补习需求的影响，我们分别将学校学科类课后服务与家庭人均年收入对数的交互项和学校兴趣类课后服务与家庭人均年收入对数的交互项纳入相应模型中，分析学校课后服务对课外补习需求是否存在调节效应。首先，由表 2-8 模型 1 可知在加入学校学科类课后服务后，学科类课外补习支出对家庭人均年收入的弹性系数由显著变成不显著，说明参加学校学科类课后服务会影响学生对学科类课外补习需求。模型 2 进一步加入参加学校学科类课后服务与家庭人均年收入对数交互项，交互项系数结果显示为负数且显著，说明参加学校学科类课后服务会降低家庭对学科类课外补习的需求。模型 3 在加入学校兴趣类课后服务变量之后，兴趣类补习支出对家庭人均年收入的弹性系数同样是大于 0 小于 1，且通过显著性检验。模型 4 在加入学校兴趣类课后服务与家庭人均年收入对数交互项后，交互项系数显示为正数，且通过了显著性检验。说明参加学校兴趣类课后服务会增强家庭对兴趣类课外补习的需求。

**表 2-8　参加学校课后服务对课外补习需求的调节效应**

| 变量 | 学科类课外补习支出对数 | | 兴趣类课外补习支出对数 | |
|---|---|---|---|---|
| | 模型 1 | 模型 2 | 模型 3 | 模型 4 |
| 家庭人均年收入对数 | 0.083<br>（1.14） | 0.217**<br>（2.32） | 0.460***<br>（2.93） | 0.209<br>（1.15） |
| 女性性别 | 0.964<br>（0.54） | 0.106<br>（0.60） | 0.701**<br>（2.27） | 0.771**<br>（2.52） |
| 农村户口 | −0.845***<br>（−4.16） | −0.807***<br>（−3.98） | −0.617*<br>（−1.77） | −0.546<br>（−1.58） |
| 家庭学生数 | −0.671***<br>（−4.27） | −0.633***<br>（−4.03） | −0.185<br>（−0.67） | −0.215<br>（−0.79） |
| 父母受过高等教育 | 0.623***<br>（2.86） | 0.560**<br>（2.57） | 0.704*<br>（1.95） | 0.702**<br>（1.97） |
| 学生成绩 | 0.102<br>（1.04） | 0.101<br>（1.03） | −0.235<br>（−1.31） | −0.191<br>（−1.08） |
| 初中学段 | 0.179<br>（0.83） | 0.204**<br>（0.96） | −0.332<br>（−0.79） | −0.392<br>（−0.94） |
| 高中学段 | −0.164<br>（−0.65） | −0.184<br>（−0.74） | −0.435<br>（−0.75） | −0.418<br>（−0.73） |
| 学校学科类课后服务 | −0.130<br>（−0.57） | −0.075**<br>（−0.33） | — | — |
| 学校兴趣类课后服务 | — | — | −0.570*<br>（−1.82） | −1.174***<br>（−3.07） |
| 学校学科类课后服务×家庭人均年收入对数 | — | −0.321**<br>（−2.26） | — | — |
| 学校兴趣类课后服务×家庭人均年收入对数 | — | — | — | 0.787***<br>（2.67） |
| 常数项 | 8.045***<br>（9.52） | 6.641***<br>（6.36） | 3.073*<br>（1.71） | 5.503***<br>（2.77） |
| 调整后 $R^2$ | 0.0554 | 0.0583 | 0.0368 | 0.0417 |
| $N$ | 411 | 411 | 304 | 304 |

# 第三节　研究结论、讨论与政策建议

## 一、研究结论与讨论

在“双减”背景下探讨不同群体特征学生的课外补习需求以及学校课后服务对学生课外补习需求的调节作用具有重要的理论和实践意义。在需求收入弹性的理论框架下分析学生课外补习需求及学校课后服务对学生课外补习需求的影响主要得出以下结论。

第一，学科类和兴趣类课外补习都已经成为中小学生家庭的生活必需品。课外补习是否属于生活必需品是“双减”背景下社会极其关注和热议的话题，也是教育学术界争论的一个焦点议题。国内有学者曾指出私有性的课外补习服务已成生活必需品[①]，但也有学者认为课外补习作为“必需品”言过其实。[②]国内相关的实证研究发现中国城镇家庭教育补习支出缺乏弹性，一定程度上验证了课外补习是必需品的观点。[③④]本章研究在区分学科类和兴趣类课外补习的基础上发现，学科类和兴趣类课外补习都已经成为中小学生家庭生活必需品，说明当下有中小学生的家庭对学科类和兴趣类课外补习有旺盛的需求，这也解释了“双减”政策实施以后，“地下培训”“高端家教”“众筹私教”等隐形变异校外补习行为存在的原因。“双减”政策在实施过程中之所以会遇到上述阻力，究其原因，与应试制度下我国学校教育满足不了全部学生发展需求、社会阶层固化和社会流动通道窄化的“阶层跃迁焦虑”密切相关。[⑤⑥]在这一背景下，为了获得更好的教育资源进而在考试和升学竞争中脱颖而出，学生和家长往往会寻求学科类课外补习的帮助；为了孩子获得多元化和个性化的发展，家长同样会寻求兴趣类课外补习的服务。当应试制度下学校教育无法满足学生和家长对优质教育的需求时，他们对学校之外的课外补习服务就会产生强烈的需求，家长和校外培训机构便达成了“你要钱我要分”的教育“利益共同体联盟”。[⑦]

第二，对课外补习的需求在不同群体特征学生之间存在异质性。这种异质性主要体现在三个方面：高收入家庭对学科类课外补习有旺盛需求，中高收入家庭对兴趣类课外补习有旺盛需求；受过高等教育父母的家庭对学科类课外补习的需求更强烈；农村家庭对兴趣类课外补习的需求更强烈，而对学科类和兴趣类课外补习的需求在基础教育不同学段之间没有明显差异。从供需理论的角度看，支付

---

① 原春琳. 补习：家长走不出的囚徒困境. 中国青年报，2017-03-20（10）.

② 陈涛，巩阅瑄，李丁. 中国家庭文化价值观与影子教育选择——基于霍夫斯泰德文化维度的分析视角. 北京大学教育评论，2019，17（3）：164-186+192.

③ 薛海平，丁小浩. 中国城镇学生教育补习研究. 教育研究，2009（1）：39-46.

④ 丁小浩，翁秋怡. 权力资本与家庭的教育支出模式. 北京大学教育评论，2015，13（3）：130-142+191.

⑤ 范涌峰. “后减负时代”基础教育高质量发展的生态重构. 四川师范大学学报（社会科学版），2021，48（6）：42-52.

⑥ 杨小微，文琰. “双减”政策实施研究的现状、难点及未来之着力点. 新疆师范大学学报（哲学社会科学版），2022（4）：1-14.

⑦ 杨小微，文琰. “双减”政策实施研究的现状、难点及未来之着力点. 新疆师范大学学报（哲学社会科学版），2022（4）：1-14.

能力和消费意愿是影响教育需求的两个基本条件，中高收入的家庭有更强的课外补习支付能力，因此对课外补习有旺盛的需求。本章的研究发现与 Kim 和 Lee 的相关研究结论相一致。[①]受过高等教育的家长往往对子女期望更高，有更强烈的课外补习需求意愿，因此高学历的家庭对学科类课外补习的旺盛需求更强烈，我们的研究发现在一定程度上验证了《不平等的童年》和《爱、金钱和孩子》中所指出的高收入和高学历父母往往更重视子女的课余生活，也更重视联合课外培训机构对子女进行培养的有关结论。[②③]而农村家庭对兴趣类课外补习的旺盛需求更强烈可能与农村地区学校艺体等兴趣类科目教学质量不高有关，正如相关学者指出的中西部农村地区存在“富百姓、穷政府、弱学校”现象[④]以及农村地区课后服务长期资源供给不足的观点[⑤]，农村地区的教育教学质量与城市相比仍存在较大差距，兴趣类科目教学质量和课后服务尤其低质，所以农村家庭对兴趣类课外补习需求更旺盛。对学科类和兴趣类课外补习的旺盛需求在基础教育不同学段之间没有明显差异，说明对课外补习的依赖贯穿基础教育阶段，这可能是应试教育制度下，学校教育不能满足所有学生发展需求的一种必然结果。

第三，参加学校课后服务能够调节学生对课外补习的旺盛需求。参加学校学科类课后服务会降低家庭对学科类课外补习的需求，而参加学校兴趣类课后服务会增强家庭对兴趣类课外补习的需求。可能的解释是学生和家长对学科类和兴趣类课外补习都有旺盛需求，但参加学校学科类课后服务在一定程度上能够疏通学生对学科类知识的需求，缓解家长“三点半难题”的困扰，降低对学科类课外补习的依赖，对学生的学习成绩和发展具有积极作用。[⑥⑦]而学校课后服务的一个不足在于以作业辅导为主，艺体等兴趣类项目活动较为匮乏[⑧]，兴趣类课后服务质量和水平不高，难以满足学生对艺体、拓展训练等兴趣发展方面的需求，所以当

---

① Kim S，Lee J. Private tutoring and demand for education in South Korea. Economic Development and Cultural Change，2010，58（2）：259-296.

② 安妮特·拉鲁. 不平等的童年. 张旭译. 北京：北京大学出版社，2009：130.

③ Doepke M，Zilibotti F. Love，Money，and Parenting：How Economics Explains the Way We Raise Our Kids. Princeton University Press，2019：126.

④ 王东. 学校课后活动机制的现状和反思——基于“无偿托管”模式的实证分析. 首都师范大学学报（社会科学版），2015（6）：133-137.

⑤ 刘纪蕊. 开放教育新时代：公共财政进入农村课后服务. 中国电化教育，2018（8）：26-34.

⑥ Lauer P A，Akiba M，Wilkerson S B，et al. Out-of-school-time programs：A meta-analysis of effects for at-risk students. Review of Educational Research，2006，76（2）：275-313.

⑦ 杨文登. 美国课后服务循证评估研究. 比较教育研究，2021，43（8）：64-70+112.

⑧ 付卫东，郭三伟. “双减”格局下的中小学课后服务：主要形势与重点任务. 河北师范大学学报（教育科学版），2022，24（1）：68-76.

参加学校兴趣类课后服务激发学生多元兴趣爱好但不能满足学生发展需求之时，家长就会在校外寻求兴趣类课外补习的帮助。

## 二、政策建议

当前“双减”政策在推进过程中面临诸如校外培训行为隐形变异存在、部分家长不配合、学校课后服务质量不高、家校社深度合作不足等诸多阻力，本章研究关于学生课外补习需求及学校课后服务对学生课外补习需求调节作用的相关结论和讨论对“双减”政策的深入推进具有重要的启示。由此提出如下建议。

第一，落实“双减”政策要坚持供给侧和需求侧两手抓，在规范校外培训行为的同时提升学校教育教学质量和学校课后服务水平。本章研究发现中小学生家庭对学科类和兴趣类课外补习都有旺盛的需求，这不仅与我国重教、重学的儒家文化传统有关，也与应试制度下，学校教育不能满足全部学生发展需求，阶层跃迁焦虑等现实原因相关，因此推进“双减”政策落实落地，一方面，要加强校外培训机构管理，在供给侧规范校外培训行为，减少学生和家长参加校外培训；另一方面，要提升学校教育教学质量，保障学校课后服务时长和水平，在需求侧疏解家庭对优质教育的需求。此外，要推进教育评价体系的改革，扭转唯分数、唯升学的评价导向，推进中高考制度改革，从根本上降低学生和家长对课外补习的需求，使“双减”政策真正落到实处。①②

第二，重视社会和学校对家庭教育的指导，帮助家长树立科学育儿观，尤其重视转变高收入高学历父母教育观念。本章研究发现高收入家庭对学科类和兴趣类课外补习都有旺盛需求，受过高等教育的父母对学科类课外补习的旺盛需求更强烈，“双减”政策背景下参与费用更加昂贵的“众筹私教”“一对一”等变异校外培训更多的是高收入高学历的家庭，这种现象进一步验证了拉鲁和德普克等关于高社会经济地位的家庭更倾向于联合课外培训培养子女的观点。③ ④在竞争愈发激烈的教育环境下，高收入高学历的父母往往更积极地让子女参与课外补习为其成长赋能，但高收入高学历的家长未必都具有科学的教育观念。根据《全国

---

① 马瑞，冀小婷.“双减”政策驱动下的教育评价改革探究. 天津师范大学学报（社会科学版），2022（03）：7-12.

② 范涌峰.“后减负时代”基础教育高质量发展的生态重构. 四川师范大学学报（社会科学版），2021，48（06）：42-52.

③ 安妮特·拉鲁. 不平等的童年. 北京：北京大学出版社，2009：130.

④ Doepke M，Zilibotti F. Love，Money，and Parenting：How Economics Explains the Way We Raise Our Kids. Princeton University Press，2019：126.

“双减”成效调查报告》显示，我国被调查家庭中82.5%的家长家庭教育有困难，87.1%的家长有“提高自身家庭教育素养”的诉求[①]，其中包括高收入高学历的家长。因此应该加强社会和学校在家庭教育的指导，转变家长育儿观念，尤其重视引导高收入高学历家长树立正确的育儿观念，帮助他们走出“唯分数论”泥潭，科学看待子女发展，理性预期孩子成长。

第三，学校应保障学科类课后服务时长和质量，加强答疑和学业辅导，优先保障有学业困难和补习需求的学生参加学科类的课后服务。本章研究发现参加学科类的课后服务可以降低家庭对学科类课外补习的需求，然而全国范围内课后服务的覆盖率以及服务时长并没有达到“双减”政策要求[②]，部分学校课后服务以培优为主，学困生和弱势学生没有得到更多教育关注[③]，部分学校教师将课后服务理解为托管，课后答疑和学业辅导不够[④]，学校课后服务还存在诸多问题。因此，只有借鉴国际经验和基于本土实际，加强学校学科类课后服务的答疑和学业辅导，保障课后服务时长和质量，特别关注学困生和弱势学生的成长和发展[⑤]，才能有效发挥学校学科类课后服务降低学科类课外补习需求的作用。

第四，学校要利用好社会资源，丰富兴趣类课后服务内容，加大对农村学校兴趣类课后服务的投入。兴趣类课后服务会增强家庭对兴趣类课外补习的旺盛需求，但一些学校兴趣类课后服务质量和水平不高，难以满足学生多元需求和发展相关，受限于场所、设施和师资，部分学校课后服务各类兴趣类活动安排的较少[⑥]，形式和内容也比较单一。[⑦]而相对于城市地区，乡镇学校兴趣类课程师资尤其短缺。[⑧]所以政府要加大对学校课后服务的投入，通过购买服务的方式提升兴趣类课后服务的多样性[⑨]；加强与少年宫、青少年活动中心以及非学科类校外培

---

① 张志勇，等. 全国“双减”成效调查报告. 北京：北京师范大学中国教育与社会发展研究院，2022.

② 王湖滨，马云. 上海市小学生校内课后服务现状、问题与建议. 上海教育科研，2022（3）：17-23.

③ 钱阿剑，赵茜. 中国学校课后服务水平的国际比较研究——基于16个PISA2018参测国家（地区）的校长问卷结果分析. 中小学管理，2022（1）：27-31.

④ 刘宇佳. 小学生课后服务优化反思——基于W市中心城区小学的现实考察. 基础教育，2021，18（2）：71-82.

⑤ Bae S，Oh H，Kim H，et al. The impact of after-school programs on educational equality and private tutoring expenses. Asia Pacific Education Review，2010，11（3）：349-361.

⑥ 王湖滨，马云. 上海市小学生校内课后服务现状、问题与建议. 上海教育科研，2022（3）：17-23.

⑦ 王烨捷. “双减”之下，“课后三点半”如何提质. 中国青年报，2022-03-14（005）.

⑧ 俞明雅. “双减”背景下中小学课后服务的挑战及应对——基于江苏省的分析. 上海教育科研，2022（3）：11-16.

⑨ 付卫东，周威，刘杰. 中小学课后服务满意度及影响因素分析——基于东中西部6省（区）32个县（区）的调查. 中国电化教育，2021（10）：8-16.

训机构合作，充分发挥校外场所和培训机构在发展学生多元兴趣方面的优势作用；加强校内教师培训的同时，组织和招募具有特长的师范生和志愿者补充师资，进而丰富兴趣类课后服务内容，提升兴趣类课后服务质量，以减弱兴趣类课后服务对兴趣类课外补习需求的强化作用。针对农村地区对兴趣类课外补习需求更旺盛但发展低质的情况，政府应重视对农村地区兴趣类课后服务的财政投入和资源供给，提升农村地区兴趣类课后服务的质量和水平，给予弱势家庭学生经济补偿，以确保农村地区学生的多元发展需求。

受限于调查数据，本章研究目前只能利用 CIEFR-HS 2019 年全国调查数据展开研究，未能分析“双减”政策落实后学生对课外补习的需求收入弹性以及参加学校课后服务对课外补习需求的调节作用，希望未来能利用“双减”落实后的全国性调查数据进一步验证学校课后服务对课外补习需求的调节作用。

# 第三章 家长教养方式对中小学生参与课外补习的影响

近些年来，随着教育竞争的加剧，家庭为了促进孩子成功也做出相应的养育战略调整：一批“虎妈”“虎爸”开始积极参与到孩子的学习和生活中。耶鲁大学法学院美籍华裔教授蔡美儿在她的畅销书《虎妈战歌》中描述了自己对两个女儿学习和生活的干预，她既参与了女儿的学校教育活动，又积极帮助她们寻求课外补习，为其获得学校教育的成功赋能。有研究者认为蔡美儿的家庭教养方式是专制型和权威型教养方式的典范。[①]蔡美儿是现有教育竞争愈发激烈下部分家长的缩影，一些中产阶层家长采用权威型教养方式和专制型教养方式，既积极参与孩子的学校教育活动，也踊跃带领孩子参加课外补习，他们希望增强孩子的教育竞争力，以维持自身的阶层优势或实现阶层跃升。“双减”政策出台前，课外补习风靡中国（国家已经出面规范课外补习机构）和世界许多国家和地区，但不同家庭社会经济背景的孩子参与课外补习规模和支出存在明显分化，这种分化折射出不同阶层家庭家长教育理念和教养方式的差异。许多学者研究了家庭社会经济背景对孩子参与课外补习的影响，但很少有学者探讨家长教养方式对孩子参与课外补习的影响。探讨家庭社会经济背景、家长教养方式与孩子参与课外补习的关系，有助于从家庭教育的视角理解课外补习热现象背后深层次原因，为当前我国治理基础教育阶段课外补习问题提供有益借鉴。

① Doepke M，Zilibotti F. Love，Money，and Parenting：How Economics Explains the Way We Raise Our Kids. Princeton：Princeton University Press，2019：124.

# 第一节 研究设计

## 一、相关研究

### （一）家长教养方式的界定与分类

家长教养方式，是指父母在教化和抚育孩子时所体现出来的教育观念、对待子女的态度以及在此过程中的一切言行举止。①发展心理学家鲍姆林德较早提出教养方式的三种理想类型：权威型、专制型和宽容型。②迈克比和马丁认为，鲍姆林德提出的三种教养方式包含亲子互动的两个维度：回应与要求。这两个教养维度交叉分类可以得到教养方式的四种理想类型：权威型、专制型、宽容型和忽视型。③

权威型家长既尊重孩子的个性和独立性，又会坚持以既定的标准要求和管教孩子。④专制型家长缺乏与子女的沟通。当子女违背家长的要求时，他们更倾向于通过惩罚或强迫的方式要求子女服从自己，而不是像权威型家长那样进行沟通和解释。与权威型家长给予孩子充分的自主性或独立性不同，专制型家长会限制孩子的自主性。宽容型家长与子女之间有语言沟通，他们并不要求孩子服从某种既定的规则，更强调孩子在成长过程中的自我调节。忽视型家长更关注自己的需要，对子女既没有严格的要求，又缺乏积极的回应和沟通。⑤

### （二）家庭社会经济地位、家长教养方式和课外补习的关系

家庭社会经济地位不同，家长的教养方式也会有差异。马赛厄斯·德普克和法布里齐奥·齐利博蒂在《爱、金钱和孩子》一书中分析 PISA 数据发现父母学历不同，采用的教养方式不同，其中不参与型父母和专断型父母平均受教育水平

① Nancy D，Steinberg L. Parenting style as context：An integrative model. Psychological Bulletin，1993，113（3）：487-496.

② Baumrind D. Effects of authoritative parental control on child behavior. Child Development，1966，37（4）：887-907.

③ Maccoby E E，Martin J A. Socialization in the Context of the Family：Parent-child Interaction in Handbook of Child Psychology. Socialization，Personality and Social Development，New York：Wiley，1983：4.

④ Pong S，Jamie J，Chen V. Authoritarian parenting and Asian adolescent school performance：Insights from the US and Taiwan. International Journal of Behavioral Development，2010，34（1）：62-72.

⑤ 黄超. 家长教养方式的阶层差异及其对子女非认知能力的影响. 社会，2018，38（6）：216-240.

低于放任型和权威型父母。[①]达娜·萨斯金德等在《父母的语言》展示了她们团队的研究，通过连续三年跟踪研究 42 个不同社会经济状况的家庭，发现不同社会经济地位家庭的家长和孩子的对话、回应有所不同，脑力劳动家庭的孩子和接受福利救济家庭的孩子三年累计听到单词之间的差距是 3000 万个单词。不同家庭地位家长的教养方式产生不同的亲子互动回应。[②]也有研究认为教养理念不存在以职业为基础的阶层差异。[③]

安妮特·拉鲁在其代表作《不平等的童年》一书中，比较了不同社会阶层的家庭教养风格。中产阶级家长更注重孩子的课余生活，和学校、课外活动机构一起“协作培养”孩子的“天赋、思想和技能”。工人阶级和贫困阶级的家长倾向于要求服从和不管不问的育儿方式，拉鲁称其为“成就自然成长”。[④]国内学者高雪莲运用质性研究法，深入城市儿童和乡村流动儿童课余生活活动现场，发现城市家长注重家庭熏陶、学校制度化教育和课外补习机构的“三位一体”协作培养，农民工家长则采取“散养”的文化逻辑方式让孩子自然成长。家长的教育理念和教育行为选择影响了孩子的课外补习参与。[⑤]可见，家庭教养方式不同，孩子参与课外补习的情况也有所不同。

### （三）文献总结

国内已有文献中关于家长教养方式和孩子学习参与的文献基本分为两类：一类是家庭社会经济地位和家长教养方式的关系[⑥]；另一类是家长教养方式对孩子学业成绩、非认知能力、语言能力等方面的影响[⑦⑧⑨]。几乎没有文献探讨家长教养方式和课外补习参与的关系。本章研究使用中国教育追踪调查（CEPS）2014—2015 学年数据，探讨家长的教养方式对孩子参与课外补习的影响，以及家庭社会

---

① Doepke M，Zilibotti F. Love，Money，and Parenting：How Economics Explains the Way We Raise Our Kids. Princeton：Princeton University Press，2019：126.

② 达娜·萨斯金德，贝丝·萨斯金德，莱斯利·勒万特-萨斯金德. 父母的语言. 任忆译. 北京：机械工业出版社，2019：31.

③ 洪岩璧，赵延东. 从资本到惯习：中国城市家庭教育模式的阶层分化. 社会学研究，2014（4）：73-93.

④ 安妮特·拉鲁. 不平等的童年. 张旭译. 北京：北京大学出版社，2009：130.

⑤ 高雪莲. 区隔的童年：城市儿童与乡村流动儿童的课余世界. 北京社会科学，2017（9）：24-33.

⑥ 洪岩璧，赵延东. 从资本到惯习：中国城市家庭教育模式的阶层分化. 社会学研究，2014（4）：73-93.

⑦ Liu A，Yu X. Influences of monetary and non-monetary family resources on children’s development in verbal ability in China. Research in Social Stratification and Mobility，2015，40：59-70.

⑧ 黄超. 家长教养方式的阶层差异及其对子女非认知能力的影响. 社会，2018，38（6）：216-240.

⑨ 李佳丽，赵楷，梁会青. 养育差异还是养育陷阱？家庭教养方式对学生发展的异质性影响研究. 中国青年研究，2020（9）：68-75.

经济地位、家长教养方式和课外补习参与之间的关系。研究结论有助于理解当前家长热衷于让孩子参加课外补习的背后逻辑，为推进“双减”政策的实施提供有益借鉴启示。

## 二、研究数据与变量说明

本章研究使用数据全部来自中国人民大学中国调查与数据中心执行的 CEPS 2014—2015 学年数据。

家长教养方式的维度划分依据迈克比和马丁的“回应”和“要求”维度。“回应”是指家长通过支持和满足孩子特定的需要来培养其独立性和自我管理能力，“要求”是指家长通过监督和管教使孩子满足家长和整个家庭的需要，培养其服从能力。①也有学者用“沟通”来测量“回应”维度。②本章研究把“回应”维度限定在亲子相关问题的讨论。“回应”维度由家长和孩子的沟通程度构成，包括“讨论学校”“讨论教师”“讨论同学”“讨论心事”，通过简单相加，合成一个变量，并以均值为界，划分为“回应度高”“回应度低”的二分变量。“要求”维度选取了“父母对孩子考试、作业要求严不严格”，以均值为界，划分为“严格”“不严格”的二分变量。借鉴迈克比和马丁的维度划分，结合 CEPS 2015 年的变量，将教养方式划分为专制型教养方式、权威型教养方式、宽容型教养方式和忽视型教养方式。

本章研究统计分析采用的变量说明见表 3-1 和表 3-2。其中，家庭社会经济地位这一变量由父母最高学历、父母职业等级和家庭经济条件组成，将这三个变量做因子分析，然后对数值进行三等分，得到家庭社会经济地位的三个值。

**表 3-1　统计分析中的变量说明 1**

| 要求维度 | 回应维度 | |
|---|---|---|
| | 频繁 | 不频繁 |
| 严格 | 权威型教养方式 | 专制型教养方式 |
| 不严格 | 宽容型教养方式 | 忽视型教养方式 |

① Baumrind D. Parenting Style and Adolescent Development. The Encyclopedia of Adolescence. New York: Garland，1991：5.

② 黄超. 家长教养方式的阶层差异及其对子女非认知能力的影响. 社会，2018，38（6）：216-240.

**表 3-2　统计分析中的变量说明 2**

| 变量类型 | 变量名 | | 变量说明 |
|---|---|---|---|
| 因变量 | 是否参与课外补习 | | 0=不参与，1=参与 |
| 教养方式 | 专制型教养方式 | | 0=否，1=是 |
| | 权威型教养方式 | | 0=否，1=是 |
| | 宽容型教养方式 | | 0=否，1=是 |
| | 忽视型教养方式 | | 0=否，1=是 |
| 个人因素 | 性别 | | 0=男，1=女 |
| | 学生成绩 | | 1=不好，2=中下，3=中等，4=中上，5=很好 |
| 家庭因素 | 家庭社会经济地位 | 父母最高学历 | 1=小学及以下，2=初中，3=高中，4=大专，5=大学本科及以上 |
| | | 父母职业等级 | 1=下层，2=中层，3=上层① |
| | | 家庭经济条件 | 1=非常困难，2=比较困难，3=中等，4=比较富裕，5=很富裕 |
| | 父母教育期望 | | 1=初中，2=高中，3=大专，4=大学本科，5=研究生及以上 |
| 学校因素 | 学校质量 | | 1=最差，2=中下，3=中间，4=中上，5=最好 |
| | 师生比（设教师为 1） | | 连续变量，单位：人 |

已有文献表明，不同家庭社会经济地位下，家长的教养方式有差异，而不同的家长教养方式会影响家长对孩子学习、生活的参与。参与程度比较高的家长，往往对孩子的关注度高，也更有可能根据孩子的情况安排课外补习。参与度比较高的家庭采用的教养方式往往是专制型教养方式和权威型教养方式。换言之，专制型、权威型教养方式下的孩子更有可能参与补习。因此，本章研究提出如下研究假设。

H1：家长教养方式不同，孩子参与课外补习的可能性存在差异。相对于忽视型教养方式，采用专制型、权威型教养方式的家庭的孩子，其参与课外补习的可能性更大。

H2：家长教养方式对家庭社会经济地位不同的学生参与课外补习的影响存在异质性。社会经济地位越高的家庭，如果采取专制型和权威型教养方式，学生参与课外补习的可能性越大。

---

① 李春玲将职业分中上中产阶级、中下中产阶级和底层阶级，中上中产阶级包括：机关及企事业单位负责人、中层管理人员、中高级职称专业技术人员、一般机关干部公务员、经济业务人员、私营企业主（雇工 8 人或以上）。中下中产阶级包括：基层管理人员、其他专业技术人员/一般技术员、企事业单位职员、技术工人、军人警察消防人员、个体户/小业主（雇工 8 人或以下）。底层阶级包括：商业与服务业人员、非技术工人、农林牧渔业人员、自由职业者、无业失业下岗家务人员。本章研究根据李春玲的分类将中上中产阶级划分为上层阶层，中下中产阶级划分为中产阶层，底层阶级划分为下层阶层。

## 三、研究方法

多层线性模型适宜进行不同层次分析，它能够充分利用各层信息，将学生参与课外补习影响因素在各相关层面进行分解，因此，估计更准确、解释更合理。多层线性模型是针对传统统计技术在处理多层结构数据所存在的局限，以及可能产生的对分析结果的曲解而提出的，它适宜对广泛存在的多层嵌套性数据进行恰当、深入的分析和解释①。

在家长教养方式影响学生参与课外补习的分析中引入多层线性模型，原因是CEPS中学生样本嵌套于不同学校之中，且不同学校的教学质量不同，师生比也有差异。对于这种具有嵌套结构的数据，采用两层线性模型（HLM2），可以考察学生层面变量和学校层面变量对学生参与课外补习的影响。

在模型建构之初，首先对零模型进行估计，来说明因变量的总方差可以被组间差异解释的百分比及其显著性，继而构建两层线性模型（HLM2）。

学生层为 $Tutor=\beta_0+\beta_1\ gender+\beta_2\ ses+\beta_3\ parent\ expectation+\beta_4\ student\ std+\beta_5\ zhuanzhi+\beta_6\ quanwei+\beta_7\ kuanrong+\beta_8\ hushi+\gamma$。

学校层为 $\beta_0=\gamma_{00}+\gamma_{01}\ school+\gamma_{01}\ shishengbi+\mu_0$。

其中，因变量 *Tutor* 代表学生是否参与课外补习。自变量分为两层：第一层是个体水平变量，包括学生性别、学生成绩、家庭社会经济地位、父母教育期望、各类教养方式；第二层是学校水平变量，包括学校质量和师生比。

# 第二节　家长教养方式对学生参与课外补习的影响

## 一、家庭社会经济地位、家长教养方式和课外补习参与的描述统计分析

不同家庭社会经济地位下的家长教养方式差异如表 3-3 所示。在低社会经济地位的家庭中，忽视型教养方式占比最高，高达 48.2%；在中等社会经济地位的家庭中，忽视型教养方式和专制型教养方式，占比较高，分别为 38.0%和27.4%；在高社会经济地位的家庭中，权威型教养方式占比最高，为 30.0%。且结果通过了皮尔逊卡方检验。由此可见，在不同社会经济地位的家庭中，教养方式也有一定的差异。

① Josborne J W，Neupert S D. A Brief Introduction to Hierarchical Linear Modeling. Rotterdam：Sense Publishers，2013：112.

**表 3-3　不同家庭社会经济地位下的家长教养方式差异**

| 教养方式 | 低 SES | 中 SES | 高 SES |
| --- | --- | --- | --- |
| 权威型教养方式 | 16.0%（485） | 22.2%（1081） | 30.0%（463） |
| 专制型教养方式 | 26.2%（797） | 27.4%（1337） | 24.7%（381） |
| 宽容型教养方式 | 9.6%（292） | 12.4%（603） | 18.4%（284） |
| 忽视型教养方式 | 48.2%（1464） | 38.0%（1851） | 27.0%（417） |
| 皮尔逊卡方检验 | $\chi^2$=285.127　$p$=0.000 | | |

注：表 3-3 中括号内的数字为该类别的样本数，括号外的数字为该类别占该等级家庭社会经济地位总样本数的百分比，表 3-4、3-5 均同。

不同教养方式培养下的孩子，其成绩也有不一样的表现，如表 3-4 所示。专制型教养方式和忽视型教养方式培养下的孩子，成绩在中等的最多，其次为中上和中下。权威型教养方式和宽容型教养方式培养下的孩子，成绩在中上的最多，其次为中等和中下。其结果也通过了皮尔逊卡方检验。

**表 3-4　家长教养方式与学生成绩差异**

| 教养方式 | 学生成绩 | | | | |
| --- | --- | --- | --- | --- | --- |
| | 不好 | 中下 | 中等 | 中上 | 很好 |
| 权威型教养方式 | 5.7%（117） | 16.0%（327） | 32.9%（671） | 37.5%（765） | 7.9%（162） |
| 专制型教养方式 | 7.4%（189） | 21.2%（539） | 34.4%（874） | 31.4%（797） | 5.6%（143） |
| 宽容型教养方式 | 6.0%（72） | 17.9%（214） | 27.7%（330） | 36.3%（433） | 12.1%（144） |
| 忽视型教养方式 | 12.3%（467） | 24.8%（942） | 33.0%（1253） | 24.8%（943） | 5.1%（193） |
| 皮尔逊卡方检验 | $\chi^2$=317.813　$p$=0.000 | | | | |

在不同家长教养方式下，初中生参与课外补习也有一定差异，如表 3-5 所示。专制型教养方式中参与课外补习的人数占到总数的 36.7%，权威型教养方式参与课外补习人数占总数的 45.8%，宽容型和忽视型的参与人数分别占总数的 38.8%和 25.0%。可见忽视型教养方式下，孩子参与课外补习的比率是所有教养方式中最低的。这和忽视型教养方式的特点有关系，家长更多地把关注重点放在自己身上，而非孩子身上，所以在对孩子参与课外补习的积极程度上比较低。

**表 3-5　家长教养方式与学生课外补习参与**

| 教养方式 | 不参与 | 参与 |
| --- | --- | --- |
| 权威型教养方式 | 54.2%（1110） | 45.8%（939） |
| 专制型教养方式 | 63.3%（1612） | 36.7%（935） |
| 宽容型教养方式 | 61.2%（730） | 38.8%（463） |
| 忽视型教养方式 | 75.0%（2851） | 25.0%（949） |
| 皮尔逊卡方检验 | $\chi^2$=284.941　$p$ =0.000 | |

## 二、家长教养方式对初中生参与课外补习的影响

本章研究采用两层线性模型（HLM2），基于 CEPS 数据，将学生层面变量和学校层面变量对学生参与课外补习的影响纳入分析模型，探究家长教养方式对初中生参与课外补习的影响，并进一步探究家长教养方式对课外补习的影响是否存在家庭社会经济地位和成绩的异质性。

### （一）零模型分析

零模型是指在个体水平和省级水平都没有预测变量的模型，主要用于观察因变量在学校水平上的差异是否有统计学意义，本章研究对学生开展研究之前的 12 个月是否参加课外补习做了零模型分析，结果见表 3-6。

**表 3-6 零模型参数分析**

| 参数 | 方差估计 | *SE* | 组内相关系数 | $\chi^2$ | *p* |
|---|---|---|---|---|---|
| 截距项（组间变异 $U_0$） | 0.049 | 0.006 | 0.221 | 245.035 | 0.000 |
| 层 1（组内变异残差 *R*） | 0.173 | 0.003 | — | — | — |

从零模型可以看出，以学生是否参与课外补习为因变量，$p<0.001$，也就是说第二层的预测变量对因变量的变异有显著影响。由表 3-6 可知，组间方差为 0.049，组内方差为 0.173，进一步计算组内相关系数（ICC）为 0.221。组内相关系数是检验因变量在不同群组之间是否有差异，根据科恩的界定[①]，0.221 为高度组内相关。本章研究数据属于高度组内相关，因而不可忽略组内差异。这代表着学生参与课外补习中来自学校层面的差异所造成的变异程度为 0.049，大概占方差的 22.1%。一方面，第二层的预测变量对因变量的变异有显著影响；另一方面，根据组内相关系数的估计结果，因变量存在明显的组间差异，必须考虑到组间差异的特性，因而适宜采用两层线性模型进行分析。

### （二）家长教养方式对学生课外补习参与的两层线性模型分析

家长教养方式对初中生课外补习参与的两层线性模型分析结果见表 3-7。模型 1 和模型 2 分析了初中学生课外补习参与的影响因素，其中，模型 1 是基准模型，估计控制变量对课外补习参与的影响。一般而言，系数为正，事件发生的概率将增加；系数为负，事件发生的概率将降低。数据显示，性别、父母教育期望、家庭社会经济地位的系数均在 0.01 水平显著。也就是说，女生的课外补习参

① 小于 0.059 表示低度组内相关，0.059–0.138 为中度组内相关，大于 0.138 为高度组内相关。

与率高于男生。父母教育期望越高，学生参与补习的可能性越大。家庭社会经济地位越好，学生参与补习的可能性越大。学校质量的系数在 0.05 水平显著，即学校质量越高，初中生越有可能参与补习。

**表 3-7　家长教养方式对初中生课外补习参与的影响分析**

| 维度 | 变量 | 模型 1 | 模型 2 | 模型 3 | 模型 4 |
|---|---|---|---|---|---|
| 家长教养方式 | 专制型教养方式 | — | 0.064**<br>(0.012) | 0[b]<br>(0.000) | −0.026**<br>(0.013) |
| | 权威型教养方式 | — | 0.091**<br>(0.013) | 0.026**<br>(0.013) | 0[b]<br>(0.000) |
| | 宽容型教养方式 | — | 0.038**<br>(0.015) | −0.026*<br>(0.016) | −0.053***<br>(0.016) |
| | 忽视型教养方式 | — | 0[b]<br>(0.000) | −0.064***<br>(0.012) | −0.091***<br>(0.013) |
| 控制变量 | 性别：男（以女生为参照） | −0.041**<br>(0.009) | −0.041**<br>(0.009) | −0.041**<br>(0.009) | −0.041**<br>(0.009) |
| | 学生成绩 | 0.002<br>(0.005) | −0.001<br>(0.005) | −0.001<br>(0.005) | −0.001<br>(0.005) |
| | 家庭社会经济地位 | 0.082**<br>(0.008) | 0.080**<br>(0.008) | 0.080**<br>(0.008) | 0.080**<br>(0.008) |
| | 父母教育期望 | 0.037**<br>(0.005) | 0.030**<br>(0.005) | 0.030**<br>(0.005) | 0.030**<br>(0.005) |
| | 学校质量 | 0.056*<br>(0.022) | 0.053*<br>(0.022) | 0.053*<br>(0.022) | 0.053*<br>(0.022) |
| | 师生比 | −0.005<br>(0.004) | −0.005<br>(0.004) | −0.005<br>(0.004) | −0.005<br>(0.004) |
| | 截距项 | −0.088<br>(0.092) | −0.093<br>(0.092) | −0.093<br>(0.092) | −0.093<br>(0.092) |
| | 样本量 | 8165 | 8136 | 8136 | 8136 |
| 随机效应 | *SD*（截距） | 0.033<br>(0.005) | 0.033<br>(0.005) | 0.033<br>(0.005) | 0.033<br>(0.005) |
| | *SD*（残差） | 0.166<br>(0.003) | 0.165<br>(0.003) | 0.165<br>(0.003) | 0.165<br>(0.003) |
| 拟合优度 | −2 受限对数似然 | 8703.024 | 8631.263 | 8631.263 | 8631.263 |
| | 赤池信息准则（AIC） | 8707.024 | 8635.263 | 8635.263 | 8635.263 |
| | 施瓦兹贝叶斯准则（BIC） | 8721.001 | 8649.232 | 8649.232 | 8649.232 |

模型 2—模型 4 分别以忽视型、专制型、权威型教养方式为参照，探讨其他家长教养方式对课外补习参与的影响。模型 2—模型 4 在基准模型中添加了家长教养方式，加入后对数似然值由 8703.024 降到 8631.263，AIC 和 BIC 的数值也同样有所下降，说明这一变量的加入有统计学意义，使模型拟合得更好。数据显示，模型 2 中专制型教养方式、权威型教养方式和宽容型教养方式均在 0.01 水平

显著。也就是说，相对于忽视型教养方式，采用专制型教养方式、权威型教养方式、宽容型教养方式的家庭，学生参与课外补习的可能性显著为正。这和日常生活情况比较相符，忽视型家长更关注自己的需要，对子女既没有严格的要求，又缺乏积极的回应和沟通，在这种低参与、低关注、低要求的教养方式下，家长对孩子参与课外补习持比较随意的态度。相对于忽视型教养方式，采用宽容型和权威型教养方式的家长一般与孩子有频繁的沟通和较为积极的回应，专制型教养方式对孩子要求比较严格，这些教养方式更关注孩子的需求和各类活动的参与，其参与课外补习的比率更高。

由模型 3 可知，相对于专制型教养方式，权威型教养方式对课外补习参与呈正向显著影响，而宽容型和忽视型教养方式对课外补习参与有负向显著影响。由模型 4 可知，相对于权威型教养方式而言，其他三类教养方式都对课外补习参与有显著负向影响。也就是说，权威型教养方式下的初中生最有可能参与课外补习，然后依次为专制型、宽容型和忽视型教养方式下的初中生。

家长教养方式对初中生学术类课外补习参与的两层线性模型结果见表 3-8。

**表 3-8 家长教养方式对初中生学术类课外补习参与的影响**

| 维度 | 变量 | 模型 1 | 模型 2 | 模型 3 |
|---|---|---|---|---|
| 家长教养方式 | 专制型教养方式 | 0.071***（0.004） | $0^b$（0.000） | −0.051***（0.014） |
| | 权威型教养方式 | 0.122***（0.013） | 0.051***（0.014） | $0^b$（0.000） |
| | 宽容型教养方式 | 0.052***（0.016） | −0.018（0.016） | −0.070***（0.017） |
| | 忽视型教养方式 | $0^b$（0.000） | −0.071***（0.012） | −0.122***（0.013） |
| | 其他变量 | 控制 | 控制 | 控制 |
| 拟合优度 | −2 受限对数似然 | 9006.041 | 9006.041 | 9006.041 |
| | AIC | 9010.041 | 9010.041 | 9010.041 |
| | BIC | 9024.026 | 9024.026 | 9024.026 |

模型 1、2、3 分别是以忽视型教养方式、专制型教养方式和权威型教养方式为基准的模型。由模型 1 可知，以忽视型教养方式为参照，其他三类教养方式都对孩子参与学术类课外补习有正向显著影响。模型 2 表明，相对于专制型教养方式，权威型教养方式下的初中生更有可能参与学术类课外补习，忽视型教养方式下的初中生更有可能不参与学术类课外补习，而专制型教养方式和宽容型教养方式对初中生参与学术类课外补习的影响没有显著差异。模型 3 表明，相对于权威型教养方式，其他三类教养方式对学术类课外补习的影响均有显著负向影响。也就是说，权威型教养方式下的初中生最有可能参与学术类补

习，其次为专制型和宽容型，最后是忽视型教养方式下的初中生。

家长教养方式对初中生兴趣类课外补习参与的两层线性模型结果见表 3-9。

**表 3-9　家长教养方式对初中生兴趣类课外补习参与的影响**

| 维度 | 变量 | 模型 1 | 模型 2 | 模型 3 |
|---|---|---|---|---|
| 家长教养方式 | 专制型教养方式 | 0.005（0.012） | $0^b$（0.000） | –0.085***（0.013） |
| | 权威型教养方式 | 0.091***（0.013） | 0.085***（0.013） | $0^b$（0.000） |
| | 宽容型教养方式 | 0.083***（0.015） | 0.078***（0.016） | –0.007（0.016） |
| | 忽视型教养方式 | $0^b$（0.000） | –0.005（0.012） | –0.091***（0.013） |
| | 其他变量 | 控制 | 控制 | 控制 |
| 拟合优度 | –2 受限对数似然 | 8711.803 | 8711.803 | 8711.803 |
| | AIC | 8715.803 | 8715.803 | 8715.803 |
| | BIC | 8729.788 | 8729.788 | 8729.788 |

模型 1、2、3 分别是以忽视型教养方式、专制型教养方式和权威型教养方式为基准的模型。由模型 1 可知，以忽视型教养方式为参照，权威型和宽容型教养方式对兴趣类补习呈显著正向影响。模型 2 表明，相对于专制型教养方式，权威型教养方式下的孩子和宽容型教养方式下的孩子更有可能参与兴趣类课外补习，而专制型教养方式和忽视型教养方式对孩子参与兴趣类课外补习的影响没有显著差异。模型 3 表明，相对于权威型教养方式，专制型教养方式和忽视型教养方式对孩子参与兴趣类课外补习有显著负向影响，而权威型教养方式和宽容型教养方式对孩子参与兴趣类课外补习的影响没有显著差异。换言之，权威型教养方式和宽容型教养方式下的初中生更有可能参与兴趣类课外补习，而专制型和忽视型教养方式下的初中生参与兴趣类课外补习的可能性更小。

### （三）家长教养方式对学生课外补习参与影响的异质性分析

为了进一步探究家长教养方式对课外补习影响时是否存在家庭社会经济地位和成绩的异质性，本章研究将家庭社会经济地位和教养方式、成绩和教养方式做交互，如表 3-10 所示。由模型 1 可知，以忽视型为基准，家庭社会经济地位和专制型教养方式、宽容型教养方式的交互系数分别在 0.01 和 0.05 的水平显著，也就是说，专制型教养方式对课外补习的影响在不同家庭社会经济地位的家庭中有异质性，家庭社会经济地位提高了专制型教养方式家庭的学生参与课外补习的可能性。在高社会经济地位且为专制型教养方式的家庭中，学生参与课外补习的可能性更大。而低社会经济地位的专制型教养方式的家庭参与补习的可能性低于高社会经济地位的家庭。同样，宽容型教养方式对课外补习的影响在不同家庭社会经济地位的家庭中有异质性。所以，专制型教养方式和宽容型教养方式的家长在家庭经济条件和自身良好学历、优质职业的加持下，更有可能帮助孩子选择课外补习，即家庭社会经济地位强化了专制型和宽容型教养方式对课外补习的正向影响。

由模型 2 可知，以专制型教养方式为基准，忽视型教养方式削弱了家庭社会经济地位对孩子参与课外补习的正向影响。由模型 3 可知，相对于权威型教养方式而言，其他三类教养方式在家庭社会经济地位影响课外补习中没有显著差异。

**表 3-10　家长教养方式对学生课外补习参与影响的异质性分析**

| 维度 | 变量 | 模型 1 | 模型 2 | 模型 3 |
|---|---|---|---|---|
| 交互效应 | 家庭社会经济地位×专制型 | 0.037**（0.018） | $0^b$（0.000） | 0.024（0.019） |
| | 家庭社会经济地位×权威型 | 0.013（0.018） | −0.024（0.019） | $0^b$（0.000） |
| | 家庭社会经济地位×宽容型 | 0.039*（0.022） | 0.002（0.023） | 0.026（0.023） |
| | 家庭社会经济地位×忽视型 | $0^b$（0.000） | −0.037**（0.018） | −0.013（0.018） |
| 家长教养方式 | 专制型教养方式 | −0.002（0.034） | $0^b$（0.000） | −0.070*（0.039） |
| | 权威型教养方式 | 0.069（0.037） | 0.070*（0.039） | $0^b$（0.000） |
| | 宽容型教养方式 | −0.035（0.045） | −0.033（0.047） | −0.104（0.049） |
| | 忽视型教养方式 | $0^b$（0.000） | 0.002（0.034） | −0.069*（0.037） |
| 控制变量 | 性别：男（以女生为参照） | −0.041***（0.009） | −0.041***（0.009） | −0.041***（0.009） |
| | 学生成绩 | 0.001（0.005） | 0.012（0.005） | 0.013（0.005） |
| | 家庭社会经济地位 | 0.061**（0.013） | 0.098***（0.014） | 0.075**（0.015） |
| | 教育期望 | 0.030**（0.005） | 0.030***（0.005） | 0.075***（0.015） |
| | 学校质量 | 0.054*（0.022） | 0.053**（0.022） | 0.053**（0.022） |
| | 师生比 | −0.005（0.004） | −0.005（0.004） | −0.005（0.004） |
| | 截距项 | −0.063（0.093） | −0.064（0.095） | 0.006（0.096） |
| | 样本量 | 8136 | 8136 | 8136 |
| 随机效应 | *SD*（截距） | 0.033（0.005） | 0.033（0.005） | 0.033（0.005） |
| | *SD*（残差） | 0.165（0.003） | 0.165（0.003） | 0.165（0.003） |
| 拟合优度 | −2 受限对数似然 | 8643.940 | 8643.940 | 8643.940 |
| | AIC | 8647.940 | 8647.940 | 8647.940 |
| | BIC | 8661.909 | 8661.909 | 8661.909 |

家长教养方式对学生学术类课外补习参与影响的异质性分析如表 3-11 所示。由表 3-11 可知，以忽视型为基准，家庭社会经济地位和专制型教养方式的交互系数在 0.05 水平显著。相对于忽视型教养方式，专制型教养方式强化了家庭社会经济地位对学术类补习参与的正向影响。越是专制型教养方式家庭的孩子，如果家庭社会经济地位越高，更有可能参与学术类补习。而相对于权威型教养方式，其他三类教养方式对学术类课外补习参与的影响没有异质性。

**表 3-11　家长教养方式对学生学术类课外补习参与影响的异质性分析**

| 维度 | 变量 | 模型 1 | 模型 2 | 模型 3 |
|---|---|---|---|---|
| 交互效应 | 家庭社会经济地位×专制型 | 0.030*（0.018） | $0^b$（0.000） | 0.003（0.020） |
| | 家庭社会经济地位×权威型 | 0.027（0.018） | −0.003（0.020） | $0^b$（0.000） |
| | 家庭社会经济地位×宽容型 | 0.029（0.022） | −0.007（0.023） | 0.003（0.024） |
| | 家庭社会经济地位×忽视型 | $0^b$（0.000） | −0.030*（0.018） | −0.027（0.019） |
| | 专制型教养方式 | 0.017（0.034） | $0^b$（0.000） | −0.056（0.040） |
| | 权威型教养方式 | 0.073*（0.037） | 0.056（0.040） | $0^b$（0.000） |
| | 宽容型教养方式 | −0.002（0.045） | −0.019（0.047） | −0.075（0.050） |
| | 忽视型教养方式 | $0^b$（0.000） | −0.017（0.034） | −0.073*（0.038） |
| | 家庭社会经济地位 | 0.056**（0.013） | 0.087***（0.014） | 0.083***（0.015） |
| | 其他变量 | 控制 | 控制 | 控制 |
| 拟合优度 | −2 受限对数似然 | 9020.613 | 9020.613 | 9020.613 |
| | AIC | 9024.613 | 9024.613 | 9024.613 |
| | BIC | 9038.597 | 9038.597 | 9038.597 |

家长教养方式对学生兴趣类课外补习参与影响的异质性分析如表 3-12 所示。由表 3-12 的模型 1 可知，以忽视型为基准，权威型教养方式、宽容型教养方式和家庭社会经济地位的交互系数分别在 0.05 和 0.001 水平正向显著，而专制型教养方式和家庭社会经济地位的交互系数在 0.05 的水平上负向显著。由模型 2 可知，相对于专制型教养方式而言，其他三类教养方式均强化了家庭社会经济地位对兴趣类课外补习的正向影响，即家庭社会经济地位越高，权威型、宽容型和忽视型教养方式下的孩子越有可能参与兴趣类课外补习。由模型 3 可知，相对于权威型教养方式而言，专制型和忽视型教养方式都削弱了家庭社会经济地位对孩子兴趣类课外补习的正向影响。

表 3-12 家长教养方式对学生兴趣类课外补习参与影响的异质性分析

| 维度 | 变量 | 模型 1 | 模型 2 | 模型 3 |
|---|---|---|---|---|
| 交互效应 | 家庭社会经济地位×专制型 | −0.034*（0.017） | $0^b$（0.000） | −0.065***（0.020） |
| | 家庭社会经济地位×权威型 | 0.031*（0.018） | 0.065***（0.020） | $0^b$（0.000） |
| | 家庭社会经济地位×宽容型 | 0.064***（0.022） | 0.098***（0.023） | 0.033（0.023） |
| | 家庭社会经济地位×忽视型 | $0^b$（0.000） | 0.034*（0.018） | −0.031*（0.018） |
| | 专制型教养方式 | 0.068**（0.034） | $0^b$（0.000） | 0.037（0.039） |
| | 权威型教养方式 | 0.031（0.037） | −0.037（0.039） | $0^b$（0.000） |
| | 宽容型教养方式 | −0.042（0.044） | −0.111**（0.047） | −0.074（0.049） |
| | 忽视型教养方式 | $0^b$（0.000） | −0.068**（0.034） | −0.032（0.037） |
| | 家庭社会经济地位 | 0.105***（0.012） | 0.071***（0.014） | 0.136***（0.015） |
| | 其他变量 | 控制 | 控制 | 控制 |
| 拟合优度 | −2 受限对数似然 | 8708.338 | 8708.338 | 8708.338 |
| | AIC | 8712.338 | 8712.338 | 8712.338 |
| | BIC | 8726.322 | 8726.322 | 8726.322 |

## 第三节 研究结论、讨论与政策建议

### 一、主要研究结论

第一，不同教养方式下，孩子参与课外补习的可能性存在差异。权威型教养方式下的孩子最有可能参与课外补习，然后依次为专制型、宽容型和忽视型教养方式下的孩子。相对于忽视型教养方式，采用专制型、权威型、宽容型教养方式家庭的孩子参与课外补习的可能性更大。专制型教养方式和权威型教养方式中，家长对孩子要求较严格，而宽容型教养方式中，家长与孩子的沟通和做出回应较为及时。严格要求和及时回应，都使得专制型、权威型、宽容型教养方式的家长比忽视型教养方式的家长更关注孩子的学习情况，从而更可能让孩子参与课外补习。由此可知，不同的家长教养方式使得孩子参与课外补习的可能性存在差异。

第二，不同家庭教养方式下的孩子参与学术类补习和兴趣类补习的可能性存在差异：采用专制型教养方式的家长更注重孩子的成绩和分数，主要以应试教育为导向；采用宽容型教养方式的家长更注重孩子的兴趣和特长，主要以素质教育为导向；采用权威型教养方式的家长注重孩子的成绩和兴趣“两手抓”。权威型教养方式下的学生最有可能参与学术类课外补习，其次为专制型和宽容型教养方式下的学生，最后是忽视型教养方式下的学生。权威型和宽容型教养方式下的学生更有可能参与兴趣类课外补习，而专制型和忽视型教养方式下的学生参与兴趣类课外补习的可能性更低。采用专制型教养方式的家长更关注孩子的学习成绩，所以参与学术类课外补习的兴致很高，而采用宽容型教养方式的家长对兴趣和素养关注度高，孩子参与兴趣类课外补习的可能性更大。

第三，家庭社会经济地位调节了专制型教养方式、宽容型教养方式对课外补习的影响。采用专制型和宽容型教养方式的家长在家庭经济条件和自身良好学历、优质职业的加持下，更有可能帮助孩子选择课外补习。专制型教养方式下的学生，在其家庭社会经济地位较高时，更有可能参与课外补习。宽容型教养方式对课外补习的影响在不同家庭社会经济地位的家庭中有异质性，即家庭社会经济地位强化了专制型教养方式对学生课外补习的正向影响。采用专制型教养方式的家长更倾向于严格要求孩子，并且要求孩子服从自己的安排，当然他们也关注孩子的成长。如果社会经济地位较高的家长采用专制型教养方式，那么在以家长意见为主就可以决定补习时，专制型教养方式下的孩子比其他类型孩子更有可能参与补习。如果社会经济地位较低的家长采用宽容型教养方式，可能对孩子参与补习“更加宽容”，孩子参与课外补习的可能性更小。

第四，家长教养方式对学术类补习和兴趣类补习的影响在不同家庭社会经济地位学生之间存在异质性。专制型教养方式强化了家庭社会经济地位对学术类课外补习参与的正向影响；权威型教养方式、宽容型教养方式和忽视型教养方式均强化了家庭社会经济地位对兴趣类课外补习的正向影响。相对于忽视型教养方式，专制型教养方式强化了家庭社会经济地位对学术类课外补习参与的正向影响。专制型家庭教养方式的孩子，如果其家庭社会经济地位越高，越有可能参与学术类课外补习。相对于权威型教养方式而言，其他三类教养方式对学术类课外补习参与的影响没有异质性。相对于专制型教养方式，其他三类教养方式均强化了家庭社会经济地位对兴趣类课外补习的正向影响，即家庭社会经济地位越高，权威型、宽容型和忽视型教养方式下的学生更有可能参与兴趣类补习。

## 二、研究结论讨论

经济学家阿塔纳西奥认为，在一些发展中国家，父母没有为孩子进行人力资本投资是因为他们低估了教育的经济价值。[①]当然，这种低估源于他们的教养认

---

① Attanasio O P. The determinants of human capital formation during the early years of life：Theory，measurement，and polices. Journal of the European Economic Association，2015，13（6）：949-997.

知和教养方式，不同社会经济地位家庭的家长认知不同，教养孩子的行为方式也有所差异。比如，专制型教养方式中的家长，话语权较大且收入较高时，更容易让孩子参与课外补习。而权威型教养方式的家长，既结合自身经验帮助孩子又尊重孩子选择，所以权威型教养方式下成绩较好的学生参与补习的可能性低。

家长的教养方式是内生性家庭资源的重要组成部分。有研究者探讨中国基础教育领域中的机会不平等及其变化发现，内生性家庭资源因其较少受外部社会条件和社会过程的干预，它们导致的教育不平等将是持久、稳定增长的。[①]

国际比较显示，收入差距较小、阶层地位差异不太突出的社会（比如北欧国家），教育不平等程度较小，而教育不平等程度较小，又有利于社会公平；反之，收入差距和贫富分化严重的社会，教育机会竞争更加激烈，教育机会分配更加不均衡。[②]由于这些社会阶层分化比较突出，人们的地位差异凸显，一些人会有很强烈的地位焦虑，形成"中产阶级的焦虑"：觉得本人或者孩子都不能落到社会底层，得让孩子永远往上走，起码保持中产阶级的地位，或者进一步加入精英阶层。[③]所以当课外补习能增强教育竞争力时，专制型、权威型和宽容型的家长更倾向于选择课外补习。

研究结论中我国情境下的家庭社会地位、家长教养方式和课外补习参与的结果补充了布迪厄在法国的研究。布迪厄在《再生产——一种教育系统理论的要点》中描述了法国的中产阶级家长文化资本更加雄厚，家庭教养行为和语言表达（如使用拉丁文）和学校教育更贴近，所以为中产阶级孩子在学校教育中的教育竞争赋予了更多优势。[④]由于时代的限制，布迪厄的研究仅限于惯习、家长教养方式和学校教育，而没有提及家长教养方式和课外补习的关系。本章研究探讨了家长教养方式和课外补习的关系，在一定程度上拓展了布迪厄的理论，研究结果支持李佳丽等的研究中关于"家庭教养方式存在阶层差异"的结论[⑤]，拓宽了黄超[⑥]、林朝湃和叶平枝[⑦]关于家长参与对学生发展的探讨。

---

① 刘精明. 中国基础教育领域中的机会不平等及其变化. 中国社会科学，2008（5）：101-116+206-207.

② Doepke M，Zilibotti F. Love，Money，and Parenting：How Economics Explains the Way We Raise Our Kids. Princeton：Princeton University Press，2019：124.

③ 李春玲. 中国中产阶层成长中的烦恼与压力. 人民论坛，2016（27）：64-67.

④ P. 布尔迪约，J.-C. 斯帕隆. 再生产——一种教育系统理论的要点. 邢克超译. 北京：商务印书馆，2004：19.（注：这里布迪厄被译为布尔迪约）

⑤ 李佳丽，赵楷，梁会青. 养育差异还是养育陷阱？家庭教养方式对学生发展的异质性影响研究. 中国青年研究，2020（9）：68-75.

⑥ 黄超. 家长教养方式的阶层差异及其对子女非认知能力的影响. 社会，2018，38（6）：216-240.

⑦ 林朝湃，叶平枝. 家长教养方式对小班幼儿学习品质的影响：自我效能感的中介和家长参与的调节. 学前教育研究，2020（1）：30-41.

## 三、政策建议

家长教养方式的差异使孩子参与课外补习的机会产生分化：家庭社会经济地位较高且在专制型教养方式下的孩子迫于成绩压力，更多地参与学术类课外补习；忽视型教养方式下的孩子更少参与课外补习。基于上述结论，为促进不同社会经济地位家庭获得较为平等的教育机会，促使不同家庭教养方式下的学生的身心健康成长，本章研究从学校教育管理、家庭教育、政府责任等方面提出相应的建议。

第一，在学校教育中，教师对专制型教养方式下的学生加强关爱，帮助其疏导心理压力；教师对忽视型教养方式下的学生加强关注，在学业上给予帮扶。专制型教养方式下的学生在平时的生活和学习中感受到来自家长权威的压力，同时又被家长安排参加更多的课外补习。尤其是高社会经济地位的家庭，家长受教育程度较高且经济条件宽裕，更容易给孩子选择课外补习。在这种高压情境下，学生容易心理压力过大。[①]学校教育中教师应该更关注专制型教养方式下的学生，帮助其减轻心理压力。忽视型教养方式下的学生多数来自社会经济地位较低家庭，父母的教育能力往往有限，在学校中教师应该更关注此类学生，对其在学业上给予帮扶，以弥补其来自父母关注的缺失。

第二，在家庭教育中，专制型教养方式和忽视型教养方式的家长应提升自身教育能力，专制型教养方式家长应全面关注孩子成长，忽视型教养方式家长应提升参与意识和参与能力。由研究结论可知，采用专制型教养方式的家长更重视孩子的应试成绩，缺乏对孩子兴趣爱好、长远发展的关注。采用忽视型教养方式的家长往往缺乏参与孩子成长的意识和参与孩子学习的能力。为此，一方面，可以通过媒体宣传引导采用忽视型教养方式的家长树立正确的养育观念，通过家庭教育专栏、家庭教育电视节目、专家直播等方式进行引导；另一方面，可以通过家长会、社区亲子活动等身边活动，培养这两类家长的家庭教育参与能力。

第三，政府应按照“双减”政策目标和要求，加强学科类课外补习的监管，避免忽视型教养方式下的学生被“多重抑制”，同时充分发挥中小学校课后服务主渠道作用，为忽视型教养方式下的学生提供免费作业辅导、兴趣班等课后服务，为其提升成绩、获得平等的教育机会赋能。采用忽视型教养方式的家庭多数是社会经济地位低的家庭。家庭社会经济地位低、被父母忽视、难以获得课外补

① Shaw Z A，Starr L R. Intergenerational transmission of emotion dysregulation：The role of authoritarian parenting style and family chronic stress. Journal of Child and Family Studies，2019，28（12）：3508-3518.

习机会使得忽视型教养方式下的学生受到“三重抑制”，忽视型教养方式下的学生因此在教育竞争中处于非常不利的地位，面临较大的学业失败危险。面对忽视型教养方式下的学生的“无奈”，政府在校外可以加强学科类课外补习的监管，避免学科类课外补习成为学生的成绩加速器；在校内强化学校管理，发展多样化课后服务，优先保障低社会经济地位家庭子女、进城务工人员随迁子女等亟需服务群体，为忽视型教养方式下的学生提供作业辅导、体育、艺术、科普活动、社团及兴趣小组等课后服务，以此为家庭社会经济地位较低且忽视型教养方式的学生赋能，为其缩小与其他学生成绩差距提供帮助，促进不同阶层家庭子女教育机会获得平等。

# 第四章　影子教育收益率对中小学生参与课外补习的影响

21世纪以来，影子教育作为一种与学校教育活动相伴而生的社会现象迅速发展起来，深刻影响着数量众多的社会成员。政府连续出台有关校外培训机构治理的政策，学生家庭投资影子教育热情却依然不减。学生家庭热衷于投资影子教育的行为背后的行为逻辑是什么？研究表明，个人或家庭在进行教育投资时很大程度上所依据的就是教育的个人收益率，即通过教育投资能够带来多少收入的增长。①那么，学生家庭投资影子教育是否具有可观的收入回报？不同学生投资影子教育的收益率是否有所差异？少数学者认为影子教育能够带来经济效益。如马克·贝磊认为，从人力资本的角度和筛选假设理论的角度，影子教育能带来长远的经济回报。②胡咏梅等认为影子教育能够成为增加人力资本储备的一条路径。③但是，迄今为止鲜有学者实证分析影子教育的收益率。因此，本章研究基于CFPS 2010—2018年的面板数据，研究基础教育阶段学生投资影子教育的收益率。CFPS是由北京大学中国社会科学调查中心设计和实施、具有全国代表性的大型追踪调查项目，旨在通过跟踪收集个体、家庭、社区三个层次的数据，反映中国社会、经济、人口、教育和健康的变迁，为学术研究和公共政策分析提供数据基础。希望研究结果能够弥补教育收益率研究领域和影子教育研究领域的不足，有助于揭示“影子教育热”背后的行为逻辑，为教育行政部门落实“双减”政策提供参考依据。

---

① 李锋亮，夏桂松，赵惜红，等. 对中国远程高等教育收益率的实证研究——以南京、哈尔滨地区中央电大本科生为例. 开放教育研究，2009，15（3）：10-15.

② 马克·贝磊. 教育补习与私人教育成本. 杨慧娟，于洪姣，杨振军，等译. 北京：北京师范大学出版社，2008：131-134.

③ 胡咏梅，范文凤，丁维莉. 影子教育是否扩大教育结果的不均等——基于PISA 2012上海数据的经验研究. 北京大学教育评论，2015，13（3）：29-46+188.

# 第一节 研究设计

## 一、研究回顾

### （一）概念界定

#### 1. 影子教育

“影子教育”在国际学术界通常指课外补习。史蒂文森和贝克于 1992 年提出，影子教育是为了提高学生的成绩而发生于正规学校教育之外的活动。[①]张薇和马克·贝磊提出影子教育的三个主要特征：补充性、私有性和学术性。[②]薛海平和丁小浩研究中国补习情况时提出，“教育补习”包括聘请家庭教师进行授课或参加补习班等。[③]本章研究中的影子教育包含学术类和才艺类两类。

#### 2. 教育收益率

卡诺依认为，教育私人收益率即通过增加个体接受教育的数量，测量其在未来得到的净经济报酬。[④]本章研究的是影子教育的私人收益率。明瑟收益率是计算教育私人收益率的一种，指的是多接受一年教育所能带来的收入比例的提高。[⑤]因此，本章研究采用明瑟收益率来计算我国影子教育的私人收益率。

### （二）教育收益率的研究综述

一是对教育收益率的总体测算，对各级教育和不同教育类型的收益率的测算。陈晓宇和闵维方的研究发现：1996 年，我国整体的教育收益率为 5.32%，初中阶段的明瑟收益率是 3.59%，高中阶段是 4.19%，中专阶段是 6.76%，大专阶段是 4.67%以及本科阶段是 6.58%。[⑥]有研究发现，在美国，本科、硕士、博士的教育收益率分别为 5%、7.3%、12.8%，博士的教育收益率高于硕士和本科。[⑦]李

---

① Stevenson D L，Baker D P. Shadow education and allocation in formal schooling：Transition to university in Japan. American Journal of Sociology，1992，97（6）：1639-1657.

② 张薇，马克·贝磊，姜文峰. 影子教育比较研究的历史回顾与未来展望. 华东师范大学学报（教育科学版），2020（11）：21-38.

③ 薛海平，丁小浩. 中国城镇学生教育补习研究. 教育研究，2009（1）：39-46.

④ 卡诺依. 教育经济学国际百科全书（第 2 版）. 闵维方，等译. 北京：高等教育出版社，2000：471.

⑤ 闵维方. 高等教育运行机制研究. 北京：人民教育出版社，2002：473.

⑥ 陈晓宇，闵维方. 我国高等教育个人收益率研究. 高等教育研究，1998（6）：36-40.

⑦ Song M，Orazem P F，Wohlgemuth D. The role of mathematical and verbal skills on the returns to graduate and professional education. Economics of Education Review，2008，27（6）：664-675.

锋亮等的研究发现：远程本科的教育收益率是 6.9%。[①]林道立等使用中国健康与营养调查（China Health and Nutrition Survey，CHNS）2013 年数据研究发现：中职教育的收益率（11.34%）比普通高中的（3.81%）高。[②]

二是研究教育收益率的变化趋势。如李实和丁赛的研究发现，整体来看，1990—1999 年，我国城镇地区教育收益率呈逐年上升。[③]丁小浩等的研究发现，21 世纪以来，除初中阶段的教育收益率保持上升，其他阶段的教育收益率趋于平缓，甚至呈轻微下降。[④]杨蕙馨和王海兵使用 CHNS 数据，整体来看 1989—2011 年中国的教育收益率从 1989 年的 0.0204 到 2011 年的 0.0516，整体保持上升。[⑤]

三是研究城乡、地区和性别等因素对教育收益率的影响。赵显洲的研究发现：东部地区的教育收益率（9.988%）高出中西部地区（6.344%）约 3.6 个百分点。[⑥]曹黎娟和颜孝坤使用 CHNS2011 年数据，研究发现：城镇地区教育收益率总体高出农村地区 4.2%。[⑦]杨滢和汪卫平使用 CGSS 2012—2015 年数据，研究发现：在低水平的收入阶段中，女性的教育收益率高于男性。[⑧]

### （三）小结

已有研究探讨的更多是普通学校教育的收益率，也有研究关注到职业教育和远程教育的收益率，但是还没有学者对影子教育的收益率进行实证研究。当前，“影子教育热”已经是我国甚至全世界的普遍现象，家长和学生在课后热衷于投资影子教育，那么投资影子教育的收益率究竟有多少？迄今为止鲜有学者测算影子教育的收益率。因此，本章研究对我国基础教育学生投资影子教育的收益率进行计算，希望能够拓展教育收益率研究领域，丰富影子教育领域研究。

---

① 李锋亮，夏桂松，赵惜红，等. 对中国远程高等教育收益率的实证研究——以南京、哈尔滨地区中央电大本科生为例. 开放教育研究，2009，15（3）：10-15.

② 林道立，刘衎，刘正良. 普通教育与职业教育收益率的实证比较——基于中国数据的经验分析. 黑龙江高教研究，2016（8）：21-25.

③ 李实，丁赛. 中国城镇教育收益率的长期变动趋势. 中国社会科学，2003（6）：58-72+206.

④ 丁小浩，于洪霞，余秋梅. 中国城镇居民各级教育收益率及其变化研究：2002—2009 年. 北京大学教育评论，2012，10（3）：73-84+189.

⑤ 杨蕙馨，王海兵. 中国教育收益率：1989—2011. 南方经济，2015（6）：1-18.

⑥ 赵显洲. 教育收益率的地区差异研究. 技术经济与管理研究，2015（1）：88-91.

⑦ 曹黎娟，颜孝坤. 城乡居民教育收益率的差距——一个分阶段的考察. 复旦教育论坛，2016，14（5）：81-88.

⑧ 杨滢，汪卫平. 女性教育收益率真的高于男性吗？基于 CGSS2012-2015 的实证检验. 教育与经济，2020，36（3）：87-96.

## 二、研究数据与计量模型

### （一）数据来源及处理

CFPS 是一项具有大规模、全国性、多学科等特点的社会跟踪调查项目。[①]由于研究对象是进入劳动力市场有收入的个体，本章研究对 CFPS 的原始数据进行了以下处理：①选取 16—60 岁的样本；②剔除还处在上学状态的样本；③保留有工作且是“非农受雇”工作的样本。最终，2012 年、2014 年、2016 年、2018 年的有效样本分别为 993、6326、6529、5930 个。

### （二）计量模型

本章研究在明瑟收入方程的基础上对影子教育收益率进行测算。标准明瑟方程下的影子教育毛收益率的测算形式如下：

$$lnW = \beta_0 + \beta_1 edu + \beta_2 tut + \beta_3 exp + \beta_4 exp^2 + \beta_5 tut * edu + \varepsilon \quad (4\text{-}1)$$

其中，$W$ 代表收入，取其对数值作为因变量，$edu$ 代表受教育年限，$tut$ 代表“是否参加课外补习”或“过去一年的补习支出”，$exp$ 代表工作年限，$exp^2$ 代表工作年限的平方值，$\beta_0$ 是常数项，$\varepsilon$ 是残差项。

在参考已有关于学校教育收益率的研究成果后，本章研究加入以下控制变量，得到扩展的明瑟方程：

$$lnW = \beta_0 + \beta_1 edu + \beta_2 tut + \beta_3 exp + \beta_4 exp^2 + \beta_5 tut * edu + \beta_6 Z + \varepsilon \quad (4\text{-}2)$$

其中，$Z$ 代表加入的其他控制变量，主要包括个人、家庭和地区三类因素。个人层面包括性别、户口、工作部门和个人认知能力；家庭层面为家庭人均年收入；地区层面包括西部、中部和东部地区。

## 三、变量说明

因变量为“年工作总收入”的对数，年工作总收入包括劳动者工资收入和从其他地方所获得的补贴等。

自变量包括：①受教育年限：CFPS 样本数据中有个人获得的最高学历，根据《中华人民共和国学制》将最高学历转换为具体的受教育年限。[②]②是否参加

---

① 北京大学中国社会科学调查中心. 中国家庭追踪调查（CFPS）. http://www.isss.pku.edu.cn/sjsj/cfpsxm/index.htm.（2018-05-04）[2021-05-30].

② 个人最高学历为文盲/半文盲、小学、初中、高中、大专、本科、研究生及以上对应的受教育年限分别为 0 年、6 年、9 年、12 年、15 年、16 年、19 年。

课外补习、过去一年的补习支出："是否参加课外补习"是二分变量，0 代表未参加，1 代表参加；"过去一年的补习支出"是连续变量，单位为元。③工作年限和工作年限的平方：本章研究借鉴学术界的惯例，对工作年限的计算方法为"工作年限=年龄−接受教育的年限数−6"。[①]由于各地学制和个人的入学年龄有所不同，可能产生工作年限为负的特殊情况，按照工作年限为零处理。

控制变量包括：①个人层面：个人层面的控制变量为性别、户口、部门和个人认知能力。CFPS 数据库中有涉及对个体工作机构问题的询问，本章研究根据大部分研究使用的划分标准划分为公共部门和非公共部门。[②]在估算教育收益率时，能力是最常被遗漏的解释变量，从而会造成一定的估计误差。CFPS 数据库中有关于能力的测量，其中 2012 年和 2016 年数据采用记忆题和数列题测试成绩作为变量值，2014 年和 2018 年数据则采用词组题和数学题的测试成绩作为变量值。因此，本章研究对以上变量值分别取标准化后进行合并使用。此外，本章研究在分样本回归中使用了"城乡""学段""年级排名"等学生个体层面的变量来探讨影子教育收益率的差异。②家庭层面：家庭收入可能影响个体收入，因此本章研究中家庭层面的控制变量是"家庭人均年收入"。③地区层面：根据研究需要加入地区层面控制变量，将地区划分为西部、中部和东部三大地区。[③]统计分析中的变量说明见表 4-1。

**表 4-1　本章统计分析中的变量说明**

| 变量类型 | 变量名 | 变量说明 |
|---|---|---|
| 因变量 | 总收入的对数 | 连续变量，单位：元 |
| 自变量 | 是否参加课外补习 | 0=否，1=是 |
| | 过去一年的补习支出 | 连续变量，单元：元 |
| | 受教育年限 | 连续变量，单位：年 |
| | 工作年限 | 连续变量，单位：年 |
| | 工作年限的平方 | 连续变量，单位：年 |
| 控制变量 | 性别 | 0=女，1=男 |
| | 户口 | 0=农业户口，1=非农业户口 |
| | 部门 | 0=非公共部门，1=公共部门 |

① 沈红，张青根. 劳动力市场分割与家庭资本交互作用中的文凭效应. 教育研究，2015，36（8）：22-32.

② 李锋亮，夏桂松，赵惜红，等. 对中国远程高等教育收益率的实证研究——以南京、哈尔滨地区中央电大本科生为例. 开放教育研究，2009，15（3）：10-15.

③ 根据国家统计局现行的划分标准：东部地区包括北京、天津、辽宁、河北、山东、江苏、浙江、上海、福建、广东和海南 11 个省份；中部地区包括山西、安徽、湖北、黑龙江、江西、湖南、吉林和河南 8 个省份；西部地区包括陕西、宁夏、甘肃、新疆、青海、四川、重庆、西藏、内蒙古、云南、贵州和广西 12 个省份。

续表

| 变量类型 | 变量名 | 变量说明 |
| --- | --- | --- |
| 控制变量 | 语文认知能力测试成绩 | 连续变量，单位：分 |
| | 数学认知能力测试成绩 | 连续变量，单位：分 |
| | 城乡 | 0=乡村，1=城镇 |
| | 学段 | 0=义务教育阶段，1=高中阶段 |
| | 年级排名 | 1=前 25%，2=25%-50%，3=后 50% |
| | 家庭人均年收入 | 连续变量，单位：元 |
| | 地区 | 1=西部，2=中部，3=东部 |

## 四、研究假设

舒尔茨认为，个体通过接受教育能够获取知识和提高技能，进而提高受教育者的劳动生产率，提高个人的收入。①国内外研究普遍发现学校教育具有显著正向收益率②③，学校教育对于孩子的未来非常重要，因此家庭会在购买课业辅导上投入更多。④家长希望通过投资影子教育提高学生的学业能力，继而提高人力资本存量。⑤因此，家庭人力资本投资有两条主要路径（图 4-1）：通过投资学校教育和投资影子教育，提高学生的知识或技能，从而在进入劳动力市场后转化为劳动生产率，获得较高的经济收入。

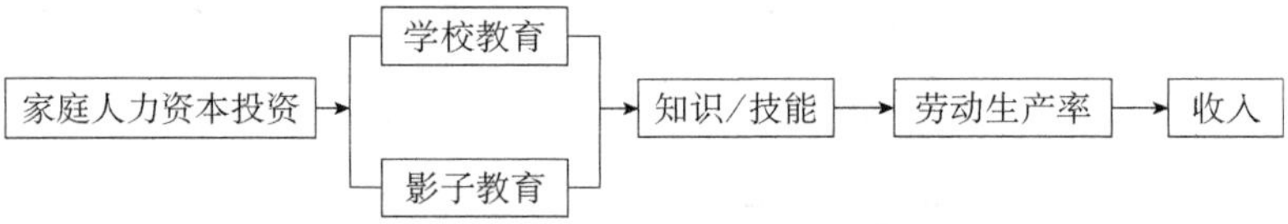


图 4-1　家庭人力资本投资的路径

由此提出假设 1。

H1：参加影子教育的学生教育收益率高于未参加影子教育的学生。

不同群体投资影子教育收益率的差异也是本章研究的重点，已有关于学校教育收益率差异的实证研究中，不同城乡、性别和地区等群体的教育收益率有所不

① 舒尔茨. 教育的经济价值. 曹延亭译. 长春：吉林人民出版社，1982：73.

② 陈晓宇，闵维方. 我国高等教育个人收益率研究. 高等教育研究，1998（6）：36-40.

③ Song M，Orazem P F，Wohlgemuth D. The role of mathematical and verbal skills on the returns to graduate and professional education. Economics of Education Review，2008，27（6）：664-675.

④ 乔尔・斯普林，赵琳. 论教育全球化. 清华大学教育研究，2010，31（6）：1-18.

⑤ 杨洪亮.《影子教育的挑战：欧盟家教及其对政策制定者的影响》：解读与启示. 外国中小学教育，2012（2）：12-16.

同[①②③]。由此提出假设 2，并具体分为四点。

H2：不同特征群体学生投资影子教育的收益率存在差异。

已有学校教育收益率城乡差异的实证研究中，学者发现城镇学生的教育收益率高于农村学生。[④]按照劳动力市场分割理论，同等学历且同样接受过影子教育的劳动者，来自经济优势较强的城镇地区的学生所获得的影子教育收益率或许会更高。由此提出假设 2.1。

H2.1：城镇学生投资影子教育的收益率高于乡村学生影子教育收益率。

已有学校教育收益率性别差异的实证研究中，女性的教育收益率一般高于男性。[⑤⑥]一些企业招聘时对性别存在歧视，女性学生通过投资影子教育提高学业成绩实现升学，从而获得更高学历，在劳动力市场上，教育程度较高的女性所受的工资性别歧视较少。[⑦]由此提出假设 2.2。

H2.2：女生投资影子教育的收益率高于男生投资影子教育的收益率。

研究表明，学生可能通过参加学科类影子教育来提高学习成绩，从而增加进入重点学校的机会；而学生也可能通过参加兴趣类影子教育来提高特长，从而升入重点学校，这两种影子教育均可能带来一定的收益。[⑧]那么，在义务教育阶段投资影子教育能够帮助学生进入更好的初中，从而增大其升入重点高中和重点大学的入学机会，有助于人力资本的长期积累。经典的明瑟收益方程表明，更高层级的教育比低层级的教育具有显著正向收益。[⑨]因此，在义务教育阶段就开始投资影子教育的学生，可以通过人力资本的长效累积和有效转化，在未来的工作中获得更高收益，其投资影子教育的收益率要高于高中阶段投资影子教育的学生。由此提出假设 2.3。

H2.3：义务教育阶段学生投资影子教育的收益率高于高中阶段的学生影子教

---

① 刘泽云. 女性教育收益率为何高于男性？基于工资性别歧视的分析. 经济科学，2008（2）：119-128.

② 梁润. 中国城乡教育收益率差异与收入差距. 当代经济科学，2011，33（6）：64-71+124.

③ 赵显洲. 教育收益率的地区差异研究. 技术经济与管理研究，2015（1）：88-91.

④ 梁润. 中国城乡教育收益率差异与收入差距. 当代经济科学，2011，33（6）：64-71+124.

⑤ 陈良焜，鞠高升. 教育明瑟收益率性别差异的实证分析. 北京大学教育评论，2004（3）：40-45.

⑥ George P，Anthony P H. Returns to investment in education：a decennial review of the global literature. Education Economics，2018，26：1-14.

⑦ 李春玲，李实. 市场竞争还是性别歧视——收入性别差异扩大趋势及其原因解释. 社会学研究，2008（2）：94-117+244.

⑧ 胡咏梅. 影子教育研究：教育经济学研究新领域——对薛海平教授新著《我国基础教育课外补习研究》的评介. 教育经济评论，2021，6（3）：120-128.

⑨ 王奕俊，胡慧琪，吕栋翔. 教育收益率发生了变化吗——基于 CFPS 的中等职业教育招生下滑与升学热原因探析. 教育发展研究，2019，39（11）：49-58.

育收益率。

学业成绩排名在一定程度上反映了学生的能力，学业成绩排名靠前的学生的一般能力较强，并且通过参加影子教育来保持其竞争优势。[①]根据筛选假设理论，雇主在雇用求职者时会看重能力，能力较强的求职者也许获得较高的工资。[②]因此，在投资影子教育中，成绩排名靠前的学生往往能力较强，在未来获得的收入通常也会较高。由此提出假设2.4。

H2.4：成绩排名靠前的学生投资影子教育的收益率高于成绩排名靠后的学生影子教育收益率。

## 第二节　我国基础教育阶段影子教育收益率的测量

### 一、描述统计

由表4-2可知，从CFPS 2010年学生样本追踪到CFPS 2018年的就业样本数据中，参加过影子教育的就业人数为277人，未参加过影子教育的就业人数为802人；在2010年追踪队列的就业样本数据中，参加过影子教育的就业人数为536人，未参加过影子教育的就业人数为1807人；在总的追踪队列合并的就业样本数据中，参加过影子教育的就业人数为821人，未参加过影子教育的就业人数为3257人。

**表4-2　就业人员中曾经参加/未参加补习的样本数**　　单位：人

| 变量 | 2010—2018年 | 2010年队列 | 总队列 |
|---|---|---|---|
| 参加补习 | 277 | 536 | 821 |
| 未参加补习 | 802 | 1807 | 3257 |
| 总计 | 1079 | 2343 | 4078 |

注：①“2010—2018年”表示从CFPS 2010年学生样本追踪到CFPS 2018年的就业样本数据。②“2010年队列”表示从CFPS 2010年学生样本分别追踪到CFPS 2012年、2014年、2016年和2018年的就业样本数据的合并。③“总队列”表示2010年队列、2012年队列、2014年队列和2016年队列追踪样本数的合并。

由表4-3可知，在总队列中，曾经参加过影子教育的学生，进入劳动力市场后的工作总收入平均值（26 318.19元）高于未参加过影子教育的学生工作总收入的平均值（24 951.81元），然而，两者之间的差异并不显著。

① 曾晓东，周惠. 北京市四、八年级学生课后补习的代价与收益. 教育学报，2012，8（6）：103-109.

② 洪柳. 教育与经济：从人力资本理论到筛选假设理论. 教育评论，2012（6）：144-146.

表 4-3　曾经参加/未参加补习的就业人员收入的均值比较

| 变量 | 工作总收入均值（元） | $N$ | 均值比较 |
|---|---|---|---|
| 参加课外补习 | 26 318.19 | 821 | $t$=2.012<br>$p$=0.156 |
| 未参加课外补习 | 24 951.81 | 3 257 | |
| 总计 | 25 226.89 | 4 078 | |

## 二、标准明瑟函数下的影子教育毛收益率

由表 4-4 可以看出，前两个追踪队列可能因样本量较少结果并不显著。第三列为了扩充样本，对 2010 年队列、2012 年队列、2014 年队列和 2016 年队列追踪的样本数进行总合并，回归结果显示：参加过影子教育的学生比未参加过影子教育的学生的教育毛收益率高 3.6%。

表 4-4　学生参与影子教育的毛收益率回归分析

| 变量 | 2010—2018 年 | 2010 年队列 | 总队列 |
|---|---|---|---|
| 是否参加补习（0=未参加） | 0.111<br>（0.338） | −0.372<br>（0.210） | −0.536***<br>（0.155） |
| 受教育年限 | 0.095***<br>（0.012） | 0.107***<br>（0.009） | 0.106***<br>（0.007） |
| 工作年限 | 0.169***<br>（0.021） | 0.148***<br>（0.020） | 0.149***<br>（0.015） |
| 工作年限的平方 | −0.005***<br>（0.001） | −0.003*<br>（0.001） | −0.003***<br>（0.001） |
| 补习×受教育年限 | −0.009<br>（0.024） | 0.025<br>（0.016） | 0.036***<br>（0.012） |
| 常数 | 8.350***<br>（0.185） | 8.125***<br>（0.147） | 8.128***<br>（0.107） |
| 调整后 $R^2$ | 0.10 | 0.10 | 0.10 |

注：括号内为标准误，本章下同。

## 三、加入控制变量后的影子教育净收益率

由表 4-5 可知，在加入个体、家庭和地区层面的控制变量后，得到影子教育的净收益率。从总队列的回归结果中可以看出：参加过影子教育的学生比未参加过影子教育的学生的教育净收益率高 3.7%。总体来看，投资影子教育能提高学生的教育收益率。

表 4-5 学生参与影子教育的净收益率回归分析

| 变量 | 2010—2018 年 | 2010 年队列 | 总队列 |
|---|---|---|---|
| 是否参加补习（0=未参加） | 0.217<br>（0.344） | −0.422*<br>（0.209） | −0.587***<br>（0.153） |
| 受教育年限 | 0.064***<br>（0.013） | 0.082***<br>（0.009） | 0.079***<br>（0.007） |
| 工作年限 | 0.139***<br>（0.021） | 0.131***<br>（0.020） | 0.130***<br>（0.015） |
| 工作年限的平方 | −0.004***<br>（0.001） | −0.003**<br>（0.001） | −0.003***<br>（0.001） |
| 补习×受教育年限 | −0.017<br>（0.024） | 0.025<br>（0.016） | 0.037***<br>（0.012） |
| 性别（0=女） | 0.156***<br>（0.059） | 0.204***<br>（0.048） | 0.198***<br>（0.037） |
| 户口（0=农业） | 0.093<br>（0.072） | 0.050<br>（0.059） | 0.046<br>（0.046） |
| 部门（0=非公共） | 0.122*<br>（0.069） | 0.095*<br>（0.058） | 0.051<br>（0.045） |
| 认知能力字词成绩 | −0.232***<br>（0.086） | −0.271***<br>（0.061） | −0.269***<br>（0.047） |
| 认知能力数学成绩 | 0.215***<br>（0.081） | 0.243***<br>（0.062） | 0.229***<br>（0.048） |
| 中部（0=西部） | 0.011<br>（0.079） | −0.004<br>（0.067） | −0.019<br>（0.050） |
| 东部（0=西部） | 0.147**<br>（0.069） | 0.155***<br>（0.058） | 0.125***<br>（0.043） |
| 家庭人均年收入 | 6.70e-06***<br>（8.18e-07） | 6.69e-06***<br>（6.91e-07） | 7.47e-06***<br>（5.89e-07） |
| 常数 | 8.368***<br>（0.200） | 8.081***<br>（0.158） | 8.100***<br>（0.116） |
| 调整后 $R^2$ | 0.18 | 0.20 | 0.18 |

## 第三节 我国基础教育阶段影子教育收益率的异质性分析

在影子教育收益率的异质性分析中均使用总队列追踪的样本数据，研究发现不同特征的学生在投资影子教育上的收益率同正规学校教育的收益率一样存在差异，不同城乡、性别、学段和成绩排名的学生投资影子教育的收益率有所不同。

## 一、影子教育收益率的城乡差异

由表 4-6 可知，城镇学生投资影子教育的毛收益率和净收益率均正向显著，即：控制其他变量之后，城镇地区参加影子教育的学生比未参加影子教育的学生的教育净收益率要高 4.6%。城镇地区学生投资影子教育能提高教育收益率，而乡村地区学生投资影子教育的收益率虽然为正，但并不显著。

**表 4-6　分城乡学生投资影子教育的收益率回归分析**

| 变量 | 模型 1 | | 模型 2 | |
|---|---|---|---|---|
| | 城镇 | 乡村 | 城镇 | 乡村 |
| 是否参加补习（0=未参加） | −0.752**<br>（0.201） | −0.038<br>（0.262） | −0.735***<br>（0.199） | −0.217<br>（0.262） |
| 受教育年限 | 0.112***<br>（0.010） | 0.093***<br>（0.010） | 0.083***<br>（0.010） | 0.079***<br>（0.011） |
| 工作年限 | 0.133***<br>（0.020） | 0.168***<br>（0.025） | 0.098***<br>（0.020） | 0.184***<br>（0.025） |
| 工作年限的平方 | −0.002<br>（0.001） | −0.005**<br>（0.002） | −0.001<br>（0.001） | −0.006***<br>（0.002） |
| 补习×受教育年限 | 0.049***<br>（0.016） | 0.0005<br>（0.021） | 0.046***<br>（0.015） | 0.015<br>（0.021） |
| 控制变量 | 未控制 | 未控制 | 已控制① | 已控制 |
| 常数 | 8.151***<br>（0.159） | 8.131***<br>（0.154） | 8.253***<br>（0.171） | 7.800***<br>（0.172） |
| 调整后 $R^2$ | 0.10 | 0.09 | 0.18 | 0.18 |

## 二、影子教育收益率的性别差异

### （一）基于是否参与影子教育的收益率回归分析

由表 4-7 可知，女生参加影子教育的毛收益率和净收益率均显著为正，也就是说，在控制其他变量之后，女生参加影子教育比未参加影子教育女生的教育净收益率要高 7.8%。女生参加影子教育能提高教育收益率，而男生参加影子教育的收益率虽然为正，但并不显著。

① 表中已控制其他变量，因篇幅原因未展示，后同。

表 4-7 分性别学生参与影子教育的收益率回归分析

| 变量 | 模型 1 | | 模型 2 | |
|---|---|---|---|---|
| | 男性 | 女性 | 男性 | 女性 |
| 受教育年限 | 0.101***<br>（0.008） | 0.116***<br>（0.011） | 0.070***<br>（0.009） | 0.090***<br>（0.012） |
| 工作年限 | 0.124***<br>（0.019） | 0.173***<br>（0.024） | 0.106***<br>（0.019） | 0.170***<br>（0.024） |
| 工作年限的平方 | −0.002<br>（0.001） | −0.005*<br>（0.002） | −0.001<br>（0.001） | −0.006***<br>（0.002） |
| 补习×受教育年限 | −0.008<br>（0.017） | 0.078***<br>（0.018） | −0.007<br>（0.016） | 0.078***<br>（0.017） |
| 控制变量 | 未控制 | 未控制 | 已控制 | 已控制 |
| 常数 | 8.346***<br>（0.130） | 7.820***<br>（0.179） | 8.451***<br>（0.141） | 7.864***<br>（0.190） |
| 调整后 $R^2$ | 0.09 | 0.12 | 0.17 | 0.21 |

## （二）基于影子教育支出的收益率回归分析

由表 4-8 可知，女生投资影子教育的毛收益率和净收益率均显著为正，也就是说，在控制其他的变量之后，女生投资影子教育的支出每多一元，影子教育的净收益率就提高 0.003%。而男生投资影子教育支出的教育收益率虽然为正，但并不显著。

表 4-8 分性别学生影子教育支出的收益率的回归分析

| 变量 | 模型 1 | | 模型 2 | |
|---|---|---|---|---|
| | 男生 | 女生 | 男生 | 女生 |
| 补习支出 | −0.00002<br>（0.0001） | −0.0004**<br>（0.0002） | −0.00006<br>（0.0001） | −0.0005**<br>（0.0002） |
| 受教育年限 | 0.100***<br>（0.008） | 0.127***<br>（0.011） | 0.069***<br>（0.009） | 0.102***<br>（0.011） |
| 工作年限 | 0.127***<br>（0.019） | 0.170***<br>（0.024） | 0.108***<br>（0.019） | 0.167***<br>（0.025） |
| 工作年限的平方 | −0.002<br>（0.001） | −0.005***<br>（0.002） | −0.001<br>（0.001） | −0.006***<br>（0.002） |
| 补习支出×受教育年限 | 1.27e-06<br>（0.00001） | 0.00002*<br>（0.00002） | 1.62e-06<br>（9.66e-06） | 0.00003**<br>（0.00001） |
| 控制变量 | 未控制 | 未控制 | 已控制 | 已控制 |
| 常数 | 8.349***<br>（0.128） | 7.673***<br>（0.117） | 8.458***<br>（0.140） | 7.693***<br>（0.189） |
| 调整后 $R^2$ | 0.09 | 0.10 | 0.17 | 0.19 |

## 三、不同学段学生参与影子教育收益率的差异

### （一）基于是否参与影子教育的收益率回归分析

由表 4-9 可知，义务教育阶段参加过影子教育的学生的教育毛收益率和净收益率均显著为正，即控制其他变量之后，义务教育阶段参加过影子教育的学生比未参加过影子教育的学生的教育净收益率要高 5.6 个百分点。义务教育阶段学生参加影子教育能提高学生的教育收益率，而高中生参加影子教育的毛收益率显著为负，净收益率为负，但并不显著。

表 4-9　分学段学生参与影子教育的收益率回归分析

| 变量 | 模型 1 | | 模型 2 | |
|---|---|---|---|---|
| | 义务教育阶段 | 高中阶段 | 义务教育阶段 | 高中阶段 |
| 是否参加补习（0=未参加） | −0.753***<br>（0.181） | 0.658*<br>（0.394） | −0.787***<br>（0.178） | 0.519<br>（0.393） |
| 受教育年限 | 0.110***<br>（0.012） | 0.155***<br>（0.013） | 0.077***<br>（0.012） | 0.119***<br>（0.014） |
| 工作年限 | 0.150***<br>（0.025） | 0.165***<br>（0.020） | 0.137***<br>（0.025） | 0.143***<br>（0.020） |
| 工作年限的平方 | −0.002<br>（0.002） | −0.004***<br>（0.001） | −0.003*<br>（0.002） | −0.003**<br>（0.001） |
| 补习×受教育年限 | 0.053***<br>（0.016） | −0.048*<br>（0.028） | 0.056***<br>（0.016） | −0.041<br>（0.027） |
| 控制变量 | 未控制 | 未控制 | 已控制 | 已控制 |
| 常数 | 8.098***<br>（0.168） | 7.366***<br>（0.218） | 8.038***<br>（0.186） | 7.555***<br>（0.224） |
| 调整后 $R^2$ | 0.07 | 0.10 | 0.17 | 0.18 |

### （二）基于影子教育支出的收益率回归分析

由表 4-10 可知，义务教育阶段学生投资影子教育的毛收益率显著为正，也就是说，义务教育阶段学生投资影子教育的支出每多一元，影子教育的毛收益率要提高 0.003%。而义务教育阶段影子教育支出的净收益率和高中阶段影子教育支出的毛收益率、净收益率的回归结果均不显著。

表 4-10　分学段学生影子教育支出的收益率的回归分析

| 变量 | 模型 1 | | 模型 2 | |
|---|---|---|---|---|
| | 义务教育阶段 | 高中阶段 | 义务教育阶段 | 高中阶段 |
| 补习支出 | −0.0004**<br>（0.0002） | 0.0001<br>（0.0002） | −0.0004**<br>（0.0002） | −0.00002<br>（0.0002） |

续表

| 变量 | 模型 1 | | 模型 2 | |
|---|---|---|---|---|
| | 义务教育阶段 | 高中阶段 | 义务教育阶段 | 高中阶段 |
| 受教育年限 | 0.115***<br>（0.011） | 0.153***<br>（0.013） | 0.083***<br>（0.012） | 0.117***<br>（0.013） |
| 工作年限 | 0.147***<br>（0.025） | 0.172***<br>（0.021） | 0.131***<br>（0.026） | 0.148***<br>（0.020） |
| 工作年限的平方 | −0.002<br>（0.002） | −0.004***<br>（0.001） | −0.003<br>（0.002） | −0.003***<br>（0.001） |
| 补习支出×受教育年限 | 0.00003**<br>（0.00001） | −7.40e-06<br>（0.00001） | 0.00002<br>（0.00001） | −1.01e-06<br>（9.95e-06） |
| 控制变量 | 未控制 | 未控制 | 已控制 | 已控制 |
| 常数 | 8.033***<br>（0.167） | 7.373***<br>（0.216） | 7.960***<br>（0.186） | 7.562***<br>（0.222） |
| 调整后 $R^2$ | 0.07 | 0.10 | 0.16 | 0.18 |

## 四、不同成绩的学生参与影子教育收益率差异

由表 4-11 可知，年级排名前 25%的学生投资影子教育的毛收益率和净收益率均显著为正，即：控制其他变量之后，年级排名在前 25%的学生参加过影子教育的比未参加影子教育的学生教育净收益率要高 13.4%。成绩排名靠前的学生投资影子教育能提高教育收益率，而年级排名在 26%—50%和后 50%的学生投资影子教育的毛收益率和净收益率为负，且均不显著。

**表 4-11　不同年级排名学生参与影子教育的收益率的回归分析**

| 变量 | 模型 1 | | | 模型 2 | | |
|---|---|---|---|---|---|---|
| | 前 25% | 26%—50% | 后 50% | 前 25% | 26%—50% | 后 50% |
| 是否参加补习<br>（0=未参加） | −2.010***<br>（0.544） | 0.296<br>（0.489） | 0.300<br>（0.466） | −1.935**<br>（0.543） | 0.030<br>（0.492） | 0.306<br>（0.477） |
| 受教育年限 | 0.098***<br>（0.025） | 0.095***<br>（0.023） | 0.102***<br>（0.026） | 0.072***<br>（0.026） | 0.079***<br>（0.024） | 0.037<br>（0.032） |
| 工作年限 | 0.168***<br>（0.059） | 0.055<br>（0.055） | 0.184***<br>（0.069） | 0.142**<br>（0.061） | 0.044<br>（0.056） | 0.161**<br>（0.072） |
| 工作年限的平方 | −0.007<br>（0.005） | 0.004<br>（0.006） | −0.007<br>（0.007） | −0.005<br>（0.005） | 0.005<br>（0.006） | −0.011<br>（0.007） |
| 补习×受教育年限 | 0.142***<br>（0.041） | −0.027<br>（0.039） | −0.006<br>（0.038） | 0.134***<br>（0.041） | −0.012<br>（0.039） | −0.007<br>（0.039） |
| 控制变量 | 未控制 | 未控制 | 未控制 | 已控制 | 已控制 | 已控制 |
| 常数 | 8.182***<br>（0.397） | 8.423***<br>（0.353） | 8.087***<br>（0.387） | 8.119***<br>（0.417） | 8.064***<br>（0.386） | 8.710***<br>（0.456） |
| 调整后 $R^2$ | 0.10 | 0.04 | 0.07 | 0.16 | 0.18 | 0.09 |

# 第四节　研究结论、讨论与政策建议

## 一、研究结论

基于对我国基础教育阶段影子教育收益率的测量和差异分析的实证研究，得出以下主要结论。

第一，总体来看，投资影子教育的学生比未投资影子教育的学生的教育收益率高 3.7%。本章研究通过实证分析测算出我国基础教育阶段学生进行影子教育投资的收益率，实证结果显示：在控制其他变量的基础上，投资影子教育的学生比未投资影子教育的学生教育净收益率高 3.7%。从教育投资的平均收益来看，投资影子教育能够提高学生的教育收益率。

第二，不同特征群体学生投资影子教育的收益率存在差异：城镇、女生、义务教育阶段、成绩排名前 25%的学生投资影子教育的收益率高于乡村、男生、高中阶段、成绩排名中游或靠后的学生。根据本章研究的实证分析结果，城镇地区投资影子教育的学生比未投资影子教育的学生教育净收益率要高 4.6%；女生投资影子教育比未投资影子教育的教育净收益率要高 7.8%，女生投资影子教育的支出每多 1 元，影子教育的净收益率就提高 0.003%；义务教育阶段投资影子教育的学生比未投资影子教育的学生教育净收益率要高 5.6%；年级排名在前 25%的学生投资影子教育的比未投资影子教育的学生教育净收益率要高 13.4%，而乡村、男生、高中阶段、成绩排名中游和靠后的学生投资影子教育的净收益率均不显著。

第三，乡村、男生、高中阶段和成绩排名中游或靠后的学生投资影子教育存在风险。总体来看，投资影子教育能够提高学生的教育收益率，但是分群体来看，乡村、男生、高中阶段、成绩排名中游和靠后的学生投资影子教育的净收益率均不显著。教育投资是存在明显风险属性的，教育投资收益的组内差异被教育投资中的平均收益所掩盖，从而进行误导。[①]因此，总体来看，投资影子教育能够带来收入回报，但是部分学生群体投资影子教育其实不能够带来所谓的收益，存在明显的教育投资风险，因此要理性评估影子教育投资回报，关注影子教育投资收益的同时，也要注意影子教育投资的风险。

① 马晓强，丁小浩. 我国城镇居民个人教育投资风险的实证研究. 教育研究，2005（4）：25-31.

## 二、讨论

在当前教育竞争激烈的背景下，“鸡娃”现象愈演愈烈，满怀期待的“鸡娃”父母越来越从当初的“教育期许”到现在的“教育焦虑”，选择让孩子在课后疯狂参加影子教育。“全民补习”带来的一系列不良影响破坏了教育的生态，因此，教育部会同相关部门相继出台了一系列配套文件，基本构建起了“1+N”的“双减”政策制度体系。当前，规范供给方（校外培训机构）是治理当前校外培训市场乱象的必要举措，但因为需求方（家长和学生）对影子教育的需求旺盛，“影子教育热”迟迟不退。因此，我们也需要从需求方的视角来关注上述现象和问题，家长和学生投资影子教育的行为有理性和非理性之分，一些家长认为影子教育投资是有利可图的行为，投资影子教育能够有助于提高孩子的未来收入，才使得影子教育如此火热。但是，本章研究结论也表明部分学生群体投资影子教育存在风险，因此，家长一定要理性评估影子教育的投资回报。

不同特征的学生投资影子教育的收益率存在差异：①城镇学生投资影子教育的收益率高于乡村学生：一方面，城乡间影子教育在规模和质量上存在差别。影子教育在城镇的供给比乡村充足，[①]且城镇校外培训机构的教育设施、师资力量和教学质量等明显高于乡村。因此，城镇学生投资影子教育所带来的人力资本积累和提升要明显高于乡村学生。另一方面，城乡间在劳动力市场发育程度上存在差距。城镇人员从事的工作中脑力劳动的比例更大，而乡村人员从事的工作中体力劳动的比例更大，所以城镇人员的劳动收入较乡村人员来说，更能反映其受教育水平；乡村地区的劳动力市场较城镇来说发育程度较低，导致乡村地区的人力资本投资回报较低。因此，城镇学生投资影子教育所带来的教育收益率显然要高于乡村学生，使得城乡间收入差距进一步扩大。②女生投资影子教育比男生投资影子教育的收益率高：学者研究表明，在低学历的劳动力市场中所需的体力劳动更多，女性容易受到性别歧视，收入相对男性偏低；而随着教育程度的提高，劳动中的脑力劳动比例提高，女性受到性别歧视降低。[②]所以，女生投资影子教育获得进入更高层次学校的入学机会，通过提高受教育程度来降低性别歧视，影子教育投资收益率要高于男生。③义务教育学生投资影子教育的收益率高于高中生：义务教育学生通过投资影子教育提高学业成绩或发展特长进入更好的初中，

---

① 马克·贝磊. 教育补习与私人教育成本. 杨慧娟，于洪姣，杨振军，等译. 北京：北京师范大学出版社，2008：131-134.

② 李春玲，李实. 市场竞争还是性别歧视——收入性别差异扩大趋势及其原因解释. 社会学研究，2008（2）：94-117+244.

从而增加升入重点高中和重点大学的入学机会，有助于人力资本的长期积累和有效转化，最终在未来的工作中获得更高收益，其投资影子教育的收益率要高于高中阶段投资影子教育的学生，然而，这也会带来学生间教育不平等的累积，拉大了学生之间的差距，不利于教育的公平和社会流动。④学生成绩排名前 25%，其投资影子教育的收益率高于成绩排名中游或靠后的学生：学业成绩排名靠前的学生能力较强，根据筛选假设理论，雇主会给能力较强的求职者较高的工资。[①]因此，成绩排名靠前的学生投资影子教育的收益率高于成绩排名靠后的学生，这会导致不同成绩学生间的差距进一步拉大。⑤城镇地区和学业成绩较好的学生多来自优势阶层家庭，学者研究表明，影子教育成为家庭资本代际传递的新通道，强化了正规教育的社会再生产，阻碍着教育的公平和社会的正常流动。[②]优势阶层家庭投资影子教育的收益率高于弱势阶层家庭，因此优势阶层的人力资本积累通过影子教育进行代际传递，维持和扩大了不同阶层的收入差距，导致阶层固化和社会精英阶层再生产。

综上所述，虽然“双减”政策已经实施，但是学生和家长对于课外补习的需求未发生根本性变化，仍然存在部分家长通过“众筹私教”等隐形变异的校外培训方式来规避“双减”政策，“鸡娃”“教育内卷”等社会现象短时间内改变比较困难。本章研究结论有助于解释“影子教育热”“鸡娃”“教育内卷”等现象背后的原因，对“双减”政策的落地实施具有一定的借鉴意义，建议政府在实施“双减”政策时坚持疏堵结合、标本兼治，不仅要规范校外培训机构的行为，也要提高学校教育的质量，真正满足学生和家长个性化、多样化的需求，坚持把“双减”工作落到实处。

## 三、对策建议

第一，家长和学生要注意影子教育投资的风险，理性投资影子教育。从教育投资的平均收益来看，投资影子教育能够提高学生的教育收益率，但是对于乡村、男性、高中阶段、成绩排名中游或靠后的学生来说，投资影子教育的收益率不显著，投资影子教育存在风险。[③]因此，家长和学生要慎重进行影子教育的投资决策，综合考虑在影子教育投资时投入的成本、所得的收益和面临的风险等多种因素，不应抱有从众心理，避免影子教育投资浪费。

---

① 洪柳. 教育与经济：从人力资本理论到筛选假设理论. 教育评论，2012（6）：144-146.
② 薛海平. 课外补习、学习成绩与社会再生产. 教育与经济，2016（2）：32-43.
③ 马晓强，丁小浩. 我国城镇居民个人教育投资风险的实证研究. 教育研究，2005（4）：25-31.

第二，教育行政部门在制定和落实“双减”政策的配套措施时，不仅要规范校外培训机构的行为，还要注重引导与调节家长和学生的影子教育需求，双管齐下才能有效提升政策的执行效果。校外教育培训监管司的成立向外界释放出强烈的政策信号，表明教育行政部门要对当前校外培训市场中存在的乱象进行专门的综合治理，通过一系列的配套措施，切实推动“双减”工作的落地实施。本章研究建议，教育行政部门在制定和落实“双减”政策的配套措施时，不仅要严格规范校外培训机构的行为，也要引导和调节家长和学生的影子教育需求，从调节影子教育供需双方着手，双管齐下才能有效提升政策的执行效果。

第三，优势阶层家庭投资影子教育的收益率高于弱势阶层家庭，会使得优势阶层的人力资本积累通过影子教育进行代际传递，维持和扩大了不同阶层的收入差距，导致阶层固化和社会精英阶层再生产。因此，学校可以在课后服务中或在提供暑期托管时，为来自弱势阶层家庭且学业成绩落后的学生提供适当的学业辅导，帮助不同阶层家庭的学生缩小成绩上的差距，从而缩小阶层间的人力资本投资差距，促进阶层间收入分配平等，最终促进阶层间的正常流动和社会平等。

# 中　篇

# 我国中小学生参与课外补习的中观影响因素分析

# 第五章　班级和学校同伴对中小学生参与课外补习的影响

近些年来，教育竞争愈演愈烈，教育竞争的加剧使得家庭对子女的投入从校内转向课外补习。在国际学术界被称作“影子教育”的课外补习作为提升学生成绩而进行的补充性教育活动，已经成为教育竞争的重要形式。国内外学者的研究均表明学生同伴的行为和决策会影响个体的行为，学生个体参与课外补习的行为也有可能受到同伴参与课外补习的影响。[①②]但是，既有研究多集中于学生个体和家庭因素对学生参与课外补习的影响，极少有研究探讨班级和学校同伴参与课外补习对学生个体参与课外补习的影响。[③④⑤]“双减”政策发布后部分家长并未理解“双减”政策的真实用意，他们通过一系列隐形变异方式来规避“双减”政策。此举将对“双减”政策的落地形成阻碍，课外补习加重学生学业负担的问题也无法得以有效解决。因此，为争取家长对“双减”政策的理解与配合，推动“双减”政策真正落地，进而有效减轻学生学业负担，需要进一步探析学生参与课外补习的深层次原因。本章研究聚焦的核心问题是：课外补习是否存在班级和学校同伴影响？课外补习的班级和学校同伴影响在不同家庭社会经济地位及城乡家庭之间是否存在异质性？本章研究将参照群体理论和有效维持不平等理论作为理论分析框架，基于 CEPS 2014 年和 2015 年数据，采用多层线性伯努利模型，探究上述问题，本章研究还将班级和学校同伴课外补习参与率的滞后期纳入回归

---

① Bursztyn L，Ederer F，Ferman B，et al. Understanding mechanisms underlying peer effects：Vidence from a field experiment on financial decisions. Econometrica，2014，82（4）：1273-1301.

② 吴愈晓，张帆. “近朱者赤”的健康代价：同辈影响与青少年的学业成绩和心理健康. 教育研究，2020，41（7）：123-142.

③ 方晨晨，薛海平. 义务教育学生参加课外补习行为的影响因素研究. 中小学管理，2015（5）：51-53.

④ 童星. 初中生课外补习：家庭影响因素及政策应对. 上海教育科研，2017（9）：27-31.

⑤ 张美丽，吴瑞君. 我国初中生课外补习的方式及其影响因素. 教育学术月刊，2021（1）：42-49.

模型，检验课外补习的班级和学校同伴影响是否具有稳健性。

# 第一节 研究设计

## 一、相关研究

### （一）班级和学校同伴影响

国内外学者的研究发现，学生同伴与学生个体的学业表现存在显著的相关关系。从国外研究来看，有学者对来自加利福尼亚州一所中学的数据进行分析，发现学生成绩随时间推移逐渐与班级同伴相似。[①]沃尔夫等对来自加拿大阿克拉地区的学前学生数据进行分析，发现班级同伴的学术和非学术技能对学生个体均有显著影响。[②]从国内研究来看，袁玉芝利用上海2012年的PISA数据，研究表明班级同伴的平均成绩越高，个体学业的发展越好。[③]袁舟航等通过调查数据的分析发现，同班级和一起学习的同伴对学生个体的成绩具有显著正向影响。[④]宗庆庆和李雪松使用CEPS 2014年数据进行分析，发现积极或消极的班级同伴会对学生自身的学习成绩有显著正向或负向影响。[⑤]沙晶莹和张向葵通过实证研究发现，学生的学业投入与成绩有显著班级同伴影响。[⑥]吴愈晓和张帆对全国大样本追踪数据分析发现，同班同学的学业成绩对学生个体的心理健康状况和学业成绩均有显著影响。[⑦]同时，国内外学者也关注到班级和学校同伴对学生行为的影响。有研究发现青少年的偏差行为（如吸烟、使用暴力、酗酒等）都存在同伴影响。[⑧⑨]

---

① Rambaran J A，Hopmeyer A，Schwartz D，et al. Academic functioning and peer influences：A short-term longitudinal study of network-behavior dynamics in middle adolescence. Child Development，2017，88（2）：523-543.

② Wolf S，Canche M S G，Coe K. A complex systems network approach to quantifying peer effects：Evidence from Ghanaian preprimary classrooms. https://srcd.onlinelibrary.wiley.com/doi/10.1111/cdev.13608.（2021-06-16）[2022-04-25].

③ 袁玉芝. 教育中的同伴效应分析——基于上海2012年PISA数据. 上海教育科研，2016（3）：30-34+25.

④ 袁舟航，闵师，项诚. 农村小学同伴效应对学习成绩的影响：近朱者赤乎？ 教育与经济，2018（1）：65-73.

⑤ 宗庆庆，李雪松. 基础教育中的同伴效应估计. 财经研究，2018，44（7）：4-15.

⑥ 沙晶莹，张向葵. 青少年的同伴选择与同伴影响：基于学业投入与学业成就的纵向社会网络分析. 心理与行为研究，2020，18（5）：652-658.

⑦ 吴愈晓，张帆."近朱者赤"的健康代价：同辈影响与青少年的学业成绩和心理健康. 教育研究，2020，41（7）：123-142.

⑧ 邓小平，徐晨，程懋伟，等. 青少年偏差行为的同伴选择和影响效应：基于纵向社会网络的元分析. 心理科学进展，2017，25（11）：1898-1909.

⑨ Choi Y J，Kim G S. The effect of neighborhood characteristics and friends' smoking status on the habitual smoking onset in adolescents. Journal of Korean Academy of Nursing，2021，51（1）：54-67.

家长在学生成长过程中扮演重要角色，家长会受到子女同伴的影响进而影响子女的学业表现。国内外学者的研究表明，家长朋辈互动会显著影响子女的学业表现。黄亮的实证研究发现，家长参与家长会对学生成绩有显著正向影响。[①]李佳丽的实证研究发现，家长与子女同伴的联系能显著提高学生的学业成绩。[②]有学者使用美国早期儿童纵向研究项目（Early Childhood Longitudinal Study-Kindergarten，ECLS-K 追踪数据分析发现，家长不同方式的朋辈互动能提升子女的学业成绩。[③]高翔和薛海平通过对中国教育追踪调查 2015 年的数据进行分析发现，家长与子女同学及其家长交流对子女成绩具有正向显著影响。[④]

## （二）班级和学校同伴影响与课外补习

既有研究证实了学生个体行为的确会受到同伴的影响，故同伴参与课外补习也有可能影响学生个体参与课外补习。有一些学者分析了学生个体、家庭、学校因素对参与课外补习的影响，薛海平和李静[⑤]、李佳丽和胡咏梅[⑥]、宋海生和薛海平[⑦]及胡咏梅和王亚男[⑧]对学生个体特征、家庭背景和学校排名、区域等因素对学生参与课外补习的影响进行实证研究，极少有国内外学者探讨同伴参与课外补习对学生个体参与课外补习的影响。张羽等基于北京市海淀区小学的抽样调查数据显示，班级同伴中加入课外补习的越多，学生个体参与课外补习越早。[⑨]周东洋和吴愈晓使用多层混合效应模型对中国教育追踪调查基线数据进行分析，发现班级内课外补习参与比例越高，学生个体参与课外补习可能性和支出越高。[⑩]有学

---

① 黄亮. 家长参与学校教育对初中学生认知能力表现影响的实证研究——基于中国教育追踪调查基线数据的分析. 教育科学研究，2016（12）：53-59.

② 李佳丽. 家长参与和代际闭合对初中生认知能力的影响——基于科尔曼社会资本理论的分析. 教育发展研究，2017，37（Z2）：6-14.

③ Park S，Holloway D S. The effects of school-based parental involvement on academic achievement at the child and elementary school level：A longitudinal study. The Journal of Educational Research，2017，110（1）：1-16.

④ 高翔，薛海平. 家长参与、同伴影响和初中生学业成绩. 教育科学研究，2020（6）：55-63.

⑤ 薛海平，李静. 家庭资本、影子教育与社会再生产. 教育经济评论，2016，1（4）：60-81.

⑥ 李佳丽，胡咏梅. 谁从影子教育中获益？兼论影子教育对教育结果均等化的影响. 教育与经济，2017（2）：51-61.

⑦ 宋海生，薛海平. 初中生课外补习支出：现状、影响因素及政策启示. 当代教育论坛，2018（4）：83-92.

⑧ 胡咏梅，王亚男. 中小学生家庭对子女课外教育的投资及效果分析. 首都师范大学学报（社会科学版），2019（5）：167-188.

⑨ 张羽，刘娟娟，李曼丽. 北京市小学生进入家教市场的早晚及其影响因素分析. 教育发展研究，2015，35（4）：31-37.

⑩ 周东洋，吴愈晓. 教育竞争和参照群体——课外补习流行现象的一个社会学解释. 南京师大学报（社会科学版），2018（5）：84-97.

者对苏门答腊 13 个城市 433 名课外补习参与者进行了问卷调查，研究发现同伴是学生参与课外补习的激励因素。[①]杨莉利用中国教育追踪调查两期数据，发现班级同伴校外补习支出对个体校外补习支出具有显著的正向影响，并且父亲为精英职业、富裕家庭学生校外补习支出受同伴效应的影响更大。[②]

### （三）文献总结

已有研究多从学生个体和家庭方面探究课外补习影响因素，但是针对班级和学校同伴参与课外补习与学生个体参与课外补习二者关系的研究极少，已有研究存在如下不足：第一，已有研究选择的同伴群体仅为学生所在班级的同学，但现实中学生的交往范围并不限于班级内，校内班级外同伴参与课外补习也可能对学生个体课外补习参与决策产生影响，没有研究去比较不同群体同伴参与课外补习对学生个体参与课外补习影响的差异；第二，已有研究在探讨同伴效应对不同家庭父母职业层级的学生参与课外补习的影响时将家庭父母职业阶层仅分为精英阶层和非精英阶层，忽视了体量较庞大的中产阶层，故研究结论不够精确。第三，已有研究未考虑同伴效应对城乡间学生参与课外补习的影响异质性。

## 二、理论基础与研究假设

“参照群体”（reference group）也被称为重要他人（significant others），是指在个体社会化以及心理人格形成的过程中具有重要影响的具体人物，这一概念由美国社会学家海曼于 1942 年提出。[③④]帕克和莱斯格将参照群体定义为对个体的评价、愿望或行为具有显著相关的现实或想象中的个人或群体。[⑤]本章研究借鉴此定义将学生同班级和同校的同学当作学生个体的参照群体。参照群体为个体行为的发生和保持提供标准，具有“规范”作用，是被个体接受了的价值的源泉。[⑥]学生在社会化中必然与他人产生联系，这些联系对个体的行为改变起到了

---

① Dwita S，Cheisviyanny C，Helmy H，et al. Factors comprising motivation to participate in shadow education in West Sumatera//First Padang International Conference on Economics Education，Economics，Business and Management，Accounting and Entrepreneurship（PICEEBA 2018），2018：550-558.

② 杨莉. 同伴效应对初中生校外补习支出的影响研究——基于 CEPS 数据的实证分析. 上海教育科研，2021（5）：29-34.

③ 顾明远. 教育大辞典：第六卷. 上海：上海教育出版社，1992：462.

④ 陈家瑶，刘克，宋亦平. 参照群体对消费者感知价值和购买意愿的影响. 上海管理科学，2006（3）：25-30.

⑤ Park C W，Lessig V P. Students and housewives：Differences in susceptibility to reference group influence. Journal of Consumer Research，1977，4（2）：102.

⑥ 罗伯特 • K. 默顿. 社会理论和社会结构. 唐少杰，齐心译. 南京：译林出版社，2006：456.

重要的作用。[①]已有研究表明家庭教育支出的确会随其所在社区平均教育支出的增加而加大。[②]同时，学生在校内的交往对象以朝夕相处的同班同学为主，参照群体的“规范”功能可能更多发生于学生个体和同班同学之间。据此，本章研究提出假设1。

H1：班级或学校同伴课外补习参与率越高，学生参与课外补习的概率越大，且班级同伴课外补习参与率对学生参与课外补习的影响更大。

EMI 理论指出当某等级学校教育几乎达到普及时，优势阶层将寻求该教育水平中存在的任何质量差异的其他教育类型，并利用自身的优势来获得高质量的教育为其子女保持教育竞争优势。[③]优势阶层逐渐将目光转向海外寻求优质教育，已有研究表明富裕家庭的子女更倾向于出国留学，他们与其他同龄学生处于不同的教育“赛道”。[④]家庭社会经济地位中等的学生家长本身受过良好的教育，其中部分家长通过教育实现了阶层向上流动，虽然他们对教育有着更高的渴望，但是高昂的出国留学学费往往令其望而却步，只能疯狂地“卷入”国内教育竞争。社会经济地位较低的家庭由于教育资源限制或缺乏文化资本，对教育内在价值的认识有限，受教育成本增加和教育收益缩减的影响，经济支付能力较低的家庭就会另谋他路。[⑤]因此，社会经济地位中等的家庭参与教育竞争程度更深，更有可能受同伴的影响参与课外补习。据此，本章研究提出以下假设。

H2：班级或学校同伴课外补习参与率越高，父母职业层级为中层的学生参与课外补习的概率越大。

H3：班级或学校同伴课外补习参与率越高，家庭经济中等的学生参与课外补习的概率越大。

我国城乡家庭教育投入存在明显差异，城市家庭的教育投入，尤其是课外补习的投入明显高于农村家庭。[⑥]城市中教育市场发达，教育竞争尤为激烈，城市中数量众多的学生与少量的优质教育名额的矛盾突出。同时，城市的家长之间、

---

① 金盛华. 社会心理学. 北京：高等教育出版社，2005：371.

② 余丽甜，詹宇波. 家庭教育支出存在邻里效应吗？ 财经研究，2018，44（8）：61-73.

③ Lucas R. Effectively maintained inequality：Education transitions，track mobility，and social background effects. American Journal of Sociology，2001，106（6）：1642-1690.

④ 张建新，王晓艳. 家庭背景对学生高等教育选择的影响——以云南不同经济发展水平地州市5所中学为例. 昆明理工大学学报（社会科学版），2014，14（2）：81-87.

⑤ 张翼. 当前中国社会各阶层的消费倾向——从生存性消费到发展性消费. 社会学研究，2016，31（4）：74-97+243-244.

⑥ 刘保中. 我国城乡家庭教育投入状况的比较研究——基于CFPS（2014）数据的实证分析. 中国青年研究，2017（12）：45-52.

学生之间联络方式多样且频繁，“母职经纪人”的出现表明城市中的家长已逐渐深入到子女的教育当中。[①②]因此，城市中的家长和学生更有可能在频繁的互相交往中受到同伴的影响而作出参与课外补习的决策。据此，本章研究提出假设4。

H4：班级或学校同伴课外补习参与率对城市学生参与课外补习的影响高于农村学生，即班级或学校同伴课外补习参与率对城乡学生参与课外补习的影响存在异质性。

## 三、研究数据

本章研究以CEPS 2013—2014学年为基线，以7年级和9年级两个同期群为调查起点，2014—2015学年数据是基于CEPS 2013—2014学年进行的追访。该数据采用多阶段的概率与规模成比例的抽样方法从全国随机抽取了28个县级单位作为调查点。在入选的县级单位随机抽取了112所学校中的438个班级进行调查，被抽中班级的全体学生进入样本。本章研究使用的两年数据样本容量分别为14 376名和6726名。CEPS调查了学生的个人信息、家庭经济状况、家长教育期望和家长职业、学历等家庭层面信息以及学校生师比、区位、排名等学校层面信息，故适用于本章研究。

## 四、变量说明

### （一）因变量

本章研究因变量为是否参与课外补习。课外补习包括校外学科类和兴趣类补习，由家长和学生问卷中关于校外活动时间、补习支出和假期活动三类提及课外补习的问题构成二分类变量“是否参与课外补习”，以未参与作为参照类别。

### （二）自变量

本章研究自变量为班级同伴课外补习参与率和学校同伴课外补习参与率。本章研究分别以班级和学校代码为单位将“是否参与课外补习”进行汇总，再分别除以班级人数和学校人数，从而得出班级同伴课外补习参与率和学校同伴课外补习参与率。

---

① 杨可. 母职的经纪人化——教育市场化背景下的母职变迁. 妇女研究论丛，2018（2）：79-90.

② 雷望红. 中国城乡母职形象何以分化——“教育家庭化”中的城市“虎妈”与农村“猫妈”. 探索与争鸣，2020（10）：148-156+160.

### （三）控制变量

本章研究从学生个体、家庭和学校三个层面中选取可能影响参与课外补习的因素作为控制变量。个体层面包括性别、独生子女等变量。家庭层面包括家庭经济状况、父母最高学历、职业层级、父母教育期望以及家长朋辈互动，其中家长朋辈互动为“家长认识孩子同学”和“家长认识孩子同学的家长”两个变量相加而成的连续变量，该值越大，代表家长的同辈互动程度越强。学校层面所选取的变量为学校区位、学校排名和生师比。具体见表 5-1。

**表 5-1 统计分析中的变量说明**

| 变量类别 | 变量名 | 变量说明 |
|---|---|---|
| 因变量 | 是否参与课外补习 | 0=否，1=是 |
| 自变量 | 班级同伴课外补习参与率 | 连续变量 |
| | 学校同伴课外补习参与率 | 连续变量 |
| 控制变量 | 性别 | 0=女，1=男 |
| | 是否独生子女 | 0=非独生子女，1=独生子女 |
| | 父母最高学历 | 1=文盲，2=小学，3=初中，4=高中，5=大专，6=大学本科，7=研究生及以上 |
| | 父母最高职业层级 | 1=下层，2=中层，3=上层 |
| | 父母教育期望 | 1=初中毕业，2=高中，3=大专，4=大学本科，5=研究生，6=博士 |
| | 家庭经济水平 | 1=困难，2=中等，3=富裕 |
| | 家长朋辈互动 | 连续变量 |
| | 学校区位 | 1=城市，2=乡镇农村 |
| | 学校排名 | 1=中等及以下，2=中上，3=最好 |
| | 生师比 | 连续变量 |

注：1. 关于父母的职业背景，李春玲将职业分中上中产阶级、中下中产阶段和底层阶级。中上中产阶级包括：机关及企事业单位负责人、中层管理人员、中高级职称专业技术人员、一般机关干部公务员、经济业务人员、私营企业主（雇工 8 人或以上）。中下中产阶级包括：基层管理人员、其他专业技术人员 / 一般技术员、企事业单位职员、技术工人、军人警察消防人员、个体户 / 小业主（雇工 8 人或以下）。底层阶级包括：商业与服务业人员、非技术工人、农林牧渔业人员、自由职业者、无业失业下岗家务人员。根据李春玲的分类将中上中产阶级划分为上层阶层、中下中产阶级划分为中层阶层、底层阶级划分为下层阶层。表 6-1、表 11-1 均同。2. 为使模型拟合效果更佳，本章研究对连续变量进行了标准正态转换。

## 五、研究方法

本章研究所用的 CEPS 包含学校层面和学生层面的变量，二者具有嵌套关系，故本章研究采用多层线性伯努利模型，建立学生个体和学校两个层面的估计模型。

（一）零模型

零模型将课外补习参与率的总差异分解为学生个体和学校间差异两个层面，主要用于探讨学生课外补习参与率在学校间是否存在显著差异，模型包括：学生层为 $Y_{ij}=\beta_{0j}+r_{ij}$；学校层为 $\beta_{0j}=\gamma_{00}+\mu_{0j}$。其中，$Y_{ij}$ 表示第 $j$ 个学校第 $i$ 个学生是否参与课外补习，$\beta_{0j}$ 表示 $j$ 校的学生平均课外补习参与率，$r_{ij}$ 表示学生间随机效应，$\gamma_{00}$ 表示总体学生课外补习参与率，$\mu_{0j}$ 表示校际随机效应。

（二）全模型

在零模型的基础上加上学生层面和学校层面的变量构建全模型，主要用来考察学生层面和学校层面的变量对学生是否参与课外补习的影响，模型如下：学生层为 $Y_{ij}=\beta_{0j}+\beta_{1j}\ gender+\beta_{2j}\ onlychild+\beta_{3j}\ occupation+\beta_{4j}\ economy+\beta_{5j}\ education+\beta_{6j}\ expect+\beta_{7j}\ parent\_inter+r_{ij}$；学校层为 $\beta_{0j}=\gamma_{00}+\gamma_{01}\ shadoweducation\_pro+\gamma_{02}\ area+\gamma_{03}\ rank+\gamma_{04}\ st\_ratio+\mu_{0j}$。其中，学生层中的 *gender* 代表学生性别，*onlychild* 代表是否为独生子女，*occupation* 代表父母职业层级，*economy* 代表家庭经济状况，*education* 代表父母最高学历，*expect* 代表父母教育期望，*parent_inter* 代表家长朋辈互动；学校层中的 *shadow education_pro* 代表班级或学校同伴课外补习参与率，*area* 代表学校所在地区，*rank* 代表学校排名，*st_ratio* 代表生师比。

## 第二节　班级和学校同伴课外补习参与率对学生参与课外补习的影响

### 一、描述统计

表 5-2 呈现了本章研究所使用变量的描述性统计。从中可知，2013—2014 年，有 47%的初中生参与了课外补习，班级同伴和学校同伴课外补习参与率均为 47%。2014—2015 年，有 50%的学生参与了课外补习，班级同伴和学校同伴课外补习参与率均为 46%。控制变量的描述统计结果不再赘述。

**表 5-2　变量描述性统计**

| 变量名称 | 2013—2014 年 | | | | 2014—2015 年 | | | |
|---|---|---|---|---|---|---|---|---|
| | *M* | *SE* | Min | Max | *M* | *SE* | Min | Max |
| 是否参与课外补习 | 0.47 | 0.5 | 0 | 1 | 0.5 | 0.5 | 0 | 1 |
| 班级同伴课外补习参与率 | 0.47 | 0.25 | 0.01 | 0.99 | 0.46 | 0.23 | 0.05 | 0.97 |

续表

| 变量名称 | 2013—2014年 | | | | 2014—2015年 | | | |
|---|---|---|---|---|---|---|---|---|
| | *M* | *SE* | Min | Max | *M* | *SE* | Min | Max |
| 学校同伴课外补习参与率 | 0.47 | 0.23 | 0.14 | 0.95 | 0.46 | 0.22 | 0.07 | 0.96 |
| 性别 | 0.52 | 0.5 | 0 | 1 | 0.52 | 0.5 | 0 | 1 |
| 是否独生子女 | 0.43 | 0.5 | 0 | 1 | 0.44 | 0.5 | 0 | 1 |
| 父母最高学历 | 3.68 | 1.17 | 1 | 7 | 3.76 | 1.18 | 1 | 7 |
| 父母最高职业层级 | 1.99 | 0.69 | 1 | 3 | 1.82 | 0.74 | 1 | 3 |
| 父母教育期望 | 3.76 | 1.26 | 1 | 6 | 3.83 | 1.54 | 1 | 6 |
| 家庭经济水平 | 1.85 | 0.497 | 1 | 3 | 1.85 | 0.51 | 1 | 3 |
| 家长朋辈互动 | 1.88 | 0.63 | 1 | 4 | 1.75 | 0.74 | 0 | 4 |
| 学校区位 | 1.98 | 0.86 | 1 | 3 | 1.88 | 0.89 | 1 | 3 |
| 学校排名 | 2.03 | 0.65 | 1 | 3 | 2.04 | 0.69 | 1 | 3 |
| 生师比 | 13.74 | 4.26 | 3 | 25 | 13.33 | 4.54 | 3 | 30.8 |

## 二、多层线性伯努利模型分析结果

本章研究使用多层线性伯努利模型来探究课外补习是否存在班级和学校同伴影响及课外补习的班级和学校同伴影响在不同社会经济地位及城乡家庭之间是否存在异质性。表 5-3 和表 5-4 分别呈现了未加入自变量 2014 年和 2015 年零模型分析结果。两期数据的零模型均在 0.01 水平显著，组内相关系数 ICC 分别为 0.208 和 0.201，均大于 0.138，为高度组内相关，宜使用多层线性伯努利模型进行估计。

**表 5-3　2014 年零模型结果**

| 参数 | 方差估计 | *SE* | 组内相关系数 | $\chi^2$ | *p* |
|---|---|---|---|---|---|
| 截距项（组间变异 $U_0$） | 0.049 | 0.007 | 0.208 | 513.941 | 0.00 |
| 层 1（组内变异残差 *R*） | 0.199 | 0.002 | — | — | — |

**表 5-4　2015 年零模型结果**

| 参数 | 方差估计 | *SE* | 组内相关系数 | $\chi^2$ | *p* |
|---|---|---|---|---|---|
| 截距项（组间变异 $U_0$） | 0.048 | 0.007 | 0.201 | 513.941 | 0.00 |
| 层 1（组内变异残差 *R*） | 0.199 | 0.002 | — | — | — |

表 5-5—表 5-8 分别呈现 2014 年和 2015 年班级同伴和学校同伴课外补习参与率对学生参与课外补习的影响多层线性伯努利模型结果，以及班级同伴和学校同伴课外补习参与率对学生参与课外补习的滞后期影响多层线性伯努利模型结果。

表 5-5 呈现了 2014 年班级同伴课外补习参与率对学生参与课外补习的影响多层线性伯努利模型结果。模型 1 为基准模型，主要估计控制变量对参与课外补习的影响（表 5-6—5-8 如是）。模型 2 加入本章研究核心自变量（表 5-6—5-8 如是），对数似然值、AIC 和 BIC 的数值都有所下降，说明该变量的加入有统计学意义，模型拟合得更好。自变量系数为正，且在 0.001 水平显著，假设 H1 得到部分验证。

模型 3—模型 5 进一步加入班级同伴课外补习参与率与父母职业层级、家庭经济状况和学校区位的交互项，探究课外补习的班级和学校同伴影响在不同社会经济地位及城乡家庭之间是否存在异质性（表 5-6—5-8 如是）。模型 3-5 结果显示，班级同伴课外补习参与率的提升会提高父母职业为中层的学生参与课外补习的概率（以父母最高职业为上层作参照），假设 H2 得到证实；班级同伴课外补习参与率的提升会提高家庭经济中等的学生参与课外补习的概率（以家庭经济富裕作参照），假设 H3 得到证实；班级同伴课外补习参与率的提升会提高城市的学生参与课外补习的概率（以乡镇农村作参照），假设 H4 得到证实。

**表 5-5　2014 年班级同伴课外补习参与率对学生参与课外补习的影响多层线性伯努利模型结果**

| 变量 | | 模型 1 | 模型 2 | 模型 3 | 模型 4 | 模型 5 |
|---|---|---|---|---|---|---|
| 学生层 | 班级同伴课外补习参与率 | — | 0.197***<br>(0.005) | 0.183***<br>(0.008) | 0.156***<br>(0.017) | 0.177***<br>(0.009) |
| | 女性<br>（以男性为参照） | 0.047***<br>(0.007) | 0.044***<br>(0.007) | 0.044***<br>(0.007) | 0.044***<br>(0.007) | 0.044***<br>(0.007) |
| | 非独生子女<br>（以独生子女为参照） | −0.033***<br>(0.009) | −0.020**<br>(0.008) | −0.017**<br>(0.008) | −0.019**<br>(0.008) | −0.019**<br>(0.008) |
| | 父母最高职业下层<br>（以父母最高职业为上层为参照） | −0.160***<br>(0.014) | −0.132***<br>(0.013) | −0.167***<br>(0.015) | −0.132***<br>(0.013) | −0.133***<br>(0.013) |
| | 父母最高职业中层<br>（以父母最高职业为上层为参照） | −0.082***<br>(0.011) | −0.077***<br>(0.010) | −0.089***<br>(0.011) | −0.076***<br>(0.010) | −0.075***<br>(0.010) |
| | 家庭经济困难<br>（以家庭经济富裕为参照） | −0.122***<br>(0.018) | −0.112***<br>(0.017) | −0.112***<br>(0.017) | −0.142***<br>(0.019) | −0.113***<br>(0.017) |
| | 家庭经济中等<br>（以家庭经济富裕为参照） | −0.098***<br>(0.016) | −0.091***<br>(0.015) | −0.090***<br>(0.015) | −0.110***<br>(0.017) | −0.092***<br>(0.015) |
| | 父母最高学历 | 0.039***<br>(0.006) | 0.030***<br>(0.005) | 0.029***<br>(0.005) | 0.029***<br>(0.005) | 0.028***<br>(0.005) |

续表

| 变量 | | 模型 1 | 模型 2 | 模型 3 | 模型 4 | 模型 5 |
|---|---|---|---|---|---|---|
| 学生层 | 父母教育期望 | 0.027***<br>（0.004） | 0.022***<br>（0.004） | 0.022***<br>（0.004） | 0.021***<br>（0.004） | 0.022***<br>（0.004） |
| | 家长朋辈互动 | 0.015**<br>（0.005） | 0.014**<br>（0.004） | 0.013**<br>（0.004） | 0.014**<br>（0.004） | 0.014**<br>（0.004） |
| 学校层 | 城市学校<br>（以乡镇农村学校为参照） | 0.189***<br>（0.029） | 0.007<br>（0.010） | 0.005<br>（0.010） | 0.008<br>（0.010） | 0.018**<br>（0.011） |
| | 学校排名中等及以下<br>（以学校排名最好为参照） | −0.054<br>（0.044） | 0.022<br>（0.013） | 0.022*<br>（0.013） | 0.021<br>（0.013） | 0.026*<br>（0.013） |
| | 学校排名中上<br>（以学校排名最好为参照） | 0.002<br>（0.036） | 0.026**<br>（0.010） | 0.024**<br>（0.010） | 0.026**<br>（0.010） | 0.028**<br>（0.010） |
| | 生师比 | −0.018<br>（0.013） | −0.004<br>（0.004） | −0.003<br>（0.004） | −0.004<br>（0.004） | −0.003<br>（0.004） |
| | 父母最高职业下层×<br>班级同伴课外补习参与率（以父母最高职业为上层为参照） | — | — | −0.018<br>（0.012） | — | — |
| | 父母最高职业中层×<br>班级同伴课外补习参与率（以父母最高职业为上层为参照） | — | — | 0.035***<br>（0.010） | — | — |
| | 家庭经济困难×<br>班级同伴课外补习参与率（以家庭经济富裕为参照） | — | — | — | 0.018<br>（0.019） | — |
| | 家庭经济中等×<br>班级同伴课外补习参与率<br>（以家庭经济富裕为参照） | — | — | — | 0.049**<br>（0.017） | — |
| | 城市学校×<br>班级同伴课外补习参与率（以乡镇农村学校为参照） | — | — | — | — | 0.029**<br>（0.010） |
| 截距 | | 0.548***<br>（0.044） | 0.608***<br>（0.021） | 0.621***<br>（0.021） | 0.625***<br>（0.022） | 0.592***<br>（0.021） |
| *N* | | 14 376 | 14 376 | 14 376 | 14 376 | 14 376 |
| −2 受限对数似然 | | 17 387.471 | 16 605.987 | 16 591.9 | 16 603.839 | 16 604.971 |
| AIC | | 17 391.471 | 16 609.987 | 16 595.9 | 16 607.839 | 16 608.971 |
| BIC | | 17 406.616 | 16 625.132 | 16 611.044 | 16 622.983 | 16 624.115 |

注：①控制变量和参照项同表 5-3；②括号内为标准误，表 5-6—表 5-10 同。

表 5-6 呈现了 2014 年学校同伴课外补习参与率对学生参与课外补习的影响多层线性伯努利模型结果。模型 2 结果显示，学校同伴课外补习参与率系数为正且在 0.001 水平上显著，并且小于班级同伴课外补习参与率的系数（0.171<0.197），假设 H1 得到证实。模型 3-5 结果显示，学校同伴课外补习参与率的提升会提高父母职业为中层的学生参与课外补习的概率（以父母职业为上层作参照），假设 H2 得到证实；学校同伴课外补习参与率的提升会提高家庭经济中等和困难的学

生参与课外补习的概率（以家庭经济富裕作参照），假设 H3 得到证实；学校同伴课外补习参与率的提升会提高城市的学生参与课外补习的概率（以乡镇农村作参照），假设 H4 得到证实。

**表 5-6 2014 年学校同伴课外补习参与率对学生参与课外补习的影响多层线性伯努利模型结果**

| 变量 | 模型 1 | 模型 2 | 模型 3 | 模型 4 | 模型 5 |
|---|---|---|---|---|---|
| 学校同伴课外补习参与率 | — | 0.171***（0.007） | — | — | — |
| 父母最高职业下层 | — | — | −0.176***（0.016） | — | — |
| 父母最高职业中层 | — | — | −0.096***（0.011） | — | — |
| 家庭经济困难 | — | — | — | −0.159***（0.020） | — |
| 家庭经济中等 | — | — | — | −0.127***（0.018） | — |
| 城市学校 | — | — | — | — | 0.027***（0.013） |
| 父母最高职业下层×学校同伴课外补习参与率 | — | — | −0.013（0.014） | — | — |
| 父母最高职业中层×学校同伴课外补习参与率 | — | — | 0.029***（0.010） | — | — |
| 家庭经济困难×学校同伴课外补习参与率 | — | — | — | 0.037**（0.020） | — |
| 家庭经济中等×学校同伴课外补习参与率 | — | — | — | 0.077***（0.018） | — |
| 城市学校×学校同伴课外补习参与率 | — | — | — | — | 0.058***（0.013） |
| 学生层面 | 控制 | 控制 | 控制 | 控制 | 控制 |
| 学校层面 | 控制 | 控制 | 控制 | 控制 | 控制 |
| 截距 | 0.548***（0.044） | 0.621***（0.023） | 0.632***（0.024） | 0.650***（0.024） | 0.587***（0.024） |
| *N* | 14 376 | 14 376 | 14 376 | 14 376 | 14 376 |
| −2 受限对数似然 | 17 387.471 | 17 188.321 | 17 187.012 | 17 171.168 | 17 177.265 |
| AIC | 17 391.471 | 17 192.321 | 17 191.012 | 17 175.168 | 17 181.265 |
| BIC | 17 406.616 | 17 207.465 | 17 206.156 | 17 190.313 | 17 196.41 |

表 5-7 呈现了 2015 年班级同伴课外补习参与率对学生参与课外补习的影响多层线性伯努利模型结果。模型 2 结果显示，班级同伴课外补习参与率系数为正，且在 0.001 水平上显著，假设 H1 得到部分证实。模型 3-5 结果显示，班级同伴课外补习参与率的提升会提高家庭经济中等的学生参与课外补习的概率（以父母职

业为上层作参照)，假设 H3 得到证实；父母职业层级和学校区位分别与班级同伴课外补习参与率的交互项均未达显著，假设 H2 和 H4 未得到证实。

**表 5-7　2015 年班级同伴课外补习参与率对学生参与课外补习的影响多层线性伯努利模型结果**

| 变量 | 模型 1 | 模型 2 | 模型 3 | 模型 4 | 模型 5 |
|---|---|---|---|---|---|
| 班级同伴课外补习参与率 | — | 0.182***<br>（0.007） | — | — | — |
| 父母最高职业下层 | — | — | −0.127***<br>（0.020） | — | — |
| 父母最高职业中层 | — | — | −0.047**<br>（0.018） | — | — |
| 家庭经济困难 | — | — | — | −0.088**<br>（0.029） | — |
| 家庭经济中等 | — | — | — | −0.073**<br>（0.026） | — |
| 城市学校 | — | — | — | — | −0.0001<br>（0.015） |
| 父母最高职业下层×班级同伴课外补习参与率 | — | — | 0.005<br>（0.016） | — | — |
| 父母最高职业中层×班级同伴课外补习参与率 | — | — | 0.018<br>（0.015） | — | — |
| 家庭经济困难×班级同伴课外补习参与率 | — | — | — | 0.040<br>（0.028） | — |
| 家庭经济中等×班级同伴课外补习参与率 | — | — | — | 0.051**<br>（0.026） | — |
| 城市学校×班级同伴课外补习参与率 | — | — | — | — | 0.013<br>（0.014） |
| 学生层面 | 控制 | 控制 | 控制 | 控制 | 控制 |
| 学校层面 | 控制 | 控制 | 控制 | 控制 | 控制 |
| 截距 | 0.566***<br>（0.049） | 0.591***<br>（0.029） | 0.598***<br>（0.031） | 0.619***<br>（0.033） | 0.584***<br>（0.030） |
| $N$ | 6726 | 6726 | 6726 | 6726 | 6726 |
| −2 受限对数似然 | 8235.513 | 7942.946 | 7954.745 | 7950.852 | 7948.763 |
| AIC | 8239.513 | 7946.946 | 7958.745 | 7954.852 | 7952.763 |
| BIC | 8253.137 | 7960.569 | 7972.368 | 7968.475 | 7966.385 |

表 5-8 呈现了 2015 年学校同伴课外补习参与率对学生参与课外补习的影响多层线性伯努利模型结果。模型 2 结果显示，学校同伴课外补习参与率的系数为正，且在 0.001 水平上显著，并且小于班级同伴课外补习参与率的系数（0.168<0.182），假设 H1 得到证实。模型 3-5 结果显示，学校同伴课外补习参与率的提升会提高家庭经济困难和中等的学生参与课外补习的概率（以家庭经济富裕作参照)，假设 H3 得到证实；父母职业层级和学校区位分别与学校同伴课外补

习参与率的交互项均未达显著，假设 H2 和假设 H4 未得到证实。

**表 5-8 2015 年学校同伴课外补习参与率对学生参与课外补习的影响多层线性伯努利模型结果**

| 变量 | 模型 1 | 模型 2 | 模型 3 | 模型 4 | 模型 5 |
|---|---|---|---|---|---|
| 学校同伴课外补习参与率 | — | 0.168***<br>(0.008) | — | — | — |
| 父母最高职业下层 | — | — | −0.126***<br>(0.020) | — | — |
| 父母最高职业中层 | — | — | −0.043***<br>(0.018) | — | — |
| 家庭经济困难 | — | — | — | −0.089**<br>(0.030) | — |
| 家庭经济中等 | — | — | — | −0.073**<br>(0.027) | — |
| 城市学校 | — | — | — | — | 0.008<br>(0.015) |
| 父母最高职业下层×学校同伴课外补习参与率 | — | — | −0.002<br>(0.017) | — | — |
| 父母最高职业中层×学校同伴课外补习参与率 | — | — | 0.012<br>(0.016) | — | — |
| 家庭经济困难×学校同伴课外补习参与率 | — | — | — | 0.047*<br>(0.028) | — |
| 家庭经济中等×学校同伴课外补习参与率 | — | — | — | 0.049*<br>(0.026) | — |
| 城市学校×学校同伴课外补习参与率 | — | — | — | — | 0.011<br>(0.014) |
| 学生层面 | 控制 | 控制 | 控制 | 控制 | 控制 |
| 学校层面 | 控制 | 控制 | 控制 | 控制 | 控制 |
| 截距 | 0.533***<br>(0.049) | 0.587***<br>(0.030) | 0.575***<br>(0.031) | 0.616***<br>(0.033) | 0.580***<br>(0.031) |
| *N* | 6726 | 6726 | 6726 | 6726 | 6726 |
| −2 受限对数似然 | 8785.741 | 8064.824 | 8076.934 | 8073.323 | 8070.839 |
| AIC | 8789.741 | 8068.824 | 8080.934 | 8077.323 | 8074.839 |
| BIC | 8803.491 | 8082.447 | 8094.556 | 8090.945 | 8088.462 |

## 三、稳健性检验结果

表 5-9 呈现了 2014 年班级同伴课外补习参与率对 2015 年学生参与课外补习的影响多层线性伯努利模型结果。模型 2 结果显示，2014 年班级同伴课外补习参与率的系数为正，且在 0.001 水平显著，假设 H1 得到部分证实。模型 3-5 结果显示，家长职业层级与 2014 年班级同伴课外补习参与率的交互项未达显著，假设

H2 未得到证实；2014 年班级同伴课外补习参与率的提升会提高经济困难家庭的学生参与课外补习的概率（以家庭经济富裕作参照），假设 H3 未得到证实；2014 年班级同伴课外补习参与率的提升会提高城市的学生参与课外补习的概率（以乡镇农村作参照），假设 H4 得到证实。

**表 5-9　2014 年班级同伴课外补习参与率对 2015 年学生参与课外补习的影响多层线性伯努利模型结果**

| 变量 | 模型 1 | 模型 2 | 模型 3 | 模型 4 | 模型 5 |
|---|---|---|---|---|---|
| 班级同伴课外补习参与率 | — | 0.108***<br>（0.011） | — | — | — |
| 父母最高职业下层 | — | — | −0.125***<br>（0.021） | — | — |
| 父母最高职业中层 | — | — | −0.038**<br>（0.018） | — | — |
| 家庭经济困难 | — | — | — | −0.090**<br>（0.029） | — |
| 家庭经济中等 | — | — | — | −0.066**<br>（0.025） | — |
| 城市学校 | — | — | — | — | 0.056*<br>（0.030） |
| 父母最高职业下层×2014 年班级同伴课外补习参与率 | — | — | −0.00038<br>（0.017） | — | — |
| 父母最高职业中层×2014 年班级同伴课外补习参与率 | — | — | 0.010<br>（0.016） | — | — |
| 家庭经济困难×2014 年班级同伴课外补习参与率 | — | — | — | 0.048*<br>（0.027） | — |
| 家庭经济中等×2014 年班级同伴课外补习参与率 | — | — | — | 0.028<br>（0.023） | — |
| 城市学校×2014 年班级同伴课外补习参与率 | — | — | — | — | 0.041*<br>（0.024） |
| 学生层面 | 控制 | 控制 | 控制 | 控制 | 控制 |
| 学校层面 | 控制 | 控制 | 控制 | 控制 | 控制 |
| 截距 | 0.533***<br>（0.049） | 0.605***<br>（0.043） | 0.608***<br>（0.044） | 0.621***<br>（0.044） | 0.584***<br>（0.045） |
| *N* | 6726 | 6441 | 6441 | 6441 | 6441 |
| −2 受限对数似然 | 8785.741 | 7772.905 | 7785.484 | 7781.77 | 7775.616 |
| AIC | 8789.741 | 7776.905 | 7789.484 | 7785.77 | 7779.616 |
| BIC | 8803.491 | 7790.441 | 7803.02 | 7799.305 | 7793.152 |

注：①控制变量和参照项同表 5-3；②括号内为标准误。

表 5-10 呈现了 2014 年学校同伴课外补习参与率对 2015 年学生参与课外补习的影响多层线性伯努利模型结果。模型 2 结果显示，2014 年学校同伴课外补习参

与率的系数为正，且在 0.001 水平显著，系数大于班级同伴课外补习参与率的系数（0.125>0.108），假设 H1 得到部分证实。班级和学校同伴课外补习参与率的滞后期系数均为正且显著，说明课外补习的班级和学校同伴影响具有稳健性。模型 3-5 结果显示，家长职业层级和学校区位分别与 2014 年学校同伴课外补习参与率（滞后期）的交互项均未达显著，假设 H2 和假设 H4 未得到证实；学校同伴课外补习参与率（滞后期）的提升会提高家庭经济困难的学生参与课外补习的概率（以家庭经济富裕作参照），假设 H3 未得到证实。

**表 5-10　2014 年学校同伴课外补习参与率对 2015 年学生参与课外补习的影响多层线性伯努利模型结果**

| 变量 | 模型 1 | 模型 2 | 模型 3 | 模型 4 | 模型 5 |
| --- | --- | --- | --- | --- | --- |
| 2014 年学校同伴课外补习参与率 | — | 0.125***<br>（0.019） | — | — | — |
| 父母最高职业下层 | — | — | −0.125***<br>（0.019） | — | — |
| 父母最高职业中层 | — | — | −0.039**<br>（0.017） | — | — |
| 家庭经济困难 | — | — | — | −0.092**<br>（0.030） | — |
| 家庭经济中等 | — | — | — | −0.070**<br>（0.026） | — |
| 城市学校 | — | — | — | — | 0.026<br>（0.031） |
| 父母最高职业下层×2014 年学校同伴课外补习参与率 | — | — | −0.007<br>（0.028） | — | — |
| 父母最高职业中层×2014 年学校同伴课外补习参与率 | — | — | 0.011<br>（0.025） | — | — |
| 家庭经济困难×2014 年学校同伴课外补习参与率 | — | — | — | 0.051*<br>（0.028） | — |
| 家庭经济中等×2014 年学校同伴课外补习参与率 | — | — | — | 0.040<br>（0.025） | — |
| 城市学校×2014 年学校同伴课外补习参与率 | — | — | — | — | 0.047<br>（0.030） |
| 学生层面 | 控制 | 控制 | 控制 | 控制 | 控制 |
| 学校层面 | 控制 | 控制 | 控制 | 控制 | 控制 |
| 截距 | 0.533***<br>（0.049） | 0.623***<br>（0.042） | 0.624***<br>（0.045） | 0.646***<br>（0.044） | 0.596***<br>（0.045） |
| *N* | 6726 | 6441 | 6441 | 6441 | 6441 |
| −2 受限对数似然 | 8785.741 | 7796.669 | 7808.217 | 7805.415 | 7799.366 |
| AIC | 8789.741 | 7800.669 | 7812.217 | 7809.415 | 7803.366 |
| BIC | 8803.491 | 7814.205 | 7825.753 | 7822.951 | 7816.902 |

# 第三节　研究结论、讨论与政策建议

## 一、研究结论与讨论

本章研究基于 CEPS 2014—2015 学年数据，采用多层线性伯努利模型，探究学生参与课外补习是否存在班级和学校同伴影响以及课外补习的班级和学校同伴影响在不同社会经济地位及城乡家庭之间是否存在异质性，并得出如下结论。

第一，课外补习存在班级和学校同伴影响。课外补习的班级和学校同伴影响表现为班级或学校同伴课外补习参与率对学生参与课外补习具有稳健的显著正向影响。该发现与周东洋和吴愈晓的研究结论一致。[①]课外补习出于何种原因存在同伴影响呢？首先，根据参照群体理论，学生同伴参与课外补习给个体树立了行为标准，参与课外补习成为同伴群体普遍认同的“规则”，若不遵守此“规则”可能会被边缘化或不被教师和家长认可。学生个体发现课外补习具有提升成绩的作用，为了在群体中形成竞争优势，便逐渐接受此项行为“规则”。其次，相较于西方的个人主义社会，我国呈现出典型的关系型社会，在集体主义的氛围下，各家庭之间频繁互动，逐渐形成一定的舆论、风气及规范，使人们产生了一种心理压力和焦虑，从众心理促使个体极易受多数人行为和思维的影响，最终形成课外补习的班级和学校同伴影响。[②③]

第二，班级内课外补习同伴影响影响更大。本章研究发现班级同伴课外补习参与率系数大于学校同伴课外补习参与率系数，即班级内课外补习的同伴影响影响更大。这可能跟我国教学组织形式有关，不同于西方学校的走班制，我国学生的日常教学活动基本上是在固定的班级内进行的。[④]同一班级内的学生的交流更为频繁，同班同学是学生个体最为重要的参照群体。在同一个班级内，学生只有遵从参与课外补习这种“规则”才能够更好地融入集体之中，故班级内的课外补习同伴影响影响更大。[⑤]

---

① 周东洋，吴愈晓. 教育竞争和参照群体——课外补习流行现象的一个社会学解释. 南京师大学报（社会科学版），2018（5）：84-97.

② Eun C S，Wang L，Xiao S C. Culture and R2. Journal of Financial Economics，2015，115（2）：283-303.

③ 晏艳阳，邓嘉宜，文丹艳. 邻里效应对家庭社会捐赠活动的影响——来自中国家庭追踪调查（CFPS）数据的证据. 经济学动态，2017（2）：76-87.

④ 荣维东. 美国教育制度的精髓与中国课程实施制度变革——兼论美国中学的“选课制”“学分制”“走班制”. 全球教育展望，2015，44（3）：68-76.

⑤ 曹蕊，吴愈晓. 班级同辈群体与青少年教育期望：社会遵从与社会比较效应. 青年研究，2019（5）：25-33+94-95.

第三，课外补习的班级和学校同伴影响在不同社会经济地位家庭之间存在异质性，课外补习的班级和学校同伴影响对家庭社会经济地位中等的学生影响更大。本章研究发现，班级或学校同伴课外补习参与率越高，家庭社会经济地位中等的学生参与课外补习的概率越大。中产阶层中多数家庭受益于教育的成功，为实现阶层代际流动并防止“阶层滑坡”，中产阶层从自身的消费转向对子代的教育投资。①优势阶层的子女选择“洋赛道”，低阶层对教育存在某些“质疑”，以至于为数众多的中产阶层“卷入”课外补习，加之校外培训机构铺天盖地的广告“贩卖焦虑”，教育焦虑在中产阶层中逐渐蔓延。中产阶层为了子女在“剧场”中看清舞台，从而选择了参与课外补习这一行为“规则”。

第四，课外补习的班级和学校同伴影响在城乡间的家庭存在异质性，课外补习的班级和学校同伴影响对城市的学生影响更大。本章研究发现，班级或学校同伴课外补习参与率越高，城市的学生参与课外补习的概率越大。优势阶层和中产阶层多生活于城市中，根据有效地维持不平等理论，优势阶层会极力抢占有限的优质教育资源，从而导致城市中教育竞争更加激烈。城市中的“虎妈”在“鸡娃”的同时也在“鸡”自己，正如本章研究发现，家长朋辈互动的密切会加大其子女参与课外补习概率。城市中家长之间的联系日益密切，子女的同伴参与课外补习为其提供了参考对象，城市中的“虎妈”们迫于群体压力纷纷加入课外补习的“剧场”中。

## 二、政策建议

课外补习的同伴影响使得教育竞争进一步加剧，家长和学生在焦虑中迫不得已“卷”入课外补习从而产生了“剧场效应”，家长和学生之间在相互博弈后陷入“囚徒困境”，学生的学业负担不断加重，违背了教育本质和规律。“剧场”中的观众没有人遵守秩序，多余付出和无序行为未能给任何观众带来利益与好处，此种无序现象也归因于管理者的失职。②因此，政府和学校需要当好“剧场”的管理者缓解课外补习的同伴影响，有效减轻学生的学业负担和缓解家长对教育的焦虑。本章研究尝试提出以下政策建议。

第一，落实“双减”政策，抑制课外补习的班级和学校同伴影响。本章研究发现，课外补习存在班级和学校同伴影响。“双减”政策的落实将有效降低课外

---

① 林晓珊.“购买希望”：城镇家庭中的儿童教育消费. 社会学研究，2018，33（4）：163-190+245.

② 俞婷婕.“剧场效应”下教师专业危机与出路. 探索与争鸣，2018（11）：111-114+118.

补习的供给和需求，降低班级和学校同伴课外补习参与率，有助于抑制课外补习的同伴影响。首先，教育行政部门要从严规范校外培训机构，严禁其资本化运作，禁止在国家法定节假日、休息日及寒暑假期组织学科类培训，培训结束时间不得晚于 20 点 30 分。其次，学校应充分利用资源优势，有效实施多样的课后活动，并保证课后服务结束时间不早于当地正常下班时间，对有特殊需要的学生延长课后服务时间，提供暑期托管服务，在校内满足学生多样化学习需求，削弱其对课外补习的需求。

第二，规范校外培训机构宣传内容，缓解中产阶层教育焦虑。本章研究发现，班级或学校同伴课外补习参与率越高，来自家庭社会经济地位中等的学生参与课外补习的概率越大。社会经济地位中等的家庭拥有的社会资源有限，教育便成为帮助子女实现阶层继承或提升的主要通道，因此成为课外补习博弈最激烈的阶层。[①]校外培训机构的虚假宣传营造了焦虑氛围，加剧了教育竞争和内卷，迫使中产阶层家庭恐慌性参与课外补习。截至 2021 年 6 月，市场监管总局以“虚构、夸大、诱导”等违规虚假宣传行为为由已对 15 家知名培训机构进行了顶格处罚。[②]有效落实“双减”政策还需校内外共同发力，校外培训机构需要明确社会责任，自觉遵守宣传准则。教育行政部门应会同市场监管部门持续加大校外培训市场监管力度，坚决禁止虚假宣传、夸大宣传等违规行为，依法依规严惩各种夸大培训效果、误导公众教育观念和制造家长焦虑的广告行为。

第三，引导家长树立科学育儿观，理性参与课外补习。本章研究发现，班级或学校同伴课外补习参与率越高，城市的学生参与课外补习的概率越大。当前，我国中产阶层主要居住在城市，中产阶层家庭教育焦虑氛围逐渐增强，加大了课外补习的同伴影响对城市学生的影响。[③]因此，教育行政部门和学校应积极构建家校社共育的多种途径，为家长提供科学的育儿引导和服务。教育部门要会同妇联等部门，办好家长学校或网上家庭教育指导平台，推动社区家庭教育指导中心、服务站点建设。学校可定期开展家长课堂、家长沙龙等交流活动，完善家校社协同机制，着重引导城市家长树立科学的育儿观，破除“唯分数论”，使家长认识到学生全面发展的重要性，真正基于孩子的发展理性参与课外补习，避免盲目跟风和过度焦虑。

---

① 丁亚东. 家庭经济背景和学生个人能力对影子教育机会获得的影响分析. 首都师范大学，2018.

② 曹建. 15 家校外培训机构被处以顶格罚款. http://www.moe.gov.cn/jyb_xwfb/s5147/202106/t20210602_535118.html? authkey=boxdr3.（2021-06-02）[2022-04-25].

③ 李强，王昊. 我国中产阶层的规模、结构问题与发展对策. 社会，2017，37（3）：163-179.

# 第六章　家庭社区同伴对中小学生参与课外补习的影响

“别人家的孩子都送到各种各样的培训班，都在往前赶，咱不去不行呀。”一封家长给人民日报的来信表明我国家长在课外补习投入方面会参照其他家庭的行为。①以往学者对课外补习的影响因素研究多集中于个体特征、家庭社会经济地位和学校特征等因素，这些研究均将学生参与课外补习看作是独立于群体的行为。②③④人是一种社会性动物，群体间通过长时间的互动，个体的思想和行为将会逐渐与群体趋同。⑤自《科尔曼报告》首次提出学生学业成绩存在显著的同伴影响以来，学者们逐渐将研究视角转向学生同伴对其个体的影响，国内外学者的研究也表明学生的学业成绩和行为存在显著的同伴影响⑥⑦，但极少有研究探讨家庭社区学生课外补习参与率对学生个体是否参与课外补习的影响。本章研究聚焦的核心问题是：学生参与课外补习是否会受社区同伴的影响？此影响有怎样的变化趋势？社区同伴影响在不同家庭社会经济地位、学段及城乡学生间是否存在异质性？因此，本章研究将运用面板 Logit 模型对 CFPS 面板数据进行分析，尝试回答上述问题，并从政府、学校和社区等层面提出针对性政策建议。

---

① 张洋，吴月. 校外培训，该如何整治？（来信综述）. http://m.people.cn/n4/2018/0925/c3445-11654237.html.（2018-09-25）[2022-04-25].

② 吴翌琳. 初中生课外补习的影响因素研究——基于 CEPS 的调查数据分析. 教育科学，2016，32（5）：63-73.

③ 薛海平. 家庭资本与教育获得：影子教育的视角. 教育科学研究，2017（2）：31-41+48.

④ 宋海生，薛海平. 初中生课外补习支出：现状、影响因素及政策启示. 当代教育论坛，2018（4）：83-92.

⑤ Nie P，Sousa-Poza A，He X B. Peer effects on childhood and adolescent obesity in China. China Economic Review，2015，35：47-69.

⑥ 吴愈晓，张帆. “近朱者赤”的健康代价：同辈影响与青少年的学业成绩和心理健康. 教育研究，2020，41（7）：123-142.

⑦ 金红昊，杨钋. 青少年恋爱行为的同伴效应研究. 北京大学教育评论，2021，19（2）：64-83+189.

# 第一节　研究设计

## 一、相关研究

### （一）社区同伴影响

早在 17 世纪，人们就已经认识到居住在弱势邻里中的居民可能与犯罪、低教育水平、低社会经济地位和较高的疾病发生率紧密相连。[①]关于社区同伴影响的研究最早出现于美国社会学家威尔逊的著作《真正的穷人》，通过对美国城市中贫民窟的研究，威尔逊发现邻里特征会影响居民的生活态度和社会行为。[②]

国外既有研究表明，社区质量显著影响学生的学业成就。欧文斯基于全国青少年健康纵向研究的数据（Add Health）进行研究，发现邻里家庭社会经济地位与学生教育程度呈正相关关系。[③]沃特克等基于美国收入动态面板调查（Panel Study of Income Dynamics，PSID）数据，研究发现弱势社区对青春期学生的学业成绩存在负面影响。[④]切蒂等利用“搬向机遇”（Moving to Opportunity，MTO）的试验数据研究发现，13 岁之前搬到低贫困社区的儿童会提升其升入大学的概率。[⑤]有学者使用来自 PSID 的调查数据进行实证研究发现，社区社会经济构成显著影响儿童和青少年的阅读和数学成绩。[⑥]有学者基于 CFPS 2010 年数据，研究发现邻里家庭社会经济地位与儿童的语言和数学分数呈现显著正相关关系。[⑦]有学者基于 CFPS 2010—2016 年数据，研究发现社区社会经济地位与高中入学率呈正相关，在更弱势的社区中社区社会经济地位的影响更大。[⑧]

---

① 盛明洁，运迎霞. 中国城市邻里效应研究框架初探. 城市规划学刊，2017（6）：50-55.

② 盛明洁. 欧美邻里效应研究进展及对我国的启示. 国际城市规划，2017，32（6）：42-48.

③ Owens A. Neighborhoods and schools as competing and reinforcing contexts for educational attainment. Sociology of Education，2010，83（4）：287-311.

④ Wodtke G T，Elwert F，Harding D J. Neighborhood effect heterogeneity by family income and developmental period. American Journal of Sociology，2016，121（4）：1168-1222.

⑤ Chetty R，Hendren N，Katz L F. The effects of exposure to better neighborhoods on children：New evidence from the Moving to Opportunity experiment. American Economic Review，2016，106（4）：855-902.

⑥ Wodtke G T，Parbst M. Neighborhoods，schools，and academic achievement：A formal mediation analysis of contextual effects on reading and mathematics abilities. Demography，2017，54（5）：1653-1676.

⑦ Lei L. The effect of neighborhood context on children’s academic achievement in China：Exploring mediating mechanisms. Social Science Research，2018，72：240-257.

⑧ Lei L. The effect of community socioeconomic context on high school attendance in China：A generalized propensity score approach. Sociology of Education，2022，95（1）：61-88.

国内教育领域有关社区同伴影响的研究起步较晚，既有研究表明学生学业成就、教育期望和家庭教育支出均存在社区同伴影响。刘欣和夏彧基于 CFPS 2014 年数据的城市样本，研究发现社区邻里优势集聚程度与青少年儿童阅读和数学得分存在显著正相关关系。[①]孙伦轩基于 CFPS 2014 年的实证研究发现，中国城镇青少年成长的社区同伴影响确实存在，不同社区类型会给青少年自我教育期望和同伴上进程度带来显著影响。[②]余丽甜和詹宇波基于 CFPS 数据，研究发现同一社区的家庭平均教育支出对个体家庭教育支出具有显著正向影响。[③]耿峰利用 CFPS 数据研究发现，邻里家庭大学生子女比率的上升对个体家庭教育支出具有显著的促进作用。[④]

## （二）社区同伴影响与课外补习

社区邻里和班级、学校同伴对学生个体参与课外补习的影响，均是探讨群体因素对学生参与课外补习的影响，故本章研究对社区同伴影响、同伴影响与学生课外补习参与的文献进行综述。周东洋和吴愈晓[⑤]、陈爱丽等[⑥]基于 CEPS 数据，研究发现班级同伴课外补习参与比例和支出越高，学生个体参与课外补习可能性和支出越高。方航等基于 CFPS 2010—2016 年农户数据，研究发现农户个体的教育支出（涵盖课外补习支出）会随其他农户教育支出的增长而增长。[⑦]有学者[⑧⑨]使用大规模调查数据的研究发现，学校同伴参加课外补习的比例越高，学生个体参加课外补习的概率越大。薛海平和徐丹诚基于中国教育追踪调查两期数据，研究发现学生所在班级和学校同伴课外补习参与率均对学生个体参与课外补习产生

---

① 刘欣，夏彧. 中国城镇社区的邻里效应与少儿学业成就. 青年研究，2018（3）：1-11+94.

② 孙伦轩. 中国城镇青少年成长的邻里效应——基于“中国教育追踪调查”的实证研究. 青年研究，2018（6）：31-38+92.

③ 余丽甜，詹宇波. 家庭教育支出存在邻里效应吗？ 财经研究，2018，44（8）：61-73.

④ 耿峰.“别人家的孩子”对家庭教育支出的影响——基于邻里家庭大学生子女比率的实证分析. 经济与管理评论，2019，35（6）：68-80.

⑤ 周东洋，吴愈晓. 教育竞争和参照群体——课外补习流行现象的一个社会学解释. 南京师大学报（社会科学版），2018（5）：84-97.

⑥ 陈爱丽，郑逸芳，许佳贤，孙小宇. 同群效应对城镇家庭儿童教育消费的影响研究——基于 CEPS 调查数据的经验证据. 消费经济，2019，35（4）：80-86.

⑦ 方航，程竹，陈前恒. 农村教育投资存在同群效应吗？基于中国家庭追踪调查（CFPS）的实证研究. 教育与经济，2021，37（3）：51-58.

⑧ Kim T，Jang H，Kim J. Do peers affect private tutoring engagement in Korea？ Evidence from a quasi-experimental approach. Asia Pacific Education Review，2022：1-13.

⑨ 李昂然. 中国教育资源市场化与个体选择：初中课外补习效应异质性探究. 社会，2022，42（2）：94-125.

影响，且学校同伴的影响大于班级同伴。[①]

综上所述，已有研究证实了学生参与课外补习存在显著的同伴影响，班级、学校同伴影响和社区同伴影响都强调个体所在环境的群体成员对个体的影响，因此都可以从群体角度来理解。但已有研究仍存在如下不足：第一，极少有研究探讨家庭社区同伴对学生个体参与课外补习的影响及其对不同家庭社会经济地位、学段及城乡学生的影响是否存在异质性；第二，暂未有研究探讨学生参与课外补习的社区同伴影响的变化趋势。

## 二、理论基础与研究假设

参照群体理论（Reference Group Theory）是解释社区同伴影响的主要理论，参照群体是指在个体社会化以及心理人格形成的过程中具有重要影响的具体人物。[②]与自己有实际交往、具有稳定的社会联系的人可作为自己的参照群体，故与学生和家长朝夕相处的同一社区邻里可作为学生个体的参照群体。参照群体具有“规范型”功能，参照群体为个体行为的发生和保持提供标准，是被个体接受了的价值的源泉。[③]受集体主义思潮的影响，中国居民更容易受到他人的观点或行为的影响。[④]有研究表明家庭教育支出的确会随其所在社区平均教育支出的增加而加大。[⑤]据此，本章研究提出假设 1。

H1：同一社区学生课外补习参与率越高，学生个体参与课外补习的概率越大，即学生参与课外补习存在社区同伴影响。

改革开放以来，无论是城市还是乡村，人们的居住格局和生活方式发生了翻天覆地的变化，伴随着通信技术的迅猛发展，人们的社会关系网络大大拓宽，地域因素不再成为人们社会关系中的主要因素。[⑥]经济的迅速发展加强了社会的流动性，人口流动的多元分化导致社区邻里关系淡化。[⑦]已有调查研究显示，1/3 的居民对门互不相识，一半的邻里互不来往，邻里之间的认识很大程度上停留在

---

① 薛海平，徐丹诚. 影子教育的剧场效应研究——基于中国教育追踪调查数据分析. 教育经济评论，2022，7（1）：75-98.

② 顾明远. 教育大辞典（第六卷）. 上海：上海教育出版社，1992：462.

③ 罗伯特·K. 默顿. 社会理论和社会结构. 唐少杰，齐心译. 南京：译林出版社，2006：456.

④ Eun C S，Wang L，Xiao S C. Culture and R2. Journal of Financial Economics，2015，115（2）：283-303.

⑤ 余丽甜，詹宇波. 家庭教育支出存在邻里效应吗？ 财经研究，2018，44（8）：61-73.

⑥ 邢晓明. 城镇社区和谐邻里关系的社会学分析. 学术交流，2007（12）：163-165.

⑦ 蔡禾，贺霞旭. 城市社区异质性与社区凝聚力——以社区邻里关系为研究对象. 中山大学学报（社会科学版），2014，54（2）：133-151.

“点头之交”，很多人不知道对方的名字和家庭情况，邻里交往较为浅层化。[①]据此，本章研究提出假设 2。

H2：同一社区学生课外补习参与率对学生个体参与课外补习的影响逐渐减小，即社区同伴影响逐渐减弱。

社区同伴影响属于非市场互动，这种互动是指在相同社区居住的行为人相互影响。[②③]非市场互动会产生按偏好、收入、身份等维度分为不同群体的“群分效应”。[④]“就近入学”政策使住房和教育挂钩，学生家长会根据家庭社会经济条件选择居住地。优势阶层家庭利用其经济资本占据优质学区，底层阶层家庭将被排斥在外，进而引发社会普遍焦虑。[⑤]随着教育资源的开放程度日益加深，阶层固化使得底层向上流动的欲望愈加强烈，底层阶层家庭逐渐意识到教育在阶层流动中的重要性。[⑥]已有研究发现，社会互动对低职业阶层家庭教育投入的促进作用更大，并且同一群体的教育支出对城市中低收入居民的影响更大。[⑦⑧]据此，本章研究提出假设 3。

H3：同一社区学生课外补习参与率越高，家庭社会经济地位越低的学生参与课外补习的概率越大。

当前高等教育机会获得与更低阶段的教育过程紧密相连，学业竞争不断前移至基础教育乃至更早的教育阶段，为了在后续竞争优质高等教育资源中占据有利地位，在“不能输在起跑线上”等传统思想的影响下，家长期望子女在未来劳动力市场上会有更好的职业选择机会和发展前景，往往会选择在早期教育阶段促使子女参与课外补习。[⑨]已有研究发现，家长的教育焦虑逐渐前移至学前教育阶段，许多学生在较低年级就参加了课外补习。[⑩]家庭教育支出存在同群效应，同

---

① 冯健，吴芳芳，周佩玲. 郊区大型居住区邻里关系与社会空间再生——以北京回龙观为例. 地理科学进展，2017，36（3）：367-377.

② 陆铭，张爽. “人以群分”：非市场互动和群分效应的文献评论. 经济学（季刊），2007（3）：991-1020.

③ Manski C F. Economic analysis of social interactions. Journal of Economic Perspectives，2000，14（3）：115-136.

④ 陈钊，陆铭，陈静敏. 户籍与居住区分割：城市公共管理的新挑战. 复旦学报（社会科学版），2012（5）：77-86.

⑤ 方长春. 义务教育“资本化”：成因及社会影响. 江苏行政学院学报，2018（5）：62-67.

⑥ 雷望红. 阶层流动竞争与教育风险投资——对甘肃宁县“陪读”现象的解读. 中国青年研究，2018（12）：86-92.

⑦ 李福林. 社会互动影响家庭教育投入吗？基于职业阶层的调节效应. 当代教育论坛，2021（5）：76-87.

⑧ 宋泽，邹红. 增长中的分化：同群效应对家庭消费的影响研究. 经济研究，2021，56（1）：74-89.

⑨ 陈园园，李会春. 影子教育治理的政策演变、困境及对策. 复旦教育论坛，2021，19（5）：5-12.

⑩ 薛海平，师欢欢. 起跑线竞争：我国中小学生首次参与课外补习时间分析——支持“双减”政策落实的一项实证研究. 华东师范大学学报（教育科学版），2022，40（2）：71-89.

一学区内的学生和家长可能会受到彼此的影响而参与课外补习。[①]据此，本章研究提出假设 4。

H4：同一社区的学生，课外补习参与率越高；学段越低的学生，参与课外补习的概率越大。

随着现代化进程的深入，城市中传统的“大杂院”式的居住格局逐渐被单元楼取代，同时，在户籍制度改革的背景下人口流动性增强，邻里关系逐渐变得淡漠。已有研究表明，有六七成的城市居民不知道同一楼层邻居的姓名。[②]我国乡村是“半熟人社会”，非正式的约束性规范对个体的行为有较强的约束力，由此会导致个体采用被动适应的方式去适应社区群体的集体认知或行为。[③]已有研究表明，居住地或者社区的城市化程度越高，居民之间的交往就越不频繁，居住在主城区的居民的社会交往频率最低，乡村是社会交往最频繁的地方。[④]因此，乡村的学生可能更易受到邻里的影响而参与课外补习。据此，本章研究提出假设 5。

H5：同一社区学生课外补习参与率越高，乡村学生参与课外补习的概率越大。

## 三、研究数据

本章研究使用 CFPS 2010 年、2012 年、2014 年、2016 年和 2018 年数据开展研究。CFPS 数据含村/居民编码、课外补习和家庭社会经济状况等方面的变量，能够有效识别学生个体所在社区的邻里，是现阶段比较符合本章研究的基线数据。本章研究将 5 年数据中基础教育阶段学生样本合并，包括幼儿园、小学、初中和普通高中，最终得到有效样本为 6985 的面板数据。

## 四、变量说明

### （一）因变量

本章研究因变量为“是否参与课外补习”，该变量的数据来源于成人和幼儿问卷中“是否参加家教/辅导班”和“过去 12 个月课外辅导费（元）”合并而成，

① 方航，程竹，陈前恒. 农村教育投资存在同群效应吗？基于中国家庭追踪调查（CFPS）的实证研究. 教育与经济，2021，37（3）：51-58.

② 杨贵庆. 安得“高”厦千万间，大庇都市居民尽欢颜——上海城市高层住宅居住环境和社会心理调查分析与启示. 城市规划汇刊，1999（4）：35-38+79-80.

③ 左孝凡. 邻里效应对农民贫困脆弱性的影响. 华南农业大学学报（社会科学版），2020，19（4）：31-44.

④ 谢桂华，王小榕. 城市化进程中的社区社会关系转变. 社会学评论，2021，9（3）：120-142.

若参与课外补习则编码为 1，反之为 0。

## （二）自变量

曼斯基将社会互动分为内生效应、外生效应和关联效应①，本章研究中的社区同伴影响属于内生效应，故使用"同一社区学生课外补习参与率"为核心自变量。探讨社区同伴影响需要体现社会互动这种潜在影响，地域过大或人数过多都会造成居民之间的互动困难，而社区或村落具有一定地理区域和一定数量人口的特点，并且每一个社区或村落都有共同的活动场所和活动中心。②CFPS 调查具体到村/居委会层面，居住于同一村或社区里面的居民彼此间交流频繁且数量适宜。因此，本章研究根据村/居编码"cid"将同一个村/社区的家庭汇总为邻里。基于此，本章研究借鉴相关学者③④的做法，采用当前研究中较为常用的社区同伴影响计算指标，将社区同伴影响定义为除家庭 $i$ 之外，社区 $c$ 内其他家庭的平均课外补习参与率，公式如下：

$$peer\_shadoweducation_{-i}^{c}=\frac{\sum_{N^c} shadoweducation^{c}-shadoweducation_{i}^{c}}{N^{c}-1} \quad (6\text{-}1)$$

其中，$peer\_shadoweducation_{-i}^{c}$ 为社区 $c$ 除家庭 $i$ 之外其他家庭课外补习参与情况，$\sum_{N^c} shadoweducation^{c}$ 为社区 $c$ 样本总体课外补习参与情况，$peer\_shadoweducation_{i}^{c}$ 为社区 $c$ 中家庭 $i$ 的课外补习参与情况，$N^{c}$ 为社区 $c$ 中有学生的家庭个数。

## （三）控制变量

曼斯基对社会互动的分类中的外生效应和关联效应包括同一社区邻里的社会经济背景和社区区位，会干扰对社区同伴影响是否存在的判断。因此，本章研究将选取同一社区邻里群体特征的平均值和社区特征作为控制变量纳入回归模型以减小外生效应和关联效应对研究结论的影响，同一社区邻里群体特征的平均值测量方法同上面的公式。同时，本章研究还将可能影响学生参与课外补习的个人、

① Manski C F. Identification of endogenous social effects: The reflection problem. The Review of Economic Studies，1993，60（3）：531-542.

② 晏艳阳，邓嘉宜，文丹艳. 邻里效应对家庭社会捐赠活动的影响——来自中国家庭追踪调查（CFPS）数据的证据. 经济学动态，2017（2）：76-87.

③ Li Q，Zang W，An L. Peer effects and school dropout in rural China. China Economic Review，2013，27：238-248.

④ Nie P，Sousa-Poza A，He X. Peer effects on childhood and adolescent obesity in China. China Economic Review，2015，35：47-69.

家庭社会经济地位相关变量作为控制变量纳入回归模型。统计分析中所用变量见表 6-1。

**表 6-1 统计分析中的变量说明**

| 变量类型 | 变量名称 | 变量说明 |
| --- | --- | --- |
| 因变量 | 是否参与课外补习 | 0. 否；1. 是 |
| 自变量 | 同一社区学生课外补习参与率 | 连续变量 |
| 控制变量 | 性别 | 0. 女；1. 男 |
| | 父母受教育程度 | 1. 文盲/半文盲；2. 小学；3. 初中；4. 高中；5. 大专；6. 大学本科及以上 |
| | 父母职业层级 | 1. 下层；2. 中层；3. 上层 |
| | 家庭人均年收入 | 连续变量 |
| | 学生就读阶段 | 1. 幼儿园；2. 小学；3. 初中；4. 普通高中 |
| | 同一社区学生平均性别 | 连续变量 |
| | 同一社区平均父母受教育程度 | 连续变量 |
| | 同一社区平均父母职业层级 | 连续变量 |
| | 同一社区平均家庭人均年收入 | 连续变量 |
| | 同一社区平均学生就读阶段 | 连续变量 |
| | 城乡 | 0. 乡村；1. 城镇 |
| | 地区 | 1. 东部地区；2. 中部地区；3. 西部地区 |

注：根据国家统计局的统计制度和分类标准，本章研究将个案所在地区划分为东部、中部和西部，其中东部包括东北部。①

## 五、研究方法

本章研究基于 CFPS 面板数据，利用面板 Logit 模型探究学生参与课外补习是否存在社区同伴影响及其异质性影响，本章研究构建如下回归模型进行实证分析。

$$shadowedu_{it} = \beta_0 + \beta_1 peer\_shadowedu^{c}_{-it} + \beta_2 X_{it} + \mu_i + \theta_t + \varepsilon_{it} \quad (6\text{-}2)$$

其中，$shadowedu_{it}$ 为本章研究因变量，表示学生个体 $i$ 在 $t$ 年参与课外补习的情况，$peer\_shadowedu^{c}_{-it}$ 为本项目核心自变量，表示除去个体 $i$ 后同一社区学生在 $t$ 年课外补习参与率，$\beta_1$ 的显著性体现了学生参与课外补习是否存在社区同伴影响，$X_{it}$ 表示一系列影响学生参与课外补习的控制变量，其中包括学生个体家庭和同一社区邻里特征，$\mu_i$ 表示不随时间变化的因素，$\theta_t$ 表示年份固定效应，$\varepsilon_{it}$

① 具体参见 http://www.stats.gov.cn/tjzs/cjwtjd/201308/t20130829_74318.html.

表示随机误差。

## 第二节 家庭社区同伴补习参与率对学生参与课外补习的影响

### 一、描述统计

表 6-2 呈现了本章研究所使用变量的描述性统计。2010—2018 年约有 23%的基础教育阶段学生参与了课外补习，学生个体所在同一社区学生课外补习参与率约为 23%。其他控制变量的描述统计结果不再赘述。

**表 6-2 描述性统计**

| 变量名称 | *M* | *SD* | Min | Max |
|---|---|---|---|---|
| 是否参与课外补习 | 0.232 | 0.422 | 0 | 1 |
| 同一社区学生课外补习参与率 | 0.228 | 0.238 | 0 | 1 |
| 性别 | 0.523 | 0.499 | 0 | 1 |
| 父母受教育程度 | 3.031 | 1.133 | 1 | 6 |
| 父母职业层级 | 1.588 | 0.631 | 1 | 3 |
| 家庭人均年收入 | 12 377.886 | 36 944.629 | 0 | 4 100 000.000 |
| 学段 | 2.204 | 0.889 | 1 | 4 |
| 同一社区平均学生性别 | 0.522 | 0.162 | 0 | 1 |
| 同一社区平均父母受教育程度 | 2.994 | 0.771 | 0.091 | 6 |
| 同一社区平均家庭人均年收入 | 11 574.994 | 14 172.053 | 50 | 448 289.690 |
| 同一社区平均父母职业层级 | 1.362 | 0.432 | 0.062 | 3 |
| 同一社区平均学生就读阶段 | 2.211 | 0.364 | 1 | 4 |
| 城乡 | 0.381 | 0.486 | 0 | 1 |
| 地区 | 1.999 | 0.833 | 1 | 3 |

### 二、面板 Logit 模型回归结果

本章研究使用面板 Logit 模型探讨学生参与课外补习是否存在社区同伴影响及社区同伴影响在不同家庭社会经济地位、学段和城乡学生间是否存在异质性。

进行面板 Logit 回归之前，通过 LR 检验和 Hausman 检验来选择最优模型。首先，混合回归与固定效应回归模型选择的 Hausman 检验在 0.01 水平显著，表

明应拒绝混合回归的原假设；其次，随机效应回归结果的 LR 检验在 0.01 水平上显著，表明拒绝混合回归的原假设；最后，随机效应和固定效应模型选择的 Hausman 检验在 0.01 水平显著，拒绝随机效应的原假设，表明固定效应模型为最优模型。因此，本章研究实证分析均采用面板固定效应 Logit 模型进行分析。

表 6-3 呈现了面板固定效应 Logit 模型回归结果，模型 1 为基准模型，模型 2-5 分别加入家庭人均年收入、父母最高学历、学段和城乡与同一社区学生课外补习参与率的交互项。模型 1 结果显示，同一社区学生课外补习参与率对学生个体参与课外补习具有显著正向影响，这说明学生参与课外补习存在社区同伴影响，假设 H1 成立。模型 2 和模型 3 结果显示，同一社区学生课外补习参与率的提升会提高家庭人均年收入越低以及父母职业为下层的学生参与课外补习的概率，即社区同伴影响对家庭社会经济地位越低的学生影响更大，假设 H3 成立。模型 4 结果显示，相比就读于幼儿园的学生，同一社区学生课外补习参与率的提升会提高小学生参与课外补习的概率，降低就读于普通高中学生参与课外补习的概率，即社区同伴对学段越低的学生影响更大，假设 H4 成立。模型 5 结果显示，同一社区学生课外补习参与率的提升会提高乡村学生参与课外补习的概率，假设 H5 成立。

**表 6-3　社区同伴影响对学生参与课外补习的影响（$N$=6985）**

| 变量名称 | 模型 1 | 模型 2 | 模型 3 | 模型 4 | 模型 5 |
|---|---|---|---|---|---|
| 同一社区学生课外补习参与率 | 1.831***<br>(0.161) | 2.084***<br>(0.183) | 2.196***<br>(0.222) | 1.459***<br>(0.348) | 2.367***<br>(0.242) |
| 男性<br>(以女性为参照) | −0.374<br>(0.288) | −0.379<br>(0.289) | −0.353<br>(0.288) | −0.376<br>(0.288) | −0.368<br>(0.288) |
| 父母受教育程度 | −0.029<br>(0.084) | −0.031<br>(0.084) | −0.025<br>(0.085) | −0.031<br>(0.085) | −0.028<br>(0.085) |
| 家庭人均年收入 | 2.33e-06<br>(1.55e-06) | 1.15e-05***<br>(3.57e-06) | 2.22e-06<br>(1.54e-06) | 2.43e-06<br>(1.57e-06) | 2.33e-06<br>(1.55e-06) |
| 父母职业中层<br>(以父母职业下层为参照) | 0.128*<br>(0.077) | 0.126<br>(0.077) | 0.293***<br>(0.111) | 0.121<br>(0.077) | 0.128*<br>(0.077) |
| 父母职业上层<br>(以父母职业下层为参照) | 0.214*<br>(0.118) | 0.197*<br>(0.118) | 0.487***<br>(0.180) | 0.205*<br>(0.119) | 0.208*<br>(0.118) |
| 学生就读小学<br>(以学生就读幼儿园为参照) | 0.680***<br>(0.113) | 0.676***<br>(0.113) | 0.679***<br>(0.113) | 0.419**<br>(0.164) | 0.674***<br>(0.113) |
| 学生就读初中<br>(以学生就读幼儿园为参照) | 0.214<br>(0.171) | 0.202<br>(0.171) | 0.203<br>(0.171) | 0.093<br>(0.216) | 0.197<br>(0.171) |

续表

| 变量名称 | 模型 1 | 模型 2 | 模型 3 | 模型 4 | 模型 5 |
|---|---|---|---|---|---|
| 学生就读普通高中（以学生就读幼儿园为参照） | −0.600***（0.230） | −0.617***（0.231） | −0.617***（0.231） | −0.239（0.280） | −0.625***（0.231） |
| 同一社区平均学生性别 | 0.406*（0.237） | 0.437*（0.237） | 0.404*（0.237） | 0.452*（0.238） | 0.403*（0.236） |
| 同一社区平均父母受教育程度 | −0.048（0.095） | −0.036（0.095） | −0.050（0.095） | −0.006（0.096） | −0.038（0.095） |
| 同一社区平均家庭人均年收入 | −5.78e-07（1.81e-06） | 2.56e-07（1.75e-06） | −3.97e-07（1.82e-06） | −4.36e-07（1.86e-06） | −4.03e-07（1.82e-06） |
| 同一社区平均父母职业层级 | −0.005（0.091） | −0.009（0.091） | −0.003（0.091） | −0.004（0.092） | 0.005（0.091） |
| 同一社区平均学生就读阶段 | −0.277***（0.095） | −0.276***（0.095） | −0.283***（0.095） | −0.276***（0.096） | −0.271***（0.095） |
| 城镇（以乡村为参照） | 0.013（0.202） | 0.022（0.203） | 0.037（0.203） | −0.011（0.202） | 0.258（0.218） |
| 中部地区（以东部地区为参照） | 0.276（0.266） | 0.283（0.267） | 0.291（0.267） | 0.243（0.270） | 0.329（0.267） |
| 西部地区（以东部地区为参照） | 0.057（0.084） | 0.064（0.084） | 0.061（0.084） | 0.014（0.085） | 0.077（0.085） |
| 家庭人均年收入×同一社区学生课外补习参与率 | — | −1.86e-05***（6.22e-06） | — | — | — |
| 父母职业中层×同一社区学生课外补习参与率 | — | — | −0.585**（0.279） | — | — |
| 父母职业上层×同一社区学生课外补习参与率 | — | — | −0.857**（0.405） | — | — |
| 学生就读小学×同一社区学生课外补习参与率 | — | — | — | 0.833**（0.369） | — |
| 学生就读初中×同一社区学生课外补习参与率 | — | — | — | 0.313（0.429） | — |
| 学生就读普通高中×同一社区学生课外补习参与率 | — | — | — | −1.331**（0.522） | — |
| 城镇×同一社区学生课外补习参与率 | — | — | — | — | −0.961***（0.318） |
| 年份固定效应 | YES | YES | YES | YES | YES |
| 伪 $R^2$ | 0.071 | 0.073 | 0.072 | 0.077 | 0.073 |

表 6-4 中模型 6 和模型 7 分别呈现了滞后一期和滞后二期同一社区学生课外补习参与率对学生个体参与课外补习的影响。结果显示，两期系数均未达显著，说明社区同伴影响逐渐减弱，假设 H2 成立。

**表 6-4　滞后期社区同伴影响对学生参与课外补习的影响**

| 变量名称 | 模型 6 | 模型 7 |
|---|---|---|
| 同一社区学生课外补习参与率（滞后一期） | −0.261<br>（0.238） | — |
| 同一社区学生课外补习参与率（滞后二期） | — | −0.502<br>（0.35） |
| 控制变量 | 控制 | 控制 |
| 伪 $R^2$ | 0.032 | 0.042 |
| $N$ | 3372 | 1554 |

# 第三节　研究结论、讨论与政策建议

## 一、研究结论与讨论

本章研究基于 CFPS 面板数据，使用面板固定效应 Logit 模型，探究学生参与课外补习是否存在社区同伴影响及社区同伴影响在不同家庭社会经济地位、学段和城乡学生间是否存在异质性，得出如下结论：

第一，学生参与课外补习存在社区同伴影响。本章研究发现，同一社区学生课外补习参与率越高，学生个体参与课外补习的概率越大。根据参照群体理论，当同一社区的邻里间存在普遍参与课外补习行为时，便为其他学生个体树立了行为标准，若不遵守此“规则”可能会被边缘化或不被认可。为了在群体中形成竞争优势，便逐渐接受此项行为“规则”。同时，受传统儒家文化与集体主义价值观的影响，中国居民的道德规范与行为决策容易受到身边人的影响，表现出明显的熟人社会特征。①因此，学生个体会受同一社区学生课外补习参与率的影响而参与课外补习，产生课外补习的社区同伴影响。

第二，课外补习的社区同伴影响逐渐减弱。本章研究发现，同一社区课外补习参与率的两期滞后期均未达显著，课外补习的社区同伴影响逐渐减弱。城市化与市场化的发展扩大了人际关系的选择范围，并减少人际关系形成的制约性，提高了人际关系的同质性。②在城市化和市场经济的大背景下，交换观念和行为也被人们习惯性地带到了邻里的人际互动中，商品价值观逐渐侵蚀了彼此守望互助、出入为友的社区精神和价值观念。同时，城市中传统的居住格局被打破，通

① Eun C S，Wang L，Xiao S C. Culture and R2. Journal of Financial Economics，2015，115（2）：283-303.

② 张云武. 当代农村人际关系变迁的实证研究——以结婚礼账的宾客记录为依据. 浙江工商大学学报，2019（4）：90-101.

信网络的发展使人们的交往更加便利，打破了人们日常的交往、对话的隔阂，人们足不出户就可以达到交流的目的。[①]多种因素叠加导致邻里关系逐渐淡化，故课外补习的社区同伴影响会逐渐减弱。

第三，课外补习的社区同伴影响在不同家庭社会经济地位的学生之间存在异质性，社区同伴影响对家庭社会经济地位越低的学生影响更大。本章研究发现，同一社区学生课外补习参与率越高，家庭社会经济地位越低的学生参与课外补习的概率越大。该发现与李福林的研究[②]结论一致。居住区的特征会对居民的生活态度、社会行为产生重要影响，为子女追求社会地位，希望赢得他人尊重是社区同伴影响发挥作用的重要机制。[③]随着经济社会的迅速发展，社会经济地位较低的家庭寄希望于投资子女教育而实现阶层跃迁。同时，受限于自身对教育投资理论的知识，社会经济地位较低的家庭易受各种外界因素的干扰，从而产生从众的课外补习投入行为，而优势阶层凭借其强大的社会资本拥有较全面的教育投资信息，其课外补习投入行为相对理性，故课外补习的社区同伴影响对家庭社会经济地位越低的学生影响更大。

第四，课外补习的社区同伴影响在不同学段的学生之间存在异质性，社区同伴影响对学段越低的学生影响更大。本章研究发现，同一社区学生课外补习参与率越高，学段越低的学生参与课外补习的概率越大。我国处于儒家文化圈中，“学而优则仕”的传统思想已根植于家长和学生内心，“不能输在起跑线上”的心理迫使家长超前“抢跑”。虽然我国已进入高等教育普及化阶段，但高等教育入学机会质量竞争非常激烈，对于学段较高的学生来说，参与课外补习已成为其“刚需”，高考的学业竞争压力已经逐步下沉并传导至较低学段。同时，由于初高中学生面临升学考试，其在校时间相对较长，而低学段的学生自由控制时间更多，家长教育投入决策空间更大，在教育竞争及教育焦虑氛围的影响下，越来越多低学段的学生会受社区同伴影响的影响加入“起跑线竞争”，故课外补习的社区同伴影响对学段越低的学生影响更大。

第五，课外补习的社区同伴影响在城乡学生间存在异质性，社区同伴影响对乡村的学生影响更大。本章研究发现，与城镇相比，若乡村中同一社区学生课外补习参与率越高，该社区学生参与课外补习概率越大。我国乡村地区具有典型的

---

① 闫文鑫. 现代住区邻里关系的重要性及其重构探析——基于社会交换理论视角. 重庆交通大学学报（社会科学版），2010，10（3）：28-30+44.

② 李福林. 社会互动影响家庭教育投入吗？基于职业阶层的调节效应. 当代教育论坛，2021（5）：76-87.

③ 陈光燕，司伟. 家庭代际经济支持存在邻里效应吗？ 农村经济，2020（3）：110-117.

关系型社会特征，邻里间的网络关联、秩序规范与社会互动相比城市更加频繁。[①]随着城乡二元结构被打破，大量外来人口涌入城市，乡村传统守旧的文化和城市居民的现代意识发生碰撞，造成两类人群的分化和分割。在市场经济的冲击下，人们的竞争意识愈加强烈，开始更倾向于在私人领域中寻找生活意义，关注的焦点开始转向家庭内部的小天地。[②]乡村的邻里关系相较于城镇更加紧密，邻里的“规范型”功能更强，故课外补习的社区同伴影响对乡村的学生影响更大。

## 二、政策建议

第一，严控校外培训机构虚假、夸大宣传，削弱课外补习的社区同伴影响。本章研究发现，学生参与课外补习存在社区同伴影响。中国消费者协会发布的《2021年校外教育培训领域消费者权益保护报告》显示，虚假宣传是校外教育培训领域投诉的重要类别，有5918件关于虚假宣传的校外教育培训投诉，占总投诉量的7.35%。[③]随着网络通信技术的迅猛发展，邻里间线上沟通日益增多，校外培训机构通过网络虚假、夸大宣传，渲染焦虑氛围，家长和学生在社区同伴影响的影响下产生了非理性的课外补习投入。“双减”政策明确要求“加强校外培训广告管理，确保主流媒体、新媒体、公共场所、居民区各类广告牌和网络平台等不刊登、不播发校外培训广告”。因此，在严格落实“双减”政策的基础上，居民社区应谨防校外培训机构通过“隐形变异”的方式在线上继续进行宣传，社区管理者应加强本社区线上交流平台的人员和内容监管，削弱由校外培训机构的虚假、夸大宣传而引发课外补习的社区同伴影响。

第二，提升弱势阶层家庭所在社区教育资源质量，引导家长理性参与课外补习。本章研究发现，同一社区学生课外补习参与率越高，家庭社会经济地位和学段越低以及乡村的学生参与课外补习的概率越大。首先，居住群分效应导致阶层的居住隔离和学校阶层隔离，弱势阶层家庭所在区域内优质教育稀缺，而我国乡村是典型的“熟人社会”，邻里间的交往密切产生了“面子消费”，受限于自身教育经验以及对阶层跃迁的较高期盼，弱势阶层以及乡村地区的学生和家长易受邻

---

① 董磊明，郭俊霞. 乡土社会中的面子观与乡村治理. 中国社会科学，2017（8）：147-160.

② 孙伦轩. 中国城镇青少年成长的邻里效应——基于“中国教育追踪调查”的实证研究. 青年研究，2018（6）：31-38+92.

③ 中国消费者协会. 中消协发布《2021年校外教育培训领域消费者权益保护报告》. https://cca.org.cn/zxsd/detail/30363.html.（2022-03-09）［2022-04-25］.

里的影响而盲目地参与课外补习。其次，教育竞争愈演愈烈，“不让孩子输在起跑线”的传统思想使得参与课外补习产生了“低龄化”趋势，越来越多低学段的学生“卷”入课外补习。因此，政府和学校应根据“双减”政策及《家庭教育促进法》的要求，提升弱势阶层家庭所在社区教育资源质量，积极引导家长理性参与课外补习，树立科学育儿观。一是政府可依托少年宫、社区儿童活动中心等公共服务机构，针对乡村和弱势阶层学生发展实际与需求，充分利用社区内各类资源，加强乡村及弱势阶层所在社区的学生教育服务工作。二是学校应发挥主导作用，完善家长会、家长学校以及家长委员会的建设，也可通过采购第三方优质教育服务的方式，针对本校学生的学习特点、家庭背景及教育需求，聘请教育专家对乡村及弱势阶层家庭开展家庭教育指导活动，引导家长主动提升教育能力，树立科学的育儿理念。①正如北京市教委等三部门发布的《关于进一步做好采购义务教育阶段校外优质教育资源有关工作的意见》，明确支持采购用于开展家长学校、家长讲座、家长沙龙等家庭教育指导服务工作的线上和线下资源。②三是社区可在公告栏设置家庭教育板块，张贴家庭教育指导服务活动的信息，并在社区线上交流群提供家庭教育知识和技巧，提高社区内家长的家庭教育意识。③

---

① 李健，薛二勇，张志萍. 家庭教育法的立法议程、价值、原理与实施. 北京师范大学学报（社会科学版），2022（1）：62-71.

② 北京市教育委员会北京市财政局北京市经济和信息化局关于进一步做好采购义务教育阶段校外优质教育资源有关工作的意见. http://jw.beijing.gov.cn/xxgk/zfxxgkml/zfgkzcwj/zcqtwj/202205/t20220531_2724811.html.（2022-05-31）[2022-06-01].

③ 鞠佳雯，袁柯曼，田微微. 我国社区家庭教育指导服务体系的现状及提升策略——基于我国9个省（自治区、直辖市）的调查结果. 中国电化教育，2022（5）：13-18.

# 第七章　中小学教师工资水平对学生参与课外补习的影响

近年来，课外补习成为政府、学生和家长关注的社会热点问题，其中在职教师有偿补课问题是政府、社会和学校一直高度关注并力图解决的焦点问题。一些研究发现教师工资与学生参与课外补习有密切关系。[①][②]探讨教师工资水平与学生参与课外补习关系有助于理解在职教师有偿补课现象屡禁不止的背后逻辑，研究结论将为我国政府治理课外补习和在职教师有偿补课问题提供参考依据。

一些研究发现教师工资低是促使教师参与课外补习的一个原因。贝磊和沃克[③]、福顿[④]、斯恩特和阿塞多[⑤]的研究发现，柬埔寨、毛里求斯和罗马尼亚等国的部分在职学校教师给学生进行有偿补课，而这些国家的教师官方工资很低。布雷姆等[⑥]、苏嘉达和拉尼[⑦]的研究发现，在柬埔寨和印度，许多教师提供辅导以补

---

① Brehm W，Silova I，Tuot M. The Public–Private Education System in Cambodia：The Impact and Implications of Complementary Tutoring. Budapest：Education Support Programme，Open Society Foundations，2012：34.

② Sujatha K，Rani P G. Management of secondary education in India. New Delhi：Shipra and National University of Educational Planning and Administration（NUEPA），2011：65.

③ Bray M，Kwok P. Demand for private supplementary tutoring：Conceptual considerations，and socio-economic patterns in Hong Kong. Economics of Education Review，2013，22（6）：611-620.

④ Foondun A R. The issue of private tuition：An analysis of the practice in Mauritius and selected South-East Asian countries. International Review of Education，2002，48（6）：485-515.

⑤ Popa S，Acedo C. Redefining professionalism：Romanian teachers and the private tutoring system. Paper presented at the annual conference of the Comparative and International Education Society，New Orleans，USA，2003，12-16 March.

⑥ Brehm W，Silova I，Tuot M. The Public–Private Education System in Cambodia：The Impact and Implications of Complementary Tutoring. Budapest：Education Support Programme，Open Society Foundations，2012：34.

⑦ Sujatha K，Rani P G. Management of secondary education in India. New Delhi：Shipra and National University of Educational Planning and Administration（NUEPA），2011：65.

充他们的收入。张薇和贝磊通过对上海地区进行问卷调查和访谈，发现城市教师面临着越来越大的经济压力，许多人决定通过影子教育获得额外收入。他们调查了上海地区的548名学生，35.8%的学生表示在教师家中接受过辅导，26.1%的学生表示在学校接受过辅导。在访谈中，他们发现部分老师的同事参与了课外有偿辅导，所有接受访谈的校长都对他们的老师在所谓的中等工资的情况下参与辅导表示了一些同情。①

在职教师会通过直接参与辅导和转介绍给辅导机构的方式获得收入提升。贝磊等研究发现，在柬埔寨中部暹粒省，几乎所有课外辅导是由学校教师而不是商业企业提供的，通常教师负责的是本校的同一批学生。除了直接参与外，有些学校教师还承担着中介的作用。张薇和贝磊在中国上海的调查中发现，被调查学生中有近1/3学生表示他们的辅导信息是从学校教师那里获知的，一些学校教师通过将学生转介给辅导提供者而获得了回扣。②

在职教师是学校教育的课堂主导者，所以当其直接或者间接参与有偿补课时，会裹挟学生和家长参与补习。在职教师有偿补习会给参与的学生带来“好处”，也易给不参与补习的学生带来“坏处”。2017年，在一项孟加拉国的调查中，一些学生提到接受学校教师进行辅导会获得额外的福利，包括由这些老师设定考试的答题技巧。③有学者在一项土耳其调查报告中强调了一位老师的案例，老师明确告知学生：“你没有参加我的私人课程，所以我不再和你说话了。”④科达科斯和弗拉吉斯科斯提出在职教师有偿补课有隐瞒课堂内容促进补习需求的危险，他们表示在职学校教师同时也是课外辅导老师时，需要强调“边界管理模式”，即当教师私自辅导自己的学生时，存在偏袒接受辅导的学生的危险，容易在常规课程中故意隐瞒内容以促进私自课堂的需求，所以边界管理十分必要⑤。

综上所述，一些国外实证研究显示，教师工资比较低的国家，教师更容易

① Zhang W，Bray T M. Micro-neoliberalism in China：Public-private interactions at the confluence of mainstream and shadow education. Journal of Education Policy，2017，32（1）：63-81.

② Zhang W，Bray T M. Micro-neoliberalism in China：Public-private interactions at the confluence of mainstream and shadow education. Journal of Education Policy，2017，32（1）：63-81.

③ Mahmud R，Bray T M. School factors underlying demand for private supplementary tutoring in English：Urban and rural variations In Bangladesh. Asia Pacific Journal of Education，2017，37（3）：299-309.

④ Gök F. Marketing hope：Private institutions preparing students for the university entrance examination in Turkey. In K. Amos（ed），International Educational Governance. London：Emerald，2010：123-134.

⑤ Kodakos A，Kalavasis F. Shadow Education System：Border Management Models of the School with the Structures of the Education Market. Rhodes：University of the Aegean，2015：78

参与有偿补课，而教师有偿补课会促使学生参与课外补习，因此在职教师工资水平会影响学生参与课外补习。教师工资指数是衡量教师工资相对水平的一种客观量化指标①，教师工资指数小，表明和当地的经济发展水平相比，教师工资的水平较低，那么教师的生活压力较大，收入不平衡感增加，就有可能减少工作付出，或者从事有偿补课来补充收入，这两方面都可能促使学生参与课外补习。因此，本章研究提出如下研究假设：中小学教师工资水平对学生参与课外补习有显著负向影响，即中小学教师工资水平越低，其学生课外补习参与率越高。

学生参与课外补习受到课外补习供需两方面因素影响，而梳理相关研究发现，已有研究主要从课外补习需求方视角探讨学生个体、家庭特征对学生参与课外补习的影响，鲜有研究从课外补习供给方视角探讨在职教师和培训机构等特征对学生参与课外补习的影响。本章研究将力图弥补已有研究不足，综合考虑课外补习供需两方面因素对学生参与课外补习的影响，在计量模型中控制学生个体、家庭特征后，考察教师工资水平对学生课外补习参与的影响。

## 第一节　研究设计

### 一、数据来源及变量说明

本章研究的课外补习、个体因素、家庭因素、学校因素变量数据来自2016年CFPS数据。根据该数据集中对课外补习的变量说明，课外补习主要是指为提高学生学业成绩而进行的正规学校教育外的补充性教育活动，既包括学术类课程，也包括才艺类课程。研究对象为小学生和中学生，共获得有效样本3109个，其中，小学生样本2332个，中学生样本777个。

从经济学的观点看，教师的工资是教师在组织中投入劳动的报酬。在分析教师工资时，我们通常会用到教师收入指数这个指标。②《OECD指标教育概览2011》在论述教师工资时指出，比较法定工资与人均GDP便于我们进行比较，并提供了一种将教师工资置于国家财富的背景中进行考察的方式。③杜晓利将教师工资水平与各省份的人均GDP、城镇居民可支配收入进行对比分析，来考察

① 经济合作与发展组织. OECD指标教育概览2011. 中央教育科学研究所译. 北京：教育科学出版社，2011：436.

② 杜晓利. 我国中小学教师工资水平的比较分析与若干建议. 中国教育学刊，2015（4）：27-31+74.

③ 经济合作与发展组织. OECD指标教育概览2011. 中央教育科学研究所译. 北京：教育科学出版社，2011：436.

2000—2011 年我国教师年均工资水平的变化。①安雪慧在研究中提出，教师工资相对水平是把教师工资与国民生产总值相比较的一种判断方式，即教师平均工资占人均 GDP 的比重可称为工资指数。②薛海平和沈有禄分别在衡量中小学教师工资水平和中职教师工资水平时均采用了教师工资指数。③④

由于教师对自己工资的感知源于上一年发放的整体工资，所以选取 2015 年教师工资指数进行分析。表 7-2、表 7-3 数据来源于 2016 年 CFPS 数据，表 7-4 中教师工资数据来源于《中国劳动统计年鉴 2016》，表 7-5 中人均 GDP 来自《中国统计年鉴 2016》。所采用的变量说明见表 7-1。

**表 7-1　本章统计分析中的变量说明**

| 变量类型 | 变量名 | 变量说明 |
|---|---|---|
| 课外补习 | 是否参加课外补习 | 0=否，1=是 |
| 个人因素 | 性别 | 0=女，1=男 |
| | 户口 | 0=农业户口，1=非农业户口 |
| | 数学成绩 | 1=差，2=中，3=良，4=优 |
| | 语文成绩 | 1=差，2=中，3=良，4=优 |
| 家庭因素 | 父母最高学历 | 1=文盲，2=小学，3=初中，4=高中，5=大专，6=大学本科及以上 |
| | 父母教育期望 | 1=初中及以下，2=高中，3=大专，4=大学本科，5=硕士及以上 |
| | 家庭年人均年收入 | 连续变量，单位：元 |
| 学校因素 | 是否示范/重点校 | 0=否，1=是 |
| | 班级规模 | 连续变量，单位：人 |
| 2015 年教师工资指数 | 2015 年省初等教育教师平均工资/2015 年省人均 GDP | 连续变量 |
| | 2015 年省中等教育教师平均工资/2015 年省人均 GDP | 连续变量 |

① 杜晓利. 对我国教师工资水平的实证分析与政策建议. 教育理论与实践，2014，34（34）：20-24.

② 杜晓利. 对我国教师工资水平的实证分析与政策建议. 教育理论与实践，2014，34（34）：20-24.

③ 薛海平，唐一鹏. 理想与现实：我国中小学教师工资水平和结构研究. 北京大学教育评论，2017，15（2）：17-38+186-187.

④ 沈有禄. 中职教师工资福利及补助支出地区配置差异分析——基于 2007—2016 年的数据. 教育学术月刊，2018（11）：33-46.

## 二、研究方法

多层线性模型是针对传统统计技术在处理多层结构数据所存在的局限，以及可能产生的对分析结果的曲解而提出的，它适宜对广泛存在的多层嵌套性数据进行恰当的、深入的分析和解释①。多层线性模型分析进行不同层次分析时，能够充分利用各层信息，将学生参与课外补习影响因素在各相关层面进行分解，估计因此更准确、解释更合理。

在中小学教师工资指数影响学生参与课外补习的分析中引入多层线性模型，原因在于本章研究数据中学生样本嵌套于不同省区之中，且不同省份教师工资不同，对于这种具有嵌套结构的数据，采用两层线性模型（HLM2），可以考察学生层面变量和省级层面教师工资指数变量对学生参与课外补习的影响。

在模型建构之初，首先对零模型进行估计，来说明因变量的总方差可以被组间差异解释的百分比及其显著性。继而，构建两层线性模型。（HLM2）

第一层为 $Tutor=\beta_0+\beta_1\ gender+\beta_2\ parentedu+\beta_3\ parentexpectation+\beta_4\ salary+\beta_5\ language+\beta_6\ math+\beta_7\ key\ school+\beta_8\ classsize+\gamma$。

第二层为 $\beta_0=\gamma_{00}+\gamma_{01}\ teachers'\ salary+\mu_0$。

其中，因变量 *Tutor* 代表学生是否参与课外补习，自变量分为两层：第一层是个体水平变量，包括学生性别、父母受教育程度、父母的教育期望、家庭人均年收入、是否重点校、班级规模、语文成绩和数学成绩，第二层是省级水平变量，包括教师的工资指数。

# 第二节　各省份中小学教师工资与学生课外补习参与率

## 一、中小学学生参加课外补习现状

我国初等教育阶段和中等教育阶段学生参加课外补习的总体状况见表 7-2。

**表 7-2　参加课外补习学生的样本特征**

| 变量 | *N* | 参加课外补习的学生人数 | 参加课外补习的学生比例（%） | 皮尔逊卡方检验 |
|---|---|---|---|---|
| 全体 | 3109 | 489 | 15.7 | |

① Osborne J W，Neupert S D. A Brief Introduction to Hierarchical Linear Modeling. London：Sense Publishers，2013：112.

续表

| 变量 | | N | 参加课外补习的学生人数 | 参加课外补习的学生比例（%） | 皮尔逊卡方检验 |
|---|---|---|---|---|---|
| 学校质量 | 示范/重点校 | 622 | 118 | 19.0 | $\chi^2$=9.945 $p$<0.01 |
| | 普通校 | 2173 | 301 | 13.9 | |
| 父母最高学历 | 大学本科及以上 | 72 | 29 | 40.3 | $\chi^2$=87.986 $p$<0.01 |
| | 大专 | 126 | 32 | 25.4 | |
| | 高中 | 443 | 101 | 22.8 | |
| | 初中 | 1373 | 218 | 15.9 | |
| | 小学 | 768 | 84 | 10.9 | |
| | 文盲/半文盲 | 320 | 24 | 7.5 | |
| 父母对孩子的教育期望 | 初中及以下 | 80 | 2 | 2.5 | $\chi^2$=23.999 $p$<0.01 |
| | 高中 | 513 | 62 | 12.1 | |
| | 大专 | 153 | 21 | 13.7 | |
| | 大学本科 | 2065 | 341 | 16.5 | |
| | 硕士及以上 | 296 | 63 | 21.3 | |
| 家庭人均年收入分组 | 最高 25% | 567 | 170 | 30.0 | $\chi^2$=124.759 $p$<0.01 |
| | 中上 25% | 782 | 130 | 16.6 | |
| | 中下 25% | 856 | 95 | 11.1 | |
| | 最低 25% | 874 | 86 | 9.8 | |
| 性别 | 男 | 1683 | 264 | 15.1 | $\chi^2$=1.121 $p$>0.05 |
| | 女 | 1426 | 235 | 16.5 | |
| 户口 | 农业户口 | 2706 | 362 | 13.4 | $\chi^2$=89.648 $p$<0.01 |
| | 非农业户口 | 399 | 127 | 31.8 | |
| 语文成绩 | 优 | 778 | 147 | 18.9 | $\chi^2$=10.305 $p$<0.05 |
| | 良 | 958 | 152 | 15.9 | |
| | 中 | 1036 | 151 | 14.6 | |
| | 差 | 325 | 39 | 12.0 | |
| 数学成绩 | 优 | 904 | 173 | 19.1 | $\chi^2$=16.954 $p$<0.01 |
| | 良 | 876 | 141 | 16.1 | |
| | 中 | 892 | 129 | 14.5 | |
| | 差 | 427 | 46 | 10.8 | |

统计显示，在所有被调查的小学至高中的在校生中，有 15.7%的学生参加了课外补习，约占所有在校生样本的 1/7。学校层面上，示范/重点校学生参加课外补习的比例为 19.0%，显著高于普通校学生参加课外补习的比例（13.9%）。父母受教育程度和父母对子女教育期望不同，学生参加课外补习的比例存在显著差

异。父母受教育程度越高，子女参加课外补习的比例也越高；父母对孩子的教育期望度越高，子女参加课外补习的比例越高。父母最高学历为大学本科及以上的学生参加课外补习的比例是40.3%，远高于父母最高学历为文盲/半文盲的学生（7.5%）。父母对孩子教育期望为硕士及以上的学生参加课外补习的比例为21.3%，显著高于教育期望为初中及以下的学生（2.5%）。不同家庭经济背景的学生参加课外补习比例也存在显著差异，家庭人均年收入越高，参加课外补习的比例也越高。最高25%收入组家庭的学生参加课外补习的比例为30.0%，远高于最低25%收入组家庭（9.8%）。不同性别学生参加课外补习的比例也有差异，但对学生参与课外补习没有显著影响。非农业户口学生参与课外补习比例为31.8%，远高于农业户口的学生。不同成绩学生参加课外补习的比例存在显著差异，班级里成绩越高的学生参加课外补习的比例也越高，语文成绩为优的学生参加课外补习比例为18.9%，显著高于语文成绩为差的学生（12.0%）。数学成绩为优的学生参加课外补习的比例为19.1%，显著高于数学成绩为差的学生（10.8%）。

## 二、各省份中小学生课外补习参与率

统计显示，全国小学生课外补习参与率为14.3%。由表7-3可知，各省份小学生课外补习参与率参差不齐。小学生课外补习参与率前三的省份为江苏、黑龙江、上海，参与率均超过32.0%；参与率较低的省份为广西、贵州、江西，参与率分别为1.1%、1.8%、2.9%；参与率前三的省份与参与率较低的省份之间差异明显。东部地区小学生课外补习参与率高，除广东、河北外，其他省份小学生课外补习参与率均在20.0%以上；中部地区小学生课外补习参与率参差不齐；西部地区小学生课外补习参与率较低，除陕西外，均在13%以下。

各省份中学生课外补习参与率也是高低不一。统计显示，全国中学生课外补习参与率为20.1%。由表7-3可知，中学生课外补习参与率前三的省份为江苏、安徽、辽宁，参与率分别为55.6%、42.1%、35.9%；参与率较低的省份为广西、贵州、广东，分别为4.2%、4.4%、8.8%。除广东外的东部地区和东北部地区，中学生课外补习参与率较高；中部地区除江西外，课外补习参与率均在20.0%以上；西部地区课外补习参与率参差不齐，重庆、陕西的中学生课外补习参与率较高，其他地区均低于18.0%。总之，东部地区中小学生课外补习参与率整体上高于西部地区，中部地区中学生课外补习参与率较高，小学生课外补习参与率参差不齐。

表 7-3 中小学课外补习参与率　　单位：%

| 省份 | 小学生课外补习参与率 | 中学生课外补习参与率 | 省份 | 小学生课外补习参与率 | 中学生课外补习参与率 |
|---|---|---|---|---|---|
| 河北 | 16.1 | 15.9 | 河南 | 20.8 | 27.4 |
| 山西 | 18.9 | 22.2 | 湖南 | 14.5 | 27.3 |
| 辽宁 | 22.5 | 35.9 | 广东 | 10.6 | 8.8 |
| 吉林 | 16.1 | 33.3 | 广西 | 1.1 | 4.2 |
| 黑龙江 | 37.0 | 33.3 | 重庆 | 7.4 | 25.0 |
| 上海 | 32.7 | 31.6 | 四川 | 12.8 | 17.2 |
| 江苏 | 39.0 | 55.6 | 贵州 | 1.8 | 4.4 |
| 浙江 | 27.6 | 28.6 | 云南 | 6.8 | 11.8 |
| 安徽 | 22.4 | 42.1 | 陕西 | 18.4 | 25.0 |
| 江西 | 2.9 | 12.5 | 甘肃 | 7.1 | 15.6 |
| 山东 | 21.1 | 16.0 | | | |

## 三、各省份中小学教师的绝对工资

表 7-4 中各省份中小学教师平均工资数据来自于《中国劳动统计年鉴 2016》。由于教师对自己工资的感知源于上一年发放的整体工资，所以选取 2015 年的中小学教师平均工资进行分析。

表 7-4 2015 年各省份中小学教师平均工资　　单位：元

| 省份 | 小学教师平均工资 | 中学教师平均工资 | 省份 | 小学教师平均工资 | 中学教师平均工资 |
|---|---|---|---|---|---|
| 河北 | 54 483 | 57 050 | 河南 | 45 718 | 49 262 |
| 山西 | 56 567 | 59 242 | 湖南 | 48 005 | 51 609 |
| 辽宁 | 57 705 | 58 923 | 广东 | 68 544 | 73 001 |
| 吉林 | 54 836 | 56 907 | 广西 | 51 852 | 55 765 |
| 黑龙江 | 57 824 | 60 637 | 重庆 | 65 232 | 74 000 |
| 上海 | 97 006 | 107 063 | 四川 | 58 296 | 64 799 |
| 江苏 | 75 107 | 79 887 | 贵州 | 63 681 | 65 917 |
| 浙江 | 88 471 | 97 516 | 云南 | 60 565 | 65 368 |
| 安徽 | 55 917 | 59 147 | 陕西 | 54 194 | 55 835 |
| 江西 | 53 177 | 54 124 | 甘肃 | 59 036 | 60 724 |
| 山东 | 67 597 | 73 671 | | | |

统计显示，2015 年全国小学教师与中学教师的平均工资分别为 61 724 元与 65 843 元。由此可知，我国小学教师平均工资低于中学教师平均工资，差额为 4119 元，中小学教师平均工资均低于教育行业平均工资，可见在教育行业，中小学教师工资处于偏低水平。由表 7-4 可知，小学教师工资不同省份差距较大。小学教师工资较高的省份为上海和浙江，分别为 97 006 元和 88 471 元，工资较低的省份是河南（45 718 元）和湖南（48 005 元），小学教师平均工资最高省份比最低省份高出 5 万多元，是其 2.1 倍。东部地区工资普遍高于中部地区；西部地区除广西、陕西省外，其他省份也均高于中部地区；小学教师工资整体呈现中部塌陷的情况。[①]中学教师平均工资较高的省份为上海（107 063 元）、浙江（97 516 元），江苏、山东、广东、重庆紧随其后，可见直辖市和东部沿海地区中学教师平均工资较高。中学教师工资较低的省份为河南（49 262 元）和湖南（51 609 元）。与小学教师平均工资分布类似，中学教师平均工资呈现东部地区偏高、西部地区不一、中部塌陷的现象。

## 四、各省份中小学教师的相对工资

教师工资指数即教师平均工资占人均 GDP 的比重，是把教师工资与国民生产总值相比较的判断方式，表示教师工资的相对水平[②]。关于工资水平的合理水准，有学者比较了一些发达国家和发展中国家教师收入占人均 GDP 比重，认为在发达国家教师工资指数在 1.8∶1—2∶1 比较合理，发展中国家在 2.5∶1—3.5∶1 比较合理[③]。我国中小学教师工资指数见表 7-5。表内小学教育教师工资指数为 2015 年小学教师平均工资/2015 年人均 GDP，中学教师工资指数为 2015 年中学教师平均工资/2015 年人均 GDP。经统计分析可知，2015 年全国初等教育教师工资指数平均值为 1.36，中等教育教师工资指数平均值为 1.45.

**表 7-5　2015 年各省份中小学教师工资指数**

| 省份 | 初等教育教师工资指数 | 中等教育教师工资指数 | 省份 | 初等教育教师工资指数 | 中等教育教师工资指数 |
|---|---|---|---|---|---|
| 河北 | 1.35 | 1.42 | 河南 | 1.17 | 1.26 |
| 山西 | 1.62 | 1.70 | 湖南 | 1.12 | 1.21 |

① 杜晓利. 我国中小学教师工资水平的比较分析与若干建议. 中国教育学刊，2015（4）：27-31+74.

② 安雪慧. 我国中小学教师工资水平变化及差异特征研究. 教育研究，2014（12）：44-53.

③ 曲恒昌. 关于我国中小学教师工资收入的几个问题. 高等师范教育研究，1995（3）：49.

续表

| 省份 | 初等教育教师工资指数 | 中等教育教师工资指数 | 省份 | 初等教育教师工资指数 | 中等教育教师工资指数 |
|---|---|---|---|---|---|
| 辽宁 | 0.88 | 0.90 | 广东 | 1.02 | 1.08 |
| 吉林 | 1.07 | 1.11 | 广西 | 1.47 | 1.58 |
| 黑龙江 | 1.47 | 1.54 | 重庆 | 1.25 | 1.41 |
| 上海 | 0.93 | 1.03 | 四川 | 1.59 | 1.76 |
| 江苏 | 0.85 | 0.91 | 贵州 | 2.13 | 2.21 |
| 浙江 | 1.14 | 1.26 | 云南 | 2.10 | 2.27 |
| 安徽 | 1.55 | 1.64 | 陕西 | 1.14 | 1.17 |
| 江西 | 1.45 | 1.47 | 甘肃 | 2.26 | 2.32 |
| 山东 | 1.05 | 1.15 | | | |

中学教师工资指数平均值高于小学教师。小学教师工资指数低于1的省份是江苏（0.85）、辽宁（0.88）、上海（0.93），均为东部地区省份且经济较发达。小学教师工资指数高于2的省份为甘肃（2.26）、贵州（2.13）、云南（2.10），均为西部省份，说明教师工资水平和经济水平较相称。东部地区小学教师工资指数均低于平均值，中部地区参差不齐，西部地区教师工资指数除重庆、陕西外，其他省份均高于平均值。中学教师工资指数低于1的省份为江苏（0.91）、辽宁（0.90），中学教师工资指数高于2的省份为甘肃（2.32）、云南（2.27）、贵州（2.21）。东部地区中学教师工资指数偏低，均低于平均值，中部地区处于中间水平，西部地区除重庆、陕西外，其他省份均高于平均值。可见东部地区中小学教师工资相对水平与经济发展水平较不相称，西部部分省份教师相对工资和经济发展水平较匹配，整体而言，我国教师工资相对水平偏低。

## 五、中小学教师工资指数与学生课外补习参与率

2015年我国初等教育教师工资指数平均值为1.42，中等教育教师工资指数平均值为1.51。

由图7-1可知，初等教育阶段东部地区教师工资指数均低于平均值，但东部地区学生参与课外补习的比例较高。除河北、广东外，东部地区学生参与课外补习比例均高于20%，占本省份所有在校生样本的1/5以上。中部地区初等教育阶段教师工资指数为1.00—1.62，学生参与课外补习的比例各省份有所不同。西部地区初等教育阶段教师工资指数普遍偏高，除重庆、陕西外，初等教育教师工资指数均高于平均值，学生课外补习参与率均低于13%。

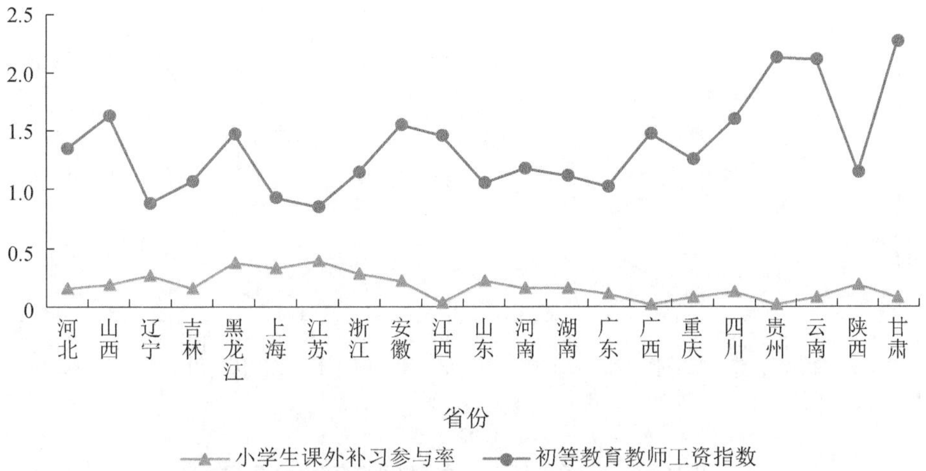


图 7-1　初等教育教师工资指数与初等教育学生课外补习率（均值）

经统计分析可知，各省份初等教育教师工资指数和小学生课外补习参与率呈负相关，皮尔逊相关系数为 0.558。联合图 7-1 可知，初等教育教师工资指数与学生课外补习参与率呈现反向变动关系，初等教育教师工资指数较低的省份其小学生课外补习参与率相对较高，反之，初等教育教师工资指数较高的省份其小学生课外补习参与率相对较低。例如，初等教育阶段教师工资指数低于 1 的省份为江苏（0.85）、辽宁（0.88）、上海（0.93），均为东部地区，该三省份课外补习参与率却十分高，分别为 39%、22.5%、32.7%。初等教育阶段教师工资指数高于 2 的省份为甘肃（2.26）、贵州（2.13）、云南（2.10），均为西部地区，该三省份课外补习参与率比较低，分别为 7.1%、1.8%、6.8%。

由图 7-2 可知，中等教育教师工资指数较高的省份其中学生课外补习参与率相对较低，反之，中等教育教师工资指数较低的省份其中学生课外补习参与率也相对较高。例如，中等教育阶段教师工资指数低于 1 的省份为辽宁（0.9）、江苏（0.91），该两省学生课外补习参与率很高，分别为 35.9%、55.6%，辽宁 1/3 以上中学生参与课外补习，江苏 1/2 以上中学生参与课外补习。中等教育阶段教师工资指数高于 2 的省份为甘肃（2.32）、云南（2.27）、贵州（2.21），该三省学生参与课外补习率分别为 15.6%、11.8%、4.4%。

表 7-6 表明各省份中等教育教师工资指数和中学生课外补习参与率呈显著负相关，结合图 7-2 可知，中等教育教师工资指数与学生课外补习参与率也存在反向变动关系。

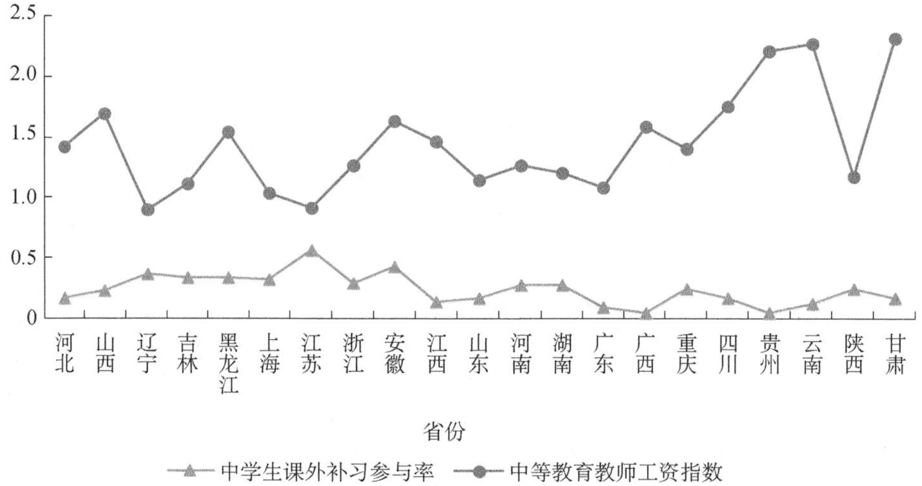


图 7-2　中等教育教师工资指数与中学生课外补习率（均值）

**表 7-6　中等教育教师工资指数和中学生课外补习参与率皮尔逊相关性分析**

| 变量 | 初等教育学生课外补习参与率 | 初等教育教师工资指数 |
|---|---|---|
| 初等教育学生课外补习参与率 | 1 | −0.534* |
| 初等教育教师工资指数 | −0.534* | 1 |

# 第三节　中小学教师工资指数对学生参与课外补习的影响

## 一、初等教育教师工资指数对学生参与课外补习影响的多层线性模型分析

在小学生样本中构建零模型，零模型是指在个体水平和省级水平都没有预测变量的模型，主要用于观察因变量在省级水平上差异是否有统计学意义，本章研究对学生过去 12 个月是否参加课外补习做了零模型分析，结果见表 7-7。

**表 7-7　小学样本零模型参数估计**

| 参数 | 方差估计 | *SE* | 组内相关系数 | $\chi^2$ | *p* |
|---|---|---|---|---|---|
| 截距项（组间变异 $U_0$） | 0.009 | 0.004 | 0.071 | 52.043 | 0.000 |
| 层 1（组内变异残差 *R*） | 0.117 | 0.003 | — | — | — |

从零模型可以看出，以学生是否参与课外补习为因变量，$p<0.01$，也就是说第二层的预测变量对因变量的变异有显著影响。由表 7-7 可知，组间方差为 0.009，组内方差为 0.117，进一步计算组内相关系数（ICC）为 0.071。ICC 是检

验因变量在不同群组之间是否有差异，根据科恩的界定，0.071 为中度组内相关。本章研究数据属于中度组内相关，因而不可忽略组内差异。这代表着学生参与课外补习中来自省级层面的差异所造成的变异程度为 0.009，大概占方差的 7.1%。一方面，第二层的预测变量对因变量的变异有显著影响；另一方面，根据 ICC（组内相关系数）的估计结果，因变量存在明显的组间差异，必须考虑到组间差异的特性，因而适宜采用两层线性模型进行分析。

**表 7-8　初等教育教师工资指数对学生参与课外补习影响的多层线性模型分析结果**

| 变量 | | 模型 1 | 模型 2 |
|---|---|---|---|
| 个体层面变量 | 性别：女（男=1） | 0.022（0.015） | 0.023（0.015） |
| | 农业户口（非农业户口=1） | −0.096***（0.025） | −0.094***（0.025） |
| | 语文成绩 | 0.008（0.010） | 0.008（0.010） |
| | 数学成绩 | −0.016（0.010） | −0.016（0.010） |
| | 家庭年人均年收入 | 1.726***（5.862） | 1.650***（5.856） |
| | 父母最高学历 | 0.015*（0.008） | 0.014*（0.008） |
| | 父母对子女的教育期望 | 0.008（0.007） | 0.009（0.007） |
| | 非重点校（重点校=1） | −0.014（0.019） | −0.015（0.019） |
| | 班级规模 | 0.001**（0.000） | 0.001**（0.000） |
| 省级层面变量 | 2015 年初等教育教师平均工资/2015 年人均 GDP | — | −0.096**（0.036） |
| | 截距项 | 0.094（0.067） | 0.229***（0.084） |
| | 样本量 | 2332 | 2332 |
| 随机效应 | *SD*（截距） | 0.004（0.002） | 0.003（0.001） |
| | *SD*（残差） | 0.110（0.003） | 0.110（0.004） |
| 拟合优度 | −2 受限对数似然 | 1378.003 | 1376.780 |
| | AIC | 1382.003 | 1380.780 |
| | BIC | 1393.119 | 1391.972 |

模型 1 和模型 2 是估计小学生课外补习参与的影响因素，其中模型 1 是基准模型，是在小学样本中估计控制变量对课外补习参与的影响。一般而言，系数为正，事件发生的概率将增加；系数为负，事件发生的概率将降低。由表 7-8 可知，小学阶段，家庭经济收入、户口的系数均在 0.001 水平显著。家庭年人均年收入越高，学生参加课外补习的可能性越高。农业户口的学生相比非农业户口的

学生，参与课外补习的可能性更小。班级规模的系数在 0.01 的水平显著，父母受教育程度在 0.05 水平显著。班级规模越大，学生参加课外补习的可能性越高。父母学历越高，学生参加课外补习的可能性越高，父母学历对学生参加课外补习有显著正影响。性别和成绩对学生参加课外补习没有显著影响，非重点校对学生是否参与课外补习有负向影响，但不显著。

模型 2 在控制变量中添加了 2015 年初等教育教师平均工资/2015 人均 GDP（2015 年初等教育教师工资指数）这一变量，加入后对数似然值由 1378.003 降到 1376.780，AIC 和 BIC 的数值也同样有所下降，说明这一变量的加入有统计学意义，使模型拟合的更好。数据显示，模型 2 中农业户口呈负向显著，即农业户口的学生参与课外补习的可能性低于非农业户口的学生。父母受教育程度、家庭人均年收入和班级规模呈现正向显著，即父母受教育程度越高，学生参与课外补习可能性越高；家庭人均年收入越高，学生参与课外补习可能性越高；班级规模越大，学生参与课外补习可能性越大。初等教育教师工资指数这一变量的系数为 −0.096（$p<0.05$），数据结果表明，初等教育教师平均工资和年度人均 GDP 的比值越大，学生参与课外补习可能性越小。每增加一个单位的初等教育教师工资指数，学生参与课外补习的可能性降低 0.096 个单位，即初等教育教师工资指数越高，学生参与课外补习的可能性越小。

## 二、中等教育教师工资对学生参与课外补习的混合模型分析

在中学样本中构建零模型，结果见表 7-9。从零模型可以看出，中学样本中以学生是否参与课外辅导为因变量，组间方差为 0.008，组内方差为 0.154，$p<0.001$。

**表 7-9　中学样本零模型参数估计**

| 参数 | 方差估计 | *SE* | 组内相关系数 | $\chi^2$ | $p$ |
|---|---|---|---|---|---|
| 截距项（组间变异 $U_0$） | 0.008 | 0.005 | 0.049 | 73.537 | 0.000 |
| 层 1（组内变异残差 $R$） | 0.154 | 0.008 | — | — | — |

进一步计算组内相关系数为 0.049，$p<0.01$，表明第二层的预测变量对因变量的变异有显著影响，需要考虑省级层面变量对因变量的影响，因而适宜采用多层线性模型进行分析。中等教育教师工资指数对学生参与课外补习影响的多层线性模型分析结果如表 7-10 所示。

表 7-10　中等教育教师工资指数对学生参与课外补习影响的多层线性模型分析结果

| 变量 | | 模型 3 | 模型 4 |
| --- | --- | --- | --- |
| 个体层面变量 | 性别：女（男=1） | 0.022（0.031） | 0.024（0.031） |
| | 农业户口（非农业户口=1） | −0.126***（0.046） | −0.108**（0.046） |
| | 语文成绩 | −0.016（0.020） | −0.012（0.020） |
| | 数学成绩 | −0.015（0.018） | −0.021（0.015） |
| | 家庭年人均年收入 | 4.429（5.192） | 3.633（5.184） |
| | 父母最高学历 | 0.052***（0.015） | 0.052***（0.015） |
| | 父母对子女的教育期望 | 0.011（0.015） | 0.008（0.015） |
| | 非重点校（重点校=1） | −0.035（0.036） | −0.040（0.035） |
| | 班级规模 | 0.002（0.001） | 0.002（0.001） |
| 省级层面变量 | 2015 年中等教育教师平均工资/2015 年人均 GDP | — | −0.089*（0.048） |
| | 截距项 | 0.105（0.150） | 0.233（0.167） |
| | 样本量 | 777 | 777 |
| 随机效应 | *SD*（截距） | 0.004（0.003） | 0.004（0.003） |
| | *SD*（残差） | 0.144（0.008） | 0.143（0.008） |
| 拟合优度 | −2 受限对数似然 | 682.061 | 677.424 |
| | AIC | 686.061 | 681.424 |
| | BIC | 695.027 | 690.378 |

模型 3 和模型 4 是估计中学生课外补习参与的影响因素，其中模型 3 是基准模型，是在中学样本中估计控制变量对课外补习参与的影响。由表 7-10 可知，基准模型中，中学阶段父母学历和户口对学生参加课外补习呈显著影响。

由表 7-10 可知，模型 4 在模型 3 基础上添加了 2015 年中等教育教师工资指数这一变量后，对数似然值由 682.061 降到 677.424，AIC 和 BIC 的数值也同样有所下降，说明这一变量的加入有统计学意义，模型拟合更优。数据显示，父母最高学历在 0.01 水平显著，户口在 0.05 的水平上显著，即非农业户口学生比农业户口学生参加课外补习的可能性更高，父母教育程度越高，学生参加课外补习的可能性越高。中等教育教师工资指数这一变量的系数为−0.089（$p<0.1$），数据结果表明，中等教育教师平均工资和年度人均 GDP 的比值越大，学生参与课外补习的可能性越小。每增加一个单位的中等教育教师工资指数，学生参与课外补习的可能性降低 0.090 个单位，即中等教师工资指数越高，学生参与课外补习的可能性越小。

## 第四节　研究结论、讨论与政策建议

通过上述分析发现我国中小学教师工资相对水平总体偏低，2015 年我国各省份小学教师工资指数为 0.87—2.26，中学教师工资指数为 0.90—2.32，均未达到学者们提出的发展中国家教师工资指数应在 2.50—3.50 的水平。本章研究表明我国中小学教师工资指数对学生参加课外补习有显著负向影响。初等教育教师工资指数越低的省份，学生课外补习参与率越高。初等教育教师工资指数最低的江苏（0.85），学生的课外补习参与率最高（39%），占该省小学样本量的 1/3 以上。中等教育亦是如此，中等教育阶段教师工资指数低于 1 的辽宁（0.9）、江苏（0.91），其学生参与课外补习率高，分别为 35.9%、55.6%。这说明教师工资相对水平对学生参与课外补习有显著影响。本章研究结论印证了福顿等在柬埔寨等国的研究结果，即在教师工资越低的国家，学生参加补习的越多[①]，这也从教师工资的角度回应了张薇和贝磊在中国上海的调查[②]。

亚当斯的公平理论认为，职工的积极性取决于他所感受的分配上的公正程度（即公平感），而职工的公平感取决于一种社会比较过程，即一个人不仅关心自己的绝对收入的多少，而且关心自己相对收入的多少。[③]当我国中小学教师将自己收入与社会其他职业人员收入横向比较时，如果觉得自己收入较低，就会觉得不公平，从而会寻求增加收入或减少工作付出以获得公平感。一方面，部分在职教师会参与有偿补习以寻求增加收入。另一方面，部分在职教师没有参与有偿补习但会减少学校工作中的工作付出。同时，还有部分在职教师既参与有偿补习又减少学校工作付出，并且他们会在课堂上少讲或者不讲重要内容，故意引导或裹挟学生参加他们举办或参与的课外补习活动，从而推高了学生参与课外补习规模，冲击了学校教育秩序和破坏了学校教育生态，也损害了教育公平和增加了学生的学习负担。

教育部于 2015 年印发的《严禁中小学校和在职中小学教师有偿补课的规定》对在职教师参与有偿补习进行了禁止说明。文件印发以来，一些省份也印发了本省的相关政策文件。《河南省严禁中小学校和在职中小学教师有偿补课的规

---

① Foondun A R. The issue of private tuition：An analysis of the practice in Mauritius and selected South-East Asian countries. International Review of Education，2002，48（6）：485-515.

② Zhang W，Bray T M. Micro-neoliberalism in China：Public-private interactions at the confluence of mainstream and shadow education. Journal of Education Policy，2017，32（1）：63-81

③ 陈孝彬，高洪源. 教育管理学. 北京：北京师范大学出版社，2008：46-47.

定》在“6条严禁”的基础上提出“严禁在职中小学教师在课堂上故意不完成教育教学任务”“严禁在职中小学教师课上不讲课后讲并收取补课费”。北京也发文提出“在职教师是否组织或参与有偿补课，将作为年度考核、职称评审、岗位聘用、实施奖惩的重要依据”①。在严禁的基础上，教育部印发的《严禁中小学校和在职中小学教师有偿补课的规定》也提出要“教育引导广大教师践行社会主义核心价值观，立德树人，自觉拒绝有偿补课，选取并宣传优秀教师典型，充分展现当代教师无私奉献、崇德向善的精神风貌，传播教育正能量”。正确价值观的引导有利于减弱教师的不公平感，减少外出补习的动机。

鉴于我国中小学教师工资指数对学生参加课外补习有显著负向影响，而当前我国中小学教师工资指数总体偏低，各级政府应加大对中小学教师工资的财政投入，以教师工资指数为参照标准努力提高中小学教师工资相对水平。对于财政实力较强且中小学教师工资指数较低省份，省级及以下各级政府应加大本级财政对教师工资的投入力度，着力提高教师工资指数，改善中小学教师工资相对水平。对于财政实力较弱且中小学教师工资指数较低省份，中央和省级政府应加大财政转移支付以帮助这些省各级政府增加教师工资的投入，努力提高教师工资指数以改善教师工资相对水平。各级政府努力提高中小学教师工资水平将有助于减少我国基础教育领域课外补习的供给和需求，也为禁止在职教师参与课外补习政策提供了有力保障。

本章研究使用了多层线性模型，部分省份中学生样本量较少，可能影响计量模型结果的准确性。教师的工资水平会影响教师有偿补课，而在职教师有偿补课又会影响学生参与补习。由于难以获取在职教师是否参与有偿补课的数据，所以本章研究没有探讨三者之间的关系，未来可以通过质性研究的方法来探讨三者之间的关系。

① 梁天韵. 北京明令禁止在职中小学教师“有偿补课”. 新华每日电讯，2017-03-03（003）.

# 下　篇

# 我国中小学生参与课外补习的宏观影响因素分析

# 第八章 义务教育均衡发展对初中生课外补习的影响

城乡义务教育已在我国全面普及，但义务教育阶段学校的办学水平和教育质量在区域之间、城乡之间以及学校之间还存在较大差异。《国务院关于深入推进义务教育均衡发展的意见》明确指出，教育均衡发展对于促进教育公平、构建社会主义和谐社会，进一步提升国民素质、建设人力资源强国，具有重大的现实意义和深远的历史意义。在政府大力推进义务教育均衡发展的进程中，学校教育系统之外的被国际学术界称为“影子教育”的课外补习在我国发展迅速。2017 年，中国教育财政所的家庭调查数据显示，中小学生的课外补习参与率总体为 48.3%，其中参与课外补习的中小学生平均每年的课外补习支出为 5616 元。[①]2019 年，全国课外补习市场收入将达到 4751 亿元，2021 年预计超过 5600 亿元，受访群体中有 52.3%的家庭会让孩子参加课外补习。[②]课外补习已然成为一种不可忽视的社会现象。有调查发现在义务教育发展越不均衡的地区，课外补习市场越发达，[③]一些学者认为课外补习盛行的根本原因是义务教育发展不均衡。[④⑤⑥⑦]近年来，我国各级政府大力推进义务教育均衡发展，但义务教育均衡发展是否有助于降低学生的课外补习参与率和课外补习支出？目前，针对该问题

---

① 王蓉. 教育蓝皮书：中国教育新业态发展报告（2017）. 北京：社会科学文献出版社，2018：98-114.

② 腾讯新闻&企鹅智库：中国商业教育辅导市场消费力报告. http://www.199it.com/archives/971615.html.（2019-11-27）[2022-04-25].

③ 钟剑都. 校外培训莫成教育改革绊脚石. 中国教育报，2012-10-26（001）.

④ 石羚.“给学生减负”为何牵动人心（人民时评）. 人民日报，2018-03-09（005）.

⑤ 徐家庆，周远翔. 异质性层面、影子教育与教育公平. 南通大学学报（社会科学版），2018（9）：154-160.

⑥ 吴岩. 教育公平视角下初中阶段教育补习现状研究——以广州市为例. 教育研究，2014（8）：75-84.

⑦ 曾满超，丁小浩，沈华. 初中生课外补习城乡差异分析——基于甘肃、湖南和江苏 3 省的初中学生课外补习调查. 教育与经济，2010（2）：7-11.

的实证研究非常缺乏。本章研究基于 CEPS 2014—2015 学年数据，采用多层线性模型研究方法来探究我国义务教育均衡发展与初中生参加课外补习的关系，试图为我国治理义务教育阶段的课外补习问题提供一定的理论参考。

## 第一节　研 究 设 计

### 一、相关研究

#### （一）我国义务教育均衡水平的测量指标研究

我国义务教育均衡水平测量指标的相关文献主要包含以下三种类型：①以政府在义务教育阶段投入的生均经费作为衡量指标。杨东平和周金燕提出义务教育均衡测量指标包括小学和初中阶段生均经费投入的城乡差异和地区差异，[①]这是由于教育经费与其他教育资源指标（如教师的学历结构、教育教学设备的配备与使用、教师平均工资）等之间存在强相关性。[②]无论是人力资源还是物力资源，归根结底是生均经费的投入问题。[③]②以教育资源配置的横向维度作为衡量指标，其中将教育资源分为人力资源、财力资源、物力资源。[④]国家教育督导团以生均预算内事业费、生均预算内公用经费、生均校舍建筑面积、生均仪器设备值、教师学历合格率和高级教师比例作为检验省域内义务教育资源配置均衡水平的指标。[⑤]翟博使用差异系数等方法来测量义务教育均衡水平，测量内容主要包括各地区间公共教育经费、生均教育经费、生均预算内教育经费、生均校舍建筑面积、学生入学率差异系数、各地区教师合格率以及教育基尼系数。[⑥]朱德全等重点量化评估了《教育规划纲要》实施以来义务教育均衡发展在政策机制、经费投入、办学条件、师资队伍等方面的落实情况。[⑦]③以教育机会、教育过程和教育结果的纵向维度作为衡量指标。袁振国结合我国的实际情况，提出判定教育发

① 杨东平，周金燕. 我国教育公平评价指标初探. 教育研究，2003（11）：30-33+74.

② 周金燕. 我国教育公平指标体系的建立. 教育科学，2006（2）：13-15.

③ 杨晓霞，刘晖. 生均教育经费：义务教育均衡发展核心指标及其修正. 教育发展研究，2013（2）：21-25.

④ 沈有禄，谯欣怡. 基础教育均衡发展：我们真的需要一个均衡发展指数吗？ 教育科学，2009（12）：9-15.

⑤ 国家教育督导团. 国家教育督导报告 2005——义务教育均衡发展：公共教育资源配置状况. 教育发展研究，2006（5A）：1-8.

⑥ 翟博. 中国基础教育均衡发展实证分析. 教育研究，2007（7）：22-30.

⑦ 朱德全，李鹏，宋乃庆. 中国义务教育均衡发展报告——基于《教育规划纲要》第三方评估的证据. 华东师范大学学报（教育科学版），2017（1）：63-77，121.

展是否均衡的指标应该包括生均经费、师资力量、物质资源和学生辍学率。①王建容和夏志强提出，我国义务教育均衡发展的指标体系应该包括学生受教育机会、教育资源和教育质量，其中教育均衡的计算方法可以用变异系数。②樊慧玲从受教育机会、教育资源配置以及教育结果三个方面来设计区域间义务教育均衡的评价指标体系。③

### （二）义务教育均衡发展与学生参与课外补习关系的研究

关于义务教育均衡发展与学生参与课外补习之间关系的研究主要包括两类截然相反的观点。其一，义务教育均衡发展提高了学生的课外补习参与率和课外补习支出。有研究发现韩国基础教育均等化改革并没有降低家庭的课外补习支出，反而促进了学生竞相参加课外补习。韩国的教育均等化政策虽然消除了初中和高中阶段学校的差异，但本质上并不能消除学生之间的竞争。④有学者指出韩国均等化教育政策旨在提供平等的中等教育机会和教育质量，以期降低学生的课外补习参与率，然而其结果却并未减缓课外补习参与率的增长速度。⑤张薇和贝磊研究上海的课外补习现状时发现，虽然政府为义务教育均衡发展实施了一系列措施，但社会经济地位较高的家庭依然倾向于让子女参加课外补习，从而继续保持自身的校外教育资源优势。⑥李佳丽基于 PISA 2015 年中国四省市数据分析，发现随着义务教育均衡的发展，优势阶层的家庭会通过选择课外补习来维持和提高子女的教育竞争优势，⑦但她并未对义务教育均衡水平与课外补习的关系进行深入的研究与讨论。其二，义务教育均衡发展在一定程度上降低了学生的课外补习参与率和课外补习支出。有学者通过研究纵向调查数据时发现，韩国高中均衡化政策并未完全消除课外补习现象，但在一定程度上减少了家庭在课外补习的支

---

① 袁振国. 建立教育发展均衡系数 切实推进教育均衡发展. 人民教育，2003（6）：11-13.

② 王建容，夏志强. 我国义务教育均衡发展的内涵及其指标体系构建. 理论与改革，2010（4）：70-73.

③ 樊慧玲. 东、中、西部义务教育均衡发展的现状评估及趋势预测. 湖北科技学院学报，2019（6）：98-103.

④ Kim H. Analyzing the effect of the high school equalization policy and the college entrance system on private tutoring expenditure in Korea. KEDI Journal of Education Policy，2004（1）：5-24.

⑤ Kim S，Lee J H. Private tutoring and demand for education in South Korea. Economic Development and Cultural Change，2010，58（2）：259-296.

⑥ Zhang W，Bray M. Equalising schooling，unequalising private supplementary tutoring：Access and tracking through shadow education in China. Oxford Review of Education，2017，44（2）：1-18.

⑦ 李佳丽. “替代”还是“补充”：从影子教育发展审视学校教育质量——基于 PISA2015 中国四省市数据的分析. 北京社会科学，2019（5）：57-68.

出，降低了学生围绕课外补习的竞争程度。[①]吴岩通过研究广州市两所重点中学和两所普通中学，认为学校之间教育质量不均衡是初中生参与课外补习的主要原因。[②]贾男和刘国顺的研究发现随着公共财政投入的增加，家庭课外补习参与率和支出呈现“U”形分布，义务教育阶段生均公用经费投入的均衡化能够降低家庭课外补习参与率。[③]

### （三）相关文献总结

近些年，部分学者开始关注义务教育均衡发展与学生参加课外补习之间的关系，但相关研究结论不统一，已有相关研究存在以下不足之处：一是国内外相关实证研究极少。不少学者采用实证研究方法发现了课外补习对教育机会平等的负面影响，但极少有学者采用实证研究方法探讨义务教育均衡发展对学生参加课外补习的影响。二是国内已有少数相关实证研究由于数据质量不高和统计方法比较简单，难以得到义务教育均衡发展对学生参加课外补习影响的可靠性结论。本章研究将研究视角聚焦于区县层面的义务教育均衡发展与学生参加课外补习的关系，基于具有代表性的全国大样本数据，采用多层线性模型的研究方法探究义务教育均衡水平对初中生参加课外补习的影响。

## 二、理论基础与研究假设

### （一）理论基础

最大化维持不平等（maximally maintained inequality，MMI）理论是由拉夫特瑞和胡特最早提出的。[④]该理论指出，中等教育和高等教育招生规模的扩张基于以下原因：随着人口的增长，优势阶层的人数也逐步增多，他们要求各级学校增加入学人数从而确保自身能够继续保持更高一级学校入学机会的优势。由于教育扩招速度比教育需求速度增长更快，进而所有社会阶层学生入学机会的转换率都会增加，这样带来的结果是：社会各阶层子女的入学机会比例依然保持不变。直

① Byun S Y. Does policy matter in shadow education spending? Revisiting the effects of the high school equalization policy in South Korea. Asia Pacific Education Review，2010，11（1）：83-96.

② 吴岩. 教育公平视角下初中阶段教育补习现状研究——以广州市为例. 教育研究，2014（8）：75-84.

③ 贾男，刘国顺. 义务教育均衡化能否有效降低家庭校外教育支出. 北京大学教育评论，2017（1）：154-172+192.

④ Raftery A E，Hout M. Maximally maintained inequality：Expansion，reform，and opportunity in Irish education，1921-75. Sociology of Education，1993（6）：41-62.

到优势阶层的教育需求达到饱和程度，即优势阶层子女的入学机会接近百分之百时，社会阶层与教育转换率之间的联系才会减弱，教育机会的不平等程度才会降低。

卢卡斯在最大化维持不平等理论的基础上提出了 EMI 理论。[①]EMI 理论是指，优势阶层会尽可能地为子女确保一定程度的教育优势，一旦该等级学校教育达到几乎普及的程度时，优势阶层会寻求该教育水平中存在的任何质量差异的其他教育类型，并利用自身的优势来获得质量更好的教育。卢卡斯指出 EMI 理论和 MMI 理论虽然都强调了社会阶层不同的家庭之间存在教育竞争，但 MMI 理论认为对于普及程度的教育而言，社会阶层不同的家庭之间不存在教育竞争。而 EMI 理论认为对于达到普及程度的教育，社会阶层不同的家庭将会围绕教育质量和教育类型而展开更为激烈的教育竞争。教育机会不平等程度并不会因此消失。简言之，EMI 理论认为与家庭背景相关的教育不平等是必然的。

### （二）研究假设

目前，我国高中教育在地区上存在较大差异，经济发展水平、是否处于边远地区等都影响着教育均衡水平。教育部等四部门联合印发的《高中阶段教育普及攻坚计划（2017—2020 年）》明确提出，到 2020 年全国普及高中阶段教育，适应初中毕业生接受良好高中阶段教育的需求。但高中学校教育质量依然存在差异，示范性高中比普通高中拥有更优质的教育资源，在示范性高中学习的学生考取重点大学的概率更大，因此示范性高中的入学机会依然是初中生学业竞争的重点。我国义务教育均衡发展是在满足学生都能够获得初中入学机会的基础上，保障了家庭背景不同的初中生享有质量均等的学校教育资源，示范性高中资源短缺与初中教育均衡发展之间的不平衡间接导致学生对示范性高中入学机会的争夺更为激烈。因此，课外补习作为一种有偿性质的校外教育资源，愈发受到家长和学生的关注，家庭通过增加课外补习支出来为子女争夺更多的课外补习资源。基于上述分析，本章研究提出研究假设 1。

H1：区县内教育均衡化程度越高，初中生课外补习参与率和课外补习支出越高。

依据 EMI 理论，随着初中教育均衡的发展，课外补习作为一种补充性教育类型逐渐成为社会各阶层家庭的教育竞争场域。其中，社会经济地位较高的家庭相

---

① Lucas S R. Effectively maintained inequality: Education transitions, track mobility, and social background effects. American Journal of Sociology, 2001, 106（6）: 1642-1690.

较于社会经济地位较低的家庭会利用自身经济优势为子女投入更多的教育支出，从而争取更大的教育竞争优势。课外补习能够为学生提供个性化的教育指导与教育服务。因此，初中生在接受学校教育的同时，课外补习也是一种有益的学习资源补充，社会经济地位越高的家庭越可能通过增加课外补习支出来占有更多的课外补习资源，从而为子女争取类型和质量更优的校外教育资源。基于上述分析，本章研究提出研究假设 2。

H2：家庭社会经济地位在教育均衡化程度对课外补习参与率和课外补习支出的影响中具有调节作用，区县内教育均衡化程度越高，家庭社会经济地位越高的初中生课外补习参与率和课外补习支出越高。

我国初中生需要通过参加中考来争取高中教育的入学机会，中考成绩直接决定学生获得高中阶段的教育类型和教育质量。而中考内容主要是学校教育中的学科类知识，因此，从课外补习类型来看，对接学校教育考试科目的学科类课外补习更有利于学生提高学业成绩，对学科类课外补习的教育投资在一定程度上能够增加中考竞争中的优势。另外，示范性高中每年将部分招生名额分配给艺术生或特长生，兴趣类课外补习既可以培养才艺帮助学生以特长生身份升学，也能够为学生提供个性化教育需求以弥补因义务教育均衡发展导致的学校教育教学同质化问题。因此，在初中教育均衡发展的背景下，兴趣类课外补习同样受到家长和学生的青睐。基于上述分析，本章研究提出研究假设 3。

H3：区县内教育均衡化程度越高，初中生学科类课外补习支出越高，兴趣类课外补习支出也越高。

依据 EMI 理论，当某一阶段的教育入学机会达到普及化程度时，由家庭社会经济地位带来的教育资源不平等依然存在。因此，从课外补习支出的类型来看，家庭社会经济地位越高的家庭更可能利用自身经济优势竞争学科类课外补习资源，通过增加学科类课外补习支出来帮助子女巩固和强化学校教育内容，确保子女学科类课外补习资源优势。兴趣类课外补习能够培养学生和发展学生兴趣特长，家庭社会经济地位较高的学生通过增加兴趣类课外补习支出来获得更多个性化的校外教育资源。基于上述分析，本章研究提出研究假设 4。

H4：区县内教育均衡化程度越高，家庭社会经济地位越高的初中生学科类课外补习支出越高，兴趣类课外补习支出也越高。

## 三、研究数据与变量说明

### （一）研究数据

本章研究使用的数据来源于 CEPS 2014—2015 学年数据，该数据是为了揭示家庭、学校、社区以及宏观社会结构对教育的影响，其中包括在全国范围内抽取的 28 个区县的 112 所学校的 438 个班级。CEPS 2014—2015 学年数据是在 CEPS 2013—2014 学年基线调查数据的基础上进行的新一轮追踪调查数据，包括学生相关变量、家长相关变量和学校相关变量，对课外补习问题也进行了较为深入的调查，因此适合研究基础教育阶段的教育均衡发展水平对课外补习支出的影响。

### （二）变量说明

从具体变量来看，本章研究选取学生的课外补习支出、性别、是否为独生子女以及城乡、是否参加课外补习为个体层面变量，家庭层面变量主要依据家庭社会经济地位的划分标准，[①]选取父母最高学历、父母最高职业等级以及家庭经济水平（表 8-1）。在衡量区县层面的义务教育均衡水平时，本章研究在借鉴相关测量指标的基础上，[②]结合数据库中已有变量将义务教育均衡指标确定为生均公用经费、教师学历、教师职称与学生认知能力。其中，生均公用经费的均衡水平的计算方法为每个区县内各所学校生均公用经费的变异系数；教师学历的均衡水平是每个区县内各所学校的本科及以上学历教师比例的变异系数；教师职称的均衡水平是每个区县内各所学校的高级及以上职称教师比例的变异系数；学生认知能力的均衡水平是每个区县内各所学校的学生认知能力的变异系数。需特别指出的是，变异系数越大表示教育均衡水平越低。

**表 8-1　本章研究数据变量说明**

| 变量类型 | 变量名 | 变量说明 |
| --- | --- | --- |
| 个体层面 | 是否参加课外补习 | 0=否，1=是 |
| | 课外补习支出 | 连续变量 |
| | 性别 | 0=女，1=男 |
| | 是否为独生子女 | 0=否，1=是 |
| | 城乡 | 0=农村，1=城市 |

① Bradley R H，Corwyn R F. Socioeconomic status and child development. Annual Review of Psychology，2002，21（3）：371-399.

② 国家教育督导团. 国家教育督导报告 2005——义务教育均衡发展：公共教育资源配置状况. 教育发展研究，2006（5A）：1-8.

续表

| 变量类型 | 变量名 | 变量说明 |
|---|---|---|
| 家庭层面 | 父母最高职业等级[①]（以父母职业等级最高一方为变量） | 1=下层，2=中层，3=上层 |
| | 父母最高学历（以父母学历最高一方为变量） | 1=文盲/半文盲 2=小学 3=初中 4=高中 5=大专 6=本科 7=研究生及以上 |
| | 家庭经济水平 | 1=困难，2=中等，3=富裕 |
| 区县层面 | 生均公用经费均衡水平 | 连续变量 |
| | 教师学历均衡水平 | 连续变量 |
| | 教师职称均衡水平 | 连续变量 |
| | 学生认知能力均衡水平 | 连续变量 |

## 四、研究方法

### （一）多层线性模型

本章研究包含区县层面和学生层面的数据变量，具有一定的嵌套关系，因此在研究区县内义务教育均衡水平对学生是否参与课外补习影响时，需要采用多层线性模型进行估计。[②]本章研究构建了学生和区县两个层面的估计模型，由于本章研究的因变量是“学生是否参加课外补习”，为二分变量，因此使用伯努利模型（Bernoulli，0 or 1），具体模型如下。

#### 1. 零模型

该模型将学生是否参加课外补习的差异分解为学生个体差异和区县差异两个层面，主要用于探讨学生是否参加课外补习在区县层面是否存在显著差异，进而是否适用于使用多层线性模型，零模型如下。

学生层：$Y_{ij} = \beta_{0j} + r_{ij}$，$r_{ij} \sim N\left(0, \delta^2\right)$。

区县层：$\beta_{0j} = \gamma_{00} + \mu_{0j}$，$\mu_{0j} \sim N\left(0, \tau_{00}\right)$。

其中，$Y_{ij}$ 表示第 $j$ 个区县第 $i$ 个学生是否参加课外补习，$\beta_{0j}$ 表示区县 $j$ 的学生参

① 本章研究参照李春玲对职业划分的方法，将职业等级划分为上层职业等级、中层职业等级、下层职业等级。其中上层职业等级包括机关及企事业单位负责人、中层管理人员、中高级职称专业技术人员、一般机关干部公务员、经济业务人员、私营企业主（雇工 8 人或以上）。中层职业等级包括：基层管理人员、其他专业技术人员/一般技术员、企事业单位职员、技术工人、军人警察消防人员、个体户/小业主（雇工 8 人或以下）。下层职业等级包括商业与服务业人员、非技术工人、农林牧渔业人员、自由职业者、无业失业下岗家务人员。

② Davidian M. Hierarchical linear models：Applications and data analysis methods. Publications of the American Statistical Association，2002，98（463）：767-768.

加课外补习比例，$\gamma_{00}$ 表示总体学生参加课外补习比例，$\mu_{0j}$ 表示区县之间的随机效应，$\delta^2$ 表示学生层面是否参加课外补习的差异，$\tau_{00}$ 表示区县间学生参加课外补习比例的差异。

**2. 层一模型**

在零模型的基础上加入学生个体层面的变量进而构建层一模型，主要用来考察学生个体层面的变量对学生是否参加课外补习的影响情况，层一模型如下。

学生层：$Y_{ij} = \beta_{0j} + \beta_{1j}$ 性别 $+\beta_{2j}$ 是否独生 $+\beta_{3j}$ 城乡 $+\beta_{4j}$ 父母最高职业等级 $+\beta_{5j}$ 父母最高学历 $+\beta_{6j}$ 家庭经济水平 $+r_{ij}$，$r_{ij} \sim N\left(0, \delta^2\right)$。

区县层：$\beta_{0j} = \gamma_{00} + \mu_{0j}$，$\mu_{0j} \sim N\left(0, \tau_{00}\right)$。

**3. 层二模型**

在层一模型的基础上加入区县层面变量来构建层二模型，用来考察区县层面的变量对学生是否参加课外补习的影响情况，层二模型如下。

学生层：$Y_{ij} = \beta_{0j} + \beta_{1j}$ 性别 $+\beta_{2j}$ 是否独生 $+\beta_{3j}$ 城乡 $+\beta_{4j}$ 父母最高职业等级 $+\beta_{5j}$ 父母最高学历 $+\beta_{6j}$ 家庭经济水平 $+r_{ij}$，$r_{ij} \sim N\left(0, \delta^2\right)$。

区县层：$\beta_{0j} = \gamma_{00} + \gamma_{01}$ 生均公用经费变异系数 $+\gamma_{02}$ 本科及以上学历教师比例变异系数 $+\gamma_{03}$ 高级及以上职称教师比例变异系数 $+\gamma_{04}$ 学生认知能力变异系数 $+\mu_{0j}$，$\mu_{0j} \sim N\left(0, \tau_{00}\right)$。

## （二）Tobit 模型

本章研究数据中的因变量为课外补习支出，其在正值上大致为连续分布，但包含一部分取值为 0 的观测值，因此本章研究采用 Tobit 模型作为研究方法分析初中教育均衡水平对学生课外补习支出的影响。

本章研究的回归模型为：

$$y_i = \beta_0 + \beta_1 Equil_i + \beta_2 Student_i + \beta_3 Family_i + u_i \text{，} \quad u_i \sim N\left(0, \delta^2\right) \tag{8-1}$$

$$y_i = \begin{cases} y_i^*, & if\ y_i^* > 0 \\ 0, & if\ y_i^* \leqslant 0 \end{cases} \tag{8-2}$$

其中，$y_i^*$ 表示的是学生 $i$ 在数据库中的课外补习支出，$y_i$ 表示的是学生 $i$ 在模型分析中的课外补习支出。$Equil_i$ 表示的是学生 $i$ 所在区县的义务教育均衡水平，包括生均公用经费变异系数、教师学历变异系数、教师职称变异系数、学生认知能力变异系数。$Student_i$ 表示的是学生个体层面变量，包括性别、是否独生、城乡。$Family_i$ 表示的是学生家庭层面变量，包括父母最高职业等级、父母最高学历、家庭经济水平。$\beta$ 表示各项系数，$u_i$ 为误差项。

# 第二节　义务教育均衡发展对初中生课外补习参与率的影响

## 一、不同背景的初中生课外补习参与率的差异分析

表 8-2 显示的是不同背景的初中生参加课外补习的差异分析结果，从中可知，参加课外补习的学生占全样本的 44.8%。具体而言，女生参加课外补习的比例为 53.0%，显著高于男生参加课外补习的比例（45.3%）；独生子女参加课外补习的比例为 62.0%，显著高于非独生子女参加课外补习的比例（38.9%）；城市学生参加课外补习的比例为 63.6%，显著高于农村学生参加课外补习的比例（36.0%）。从父母最高职业等级来看，父母职业等级越高，学生参加课外补习的比例越大。随着父母最高学历的提升，学生参加课外补习比例呈上升趋势，父母最高学历为本科和研究生及以上的学生参加课外补习的比例分别为 79.2%和 78.4%。家庭经济水平越高，学生参加课外补习的比例越大，富裕家庭的学生参加课外补习的比例（66.1%）显著高于困难家庭的学生参加课外补习的比例（31.7%）。

**表 8-2　不同背景初中生参加课外补习的差异分析**

| 变量 | | 参加课外补习的学生人数 | 参加课外补习的学生比例（%） | 皮尔逊卡方检验 |
|---|---|---|---|---|
| 全样本 | | 4819 | 44.8 | |
| 性别 | 女 | 2438 | 53.0 | $\chi^2=14.529$ $p<0.001$ |
| | 男 | 2179 | 45.3 | |
| 是否独生 | 非独生子女 | 2118 | 38.9 | $\chi^2=60.205$ $p<0.001$ |
| | 独生子女 | 2654 | 62.0 | |
| 城乡 | 农村 | 1829 | 36.0 | $\chi^2=203.306$ $p<0.001$ |
| | 城市 | 2799 | 63.6 | |
| 父母最高职业等级 | 下层 | 1159 | 32.1 | $\chi^2=302.466$ $p<0.001$ |
| | 中层 | 2097 | 52.8 | |
| | 上层 | 1413 | 72.9 | |
| 父母最高学历 | 文盲/半文盲 | 10 | 33.3 | $\chi^2=3188.365$ $p<0.001$ |
| | 小学 | 193 | 24.2 | |

续表

| 变量 | | 参加课外补习的学生人数 | 参加课外补习的学生比例（%） | 皮尔逊卡方检验 |
|---|---|---|---|---|
| 父母最高学历 | 初中 | 1493 | 37.1 | $\chi^2$=3188.365<br>$p$ <0.001 |
| | 高中 | 1346 | 52.8 | |
| | 大专 | 696 | 73.6 | |
| | 本科 | 811 | 79.2 | |
| | 研究生及以上 | 116 | 78.4 | |
| 家庭经济水平 | 困难 | 646 | 31.7 | $\chi^2$=4066.454<br>$p$ <0.001 |
| | 中等 | 3577 | 52.5 | |
| | 富裕 | 395 | 66.1 | |

## 二、义务教育均衡水平对初中生课外补习参与率的影响

本章研究使用多层线性模型来探究区县内义务教育均衡水平对初中生参加课外补习的影响，由于本章研究的因变量为“学生是否参加课外补习”，因而使用多层线性模型中的伯努利模型（Bernoulli，0 或 1）。其中表 8-3 是未加入因变量的零模型分析结果，我们可计算出组内相关系数为 0.1419，为高度组内相关，且 $p<0.001$，因此本章研究将继续加入相关变量以检验区县内义务教育均衡水平是否显著影响初中生参加课外补习。

**表 8-3　学生是否参加课外补习的差异来源分解：零模型**

| 随机效应 | | 方差成分 | 组内相关系数 | $\chi^2$ | $p$ |
|---|---|---|---|---|---|
| 是否参加课外补习 | 截距项（组间变异 $U_0$） | 0.0355 | 0.1419 | 1501.863 | 0.000 |
| | 层 1（组内变异残差 $R$） | 0.2146 | — | — | — |

表 8-4 中的模型 1 是在零模型的基础上加入其他相关变量，由分析结果可知，男生参加课外补习的可能性显著低于女生；独生子女比非独生子女更可能参加课外补习；城市学生参加课外补习的可能性显著大于农村学生。从家庭社会经济地位变量来看，父母最高职业等级为中层和上层的学生参加课外补习的可能性显著大于父母最高职业等级为下层的学生；父母最高学历越高，学生参加课外补习的可能性显著越大；家庭经济一般和富裕的学生参加课外补习的可能性显著大于家庭经济困难的学生。模型 2—模型 5 在模型 1 中的基础上加入生均公用经费、本科及以上学历教师比例、高级及以上职称教师比例、学生认知能力变异系

数。分析结果显示生均公用经费、本科及以上学历教师比例、高级及以上职称教师比例、学生认知能力变异系数对学生是否参加课外补习具有显著负影响。变异系数越大表示义务教育均衡水平越低，因此，该结果表明区县内义务教育均衡水平越低，学生参加课外补习的可能性越小。换言之，区县内义务教育均衡水平越高，学生参加课外补习的可能性越大。

**表 8-4 义务教育均衡水平对学生是否参与课外补习影响的多层线性模型分析结果（$N$=8947）**

| 变量 | | 模型 1 | 模型 2 | 模型 3 | 模型 4 | 模型 5 |
|---|---|---|---|---|---|---|
| 学生层 | 男生（以女生为参照） | −0.336***<br>（0.058） | −0.336***<br>（0.059） | −0.342***<br>（0.059） | −0.336***<br>（0.060） | −0.339***<br>（0.059） |
| | 独生子女（以非独生子女为参照） | 0.198***<br>（0.058） | 0.197***<br>（0.058） | 0.198***<br>（0.058） | 0.195***<br>（0.058） | 0.198***<br>（0.058） |
| | 城市（以农村为参照） | 0.295***<br>（0.046） | 0.292***<br>（0.045） | 0.295***<br>（0.047） | 0.294***<br>（0.046） | 0.296***<br>（0.046） |
| | 父母最高职业等级为中层 | 0.389***<br>（0.047） | 0.391***<br>（0.048） | 0.392***<br>（0.049） | 0.389***<br>（0.048） | 0.389***<br>（0.048） |
| | 父母最高职业等级为上层（以下层为参照） | 0.623***<br>（0.085） | 0.623***<br>（0.086） | 0.633***<br>（0.087） | 0.624***<br>（0.086） | 0.626***<br>（0.086） |
| | 父母最高学历 | 0.087***<br>（0.011） | 0.087***<br>（0.011） | 0.089***<br>（0.011） | 0.087***<br>（0.011） | 0.088***<br>（0.011） |
| | 家庭经济中等 | 0.217***<br>（0.044） | 0.217***<br>（0.045） | 0.217***<br>（0.045） | 0.215***<br>（0.044） | 0.219***<br>（0.046） |
| | 家庭经济富裕（以困难为参照） | 0.389***<br>（0.138） | 0.392***<br>（0.139） | 0.392***<br>（0.143） | 0.385***<br>（0.139） | 0.390***<br>（0.139） |
| 区县层 | 生均公用经费变异系数 | — | −0.744*<br>（0.432） | — | — | — |
| | 本科及以上学历教师比例变异系数 | — | — | −1.582**<br>（0.609） | — | — |
| | 高级及以上职称教师比例变异系数 | — | — | — | −0.968*<br>（0.493） | — |
| | 学生认知能力变异系数 | — | — | — | — | −0.020***<br>（0.007） |
| | 截距 | −0.549***<br>（0.127） | −0.547***<br>（0.128） | −0.545***<br>（0.124） | −0.546***<br>（0.126） | −0.551***<br>（0.121） |

注：括号内为标准误。表 8-5、表 8-6 均同。

## 三、义务教育均衡水平对初中生课外补习参与率影响的异质性分析

表 8-5 中的模型 6—模型 8 在加入生均公用经费变异系数的基础上，将生均公用经费变异系数分别与家庭社会经济地位相关变量进行交互效应分析，以考察生均公用经费均衡水平对家庭社会经济地位不同的初中生是否参加课外补习影响

的异质性。模型 9—模型 11 在加入本科及以上学历教师比例变异系数的基础上，将其分别与学生家庭社会经济地位相关变量进行交互效应分析，以考察本科及以上学历教师比例均衡水平对家庭社会经济地位不同的初中生是否参加课外补习影响的异质性。由表 8-5 可知，生均公用经费变异系数与父母最高职业等级为中层、父母最高职业等级为上层、父母最高学历、家庭经济水平为中等的交互项系数显著为负；本科及以上学历教师比例变异系数与父母最高职业等级为上层的交互项系数显著为负。

**表 8-5　生均公用经费、本科及以上学历教师比例变异系数对家庭社会经济地位不同的学生参加课外补习的影响异质性分析结果（$N$=8947）**

| 变量 | | 模型 6 | 模型 7 | 模型 8 | 模型 9 | 模型 10 | 模型 11 |
|---|---|---|---|---|---|---|---|
| 区县层 | 生均公用经费变异系数 | −0.466<br>(0.445) | −0.754*<br>(0.427) | −0.461<br>(0.454) | — | — | — |
| | 本科及以上学历教师比例变异系数 | — | — | — | −1.362**<br>(0.575) | −1.582**<br>(0.608) | −1.463**<br>(0.581) |
| | 与家庭社会经济地位变量的交互效应 | — | — | — | — | — | — |
| | 生均公用经费变异系数×父母最高职业等级为中层 | −0.318*<br>(0.187) | — | — | — | — | — |
| | 生均公用经费变异系数×父母最高职业等级为上层 | −0.753**<br>(0.347) | — | — | — | — | — |
| | 生均公用经费变异系数×父母最高学历 | — | −0.108**<br>(0.046) | — | — | — | — |
| | 生均公用经费变异系数×家庭经济中等 | — | — | −0.359*<br>(0.208) | — | — | — |
| | 生均公用经费变异系数×家庭经济富裕 | — | — | −0.167<br>(0.537) | — | — | — |
| | 本科及以上学历教师比例变异系数×父母最高职业等级为中层 | — | — | — | −0.273<br>(0.237) | — | — |
| | 本科及以上学历教师比例变异系数×父母最高职业等级为上层 | — | — | — | −0.737**<br>(0.340) | — | — |
| | 本科及以上学历教师比例变异系数×父母最高学历 | — | — | — | — | 0.014<br>(0.055) | — |
| | 本科及以上学历教师比例变异系数×家庭经济中等 | — | — | — | — | — | −0.221<br>(0.211) |
| | 本科及以上学历教师比例变异系数×家庭经济富裕 | — | — | — | — | — | 0.958<br>(0.775) |

续表

| 变量 | | 模型 6 | 模型 7 | 模型 8 | 模型 9 | 模型 10 | 模型 11 |
|---|---|---|---|---|---|---|---|
| 学生层 | 父母最高职业为中层 | 0.398***<br>（0.046） | 0.393***<br>（0.048） | 0.389***<br>（0.048） | 0.399***<br>（0.047） | 0.392***<br>（0.049） | 0.391***<br>（0.049） |
| | 父母最高职业为上层 | 0.631***<br>（0.088） | 0.628***<br>（0.086） | 0.620***<br>（0.086） | 0.632***<br>（0.081） | 0.633***<br>（0.087） | 0.636***<br>（0.088） |
| | 父母最高学历 | 0.087***<br>（0.011） | 0.088***<br>（0.010） | 0.087***<br>（0.011） | 0.088***<br>（0.011） | 0.089***<br>（0.011） | 0.089***<br>（0.011） |
| | 家庭经济中等 | 0.215***<br>（0.045） | 0.218***<br>（0.044） | 0.230***<br>（0.045） | 0.222***<br>（0.045） | 0.218***<br>（0.045） | 0.223***<br>（0.048） |
| | 家庭经济富裕 | 0.388***<br>（0.138） | 0.398***<br>（0.138） | 0.403***<br>（0.143） | 0.389***<br>（0.144） | 0.392***<br>（0.143） | 0.462***<br>（0.132） |
| | 学生层其他变量 | 控制 | 控制 | 控制 | 控制 | 控制 | 控制 |
| | 截距 | −0.556***<br>（0.124） | −0.547***<br>（0.127） | −0.558***<br>（0.124） | −0.556***<br>（0.123） | −0.544***<br>（0.124） | −0.550***<br>（0.127） |

为更清晰地解释表 8-5 中的交互效应，本章研究给出了父母最高职业等级不同的学生随生均公用经费变异系数变化的课外补习参与概率图（图 8-1）。我们可以看到，生均公用经费变异系数的降低（均衡水平的提高）会提升父母最高职业等级较高的学生课外补习参与概率（以父母最高职业等级为下层为参照）。同理，区县内生均公用经费均衡水平的提高会提升父母最高学历较高的学生课外补习参与概率；区县内生均公用经费均衡水平上升会提高家庭经济中等的学生课外补习参与概率（以家庭经济困难为参照）；区县内本科及以上学历教师比例均衡水平的上升会提高父母最高职业等级为上层的学生课外补习参与概率。

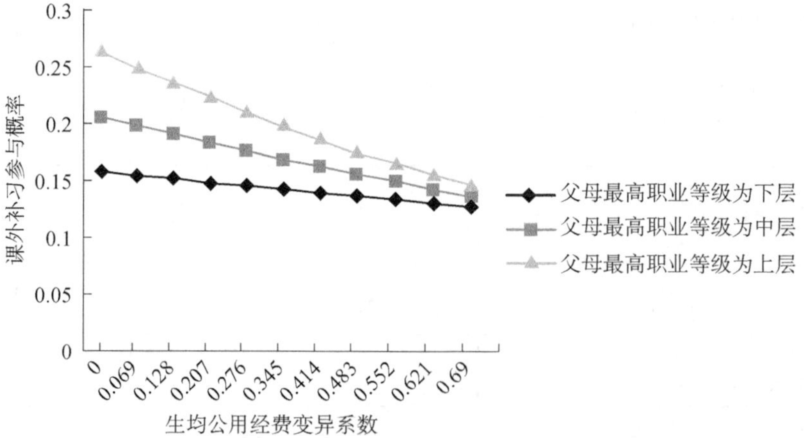


图 8-1　父母最高职业等级不同的学生课外补习参与概率的变化

表 8-6 中的模型 12、模型 13、模型 14 是在加入高级及以上职称教师比例变异系数的基础上，将其分别与家庭社会经济地位变量进行交互效应分析；模型 15、模型 16、模型 17 是在加入学生认知能力变异系数的基础上，分别将其与家庭社会经济地位变量进行交互效应分析。其中高级以上教师比例变异系数分别与父母最高职业等级为上层、父母最高学历的交互项系数显著为负，这表明区县内高级及以上职称教师比例均衡水平的上升会提高父母最高职业等级为上层的学生课外补习参与概率（以父母最高职业等级为下层为参照）；区县内高级及以上职称教师比例均衡水平的上升会提高父母学历较高的学生课外补习参与概率。学生认知能力变异系数与父母最高职业等级为中层、父母最高职业等级为上层、家庭经济中等的交互项系数显著为正。这表明学生认知能力变异系数的增大（均衡水平的降低）会增大父母最高职业等级为中层、父母最高职业等级为上层、家庭经济中等的学生的课外补习参与概率，这一研究结果与我们的研究假设不一致，为此，我们将进一步探究学生认知能力均衡水平对家庭经济地位不同的学生课外补习参与概率的影响是否在学科类和兴趣类补习之间存在差异。

**表 8-6　高级及以上职称教师比例、学生认知能力变异系数对家庭社会经济地位不同的学生参加课外补习的影响异质性分析结果（*N*=8947）**

| 变量 | | 模型 12 | 模型 13 | 模型 14 | 模型 15 | 模型 16 | 模型 17 |
|---|---|---|---|---|---|---|---|
| 区县层 | 高级及以上职称教师比例变异系数 | −0.778<br>(0.518) | −0.978*<br>(0.496) | −0.710<br>(0.596) | — | — | — |
| | 学生认知能力变异系数 | — | — | — | −0.024***<br>(0.006) | −0.020*<br>(0.007) | −0.024**<br>(0.007) |
| | 与家庭社会经济地位变量的交互效应 | — | — | — | — | — | — |
| | 高级及以上教师比例变异系数×父母最高职业等级为中层 | −0.069<br>(0.256) | — | — | — | — | — |
| | 高级及以上教师比例变异系数×父母最高职业等级为上层 | −0.908***<br>(0.324) | — | — | — | — | — |
| | 高级及以上教师比例变异系数×父母最高学历 | — | −0.102*<br>(0.052) | — | — | — | — |
| | 高级及以上教师比例变异系数×家庭经济中等 | — | — | −0.312<br>(0.242) | — | — | — |
| | 高级及以上教师比例变异系数×家庭经济富裕 | — | — | −0.439<br>(0.715) | — | — | — |
| | 学生认知能力变异系数×父母最高职业等级为中层 | — | — | — | 0.008**<br>(0.004) | — | — |
| | 学生认知能力变异系数×父母最高职业等级为上层 | — | — | — | 0.015**<br>(0.006) | — | — |

续表

| 变量 | | 模型 12 | 模型 13 | 模型 14 | 模型 15 | 模型 16 | 模型 17 |
|---|---|---|---|---|---|---|---|
| 区县层 | 学生认知能力变异系数×父母最高学历 | — | — | — | — | −0.000（0.001） | — |
| | 学生认知能力变异系数×家庭经济中等 | — | — | — | — | — | 0.008***（0.002） |
| | 学生认知能力变异系数×家庭经济富裕 | — | — | — | — | — | −0.013（0.022） |
| 学生层 | 父母最高职业为中层 | 0.394***（0.046） | 0.393***（0.046） | 0.390***（0.048） | 0.380***（0.045） | 0.390***（0.048） | 0.390***（0.048） |
| | 父母最高职业为上层 | 0.622***（0.085） | 0.630***（0.086） | 0.624***（0.086） | 0.624***（0.081） | 0.626***（0.086） | 0.624***（0.085） |
| | 父母最高学历 | 0.087***（0.010） | 0.086***（0.011） | 0.087***（0.011） | 0.087***（0.011） | 0.088***（0.011） | 0.088***（0.011） |
| | 家庭经济中等 | 0.215***（0.044） | 0.214***（0.044） | 0.223***（0.045） | 0.215***（0.045） | 0.219***（0.046） | 0.206***（0.046） |
| | 家庭经济富裕 | 0.378***（0.139） | 0.378***（0.138） | 0.386***（0.132） | 0.391***（0.138） | 0.390***（0.139） | 0.356**（0.146） |
| | 学生层其他变量 | 控制 | 控制 | 控制 | 控制 | 控制 | 控制 |
| | 截距 | −0.550***（0.125） | −0.544***（0.126） | −0.555***（0.127） | −0.535***（0.122） | −0.551***（0.121） | −0.538***（0.121） |

# 第三节　义务教育均衡发展对初中生课外补习支出的影响

## 一、教育均衡化对课外补习支出影响的 Tobit 模型分析

表 8-7 中的模型 1 是加入了学生个体和家庭的相关变量。其中，男生课外补习支出显著低于女生；独生子女课外补习支出显著高于非独生子女；父母最高职业等级为中层和上层的学生课外补习支出显著高于下层的学生。父母最高学历越高，学生课外补习支出显著越高；家庭经济水平为中等和富裕的学生课外补习支出显著高于困难的学生。模型 2—模型 5 分别加入生均公用经费变异系数、教师学历变异系数、教师职称变异系数、学生认知能力变异系数。由分析结果可知，区县内生均公用经费、教师学历、教师职称、学生认知能力的变异系数越大（均衡水平越低），学生课外补习支出显著越低，即区县内初中教育均衡水平越高，学生课外补习支出显著越高。

表 8-7　教育均衡化对课外补习支出影响的 Tobit 模型分析（$N$=3950）

| 变量 | 模型 1 | 模型 2 | 模型 3 | 模型 4 | 模型 5 |
|---|---|---|---|---|---|
| 生均公用经费变异系数 | — | −2565.284***<br>（−10.60） | — | — | — |
| 教师学历变异系数 | — | — | −4487.821***<br>（−7.09） | — | — |
| 教师职称变异系数 | — | — | — | −2816.846***<br>（−5.52） | — |
| 学生认知能力变异系数 | — | — | — | — | −104.716***<br>（−11.22） |
| 男生（以女生为参照） | −497.218***<br>（−2.62） | −493.586***<br>（−2.61） | −495.778***<br>（−2.62） | −481.716**<br>（−2.55） | −539.329**<br>（−2.85） |
| 独生子女（以非独生子女为参照） | 1127.489***<br>（5.09） | 1089.773***<br>（4.94） | 905.591***<br>（4.07） | 970.255***<br>（4.37） | 1039.39***<br>（4.72） |
| 城市（以农村为参照） | 1414.492***<br>（5.95） | 1275.797***<br>（5.36） | 1271.346***<br>（5.35） | 1337.356***<br>（5.64） | 1363.848***<br>（5.76） |
| 中层职业 | 1232.71***<br>（4.76） | 1183.961***<br>（4.59） | 1168.693***<br>（4.53） | 1232.005***<br>（4.78） | 1030.83***<br>（3.98） |
| 上层职业（以下层为参照） | 845.893**<br>（2.56） | 869.604***<br>（2.64） | 823.060**<br>（2.50） | 919.404***<br>（2.79） | 764.485**<br>（2.32） |
| 父母最高学历 | 696.359***<br>（6.60） | 674.445***<br>（6.41） | 647.359***<br>（6.15） | 693.452***<br>（6.59） | 631.068***<br>（5.98） |
| 家庭经济中等 | 980.448***<br>（3.17） | 921.276***<br>（2.99） | 800.798**<br>（2.59） | 877.784***<br>（2.85） | 901.585***<br>（2.93） |
| 家庭经济富裕（以困难为参照） | 2205.986***<br>（5.10） | 2148.32***<br>（4.98） | 1907.104***<br>（4.40） | 2037.546***<br>（4.71） | 2057.897***<br>（4.77） |
| 伪 $R^2$ | 0.009 | 0.010 | 0.010 | 0.010 | 0.010 |

注：括号内表示为 $t$ 值，本章下同。

表 8-8 中的模型 6—模型 8 是在加入生均公用经费变异系数的基础上，分别加入其与父母最高职业等级、父母最高学历、家庭经济水平的交互项；模型 9—模型 11 是在加入教师学历变异系数的同时，分别加入其与父母最高职业等级、父母最高学历、家庭经济水平的交互项。由分析结果可知，区县内生均公用经费均衡水平越高，父母最高职业等级为上层、父母最高学历越高的学生课外补习支出越高；区县内教师学历均衡水平对家庭社会经济地位不同的学生课外补习支出的影响不存在异质性。

表 8-8　生均公用经费、教师学历对家庭社会经济地位不同的学生课外补习支出的影响（$N$=3950）

| 变量 | 模型 6 | 模型 7 | 模型 8 | 模型 9 | 模型 10 | 模型 11 |
|---|---|---|---|---|---|---|
| 生均公用经费变异系数 | −1203.634<br>（−1.33） | 264.929<br>（0.17） | −1038.713<br>（−0.83） | — | — | — |

续表

| 变量 | 模型 6 | 模型 7 | 模型 8 | 模型 9 | 模型 10 | 模型 11 |
|---|---|---|---|---|---|---|
| 教师学历变异系数 | — | — | — | -4878.017*** (-4.23) | -2380.858 (-1.04) | -3007.405* (-2.13) |
| 生均公用经费×中层职业 | -1366.688 (-1.24) | — | — | — | — | — |
| 生均公用经费×上层职业 | -2415.496** (-2.00) | — | — | — | — | — |
| 生均公用经费×父母最高学历 | — | -680.224* (-1.92) | — | — | — | — |
| 生均公用经费×家庭经济中等 | — | — | -1832.949 (-1.37) | — | — | — |
| 生均公用经费×家庭经济富裕 | — | — | -902.920 (-0.47) | — | — | — |
| 教师学历×中层职业 | — | — | — | 523.058 (0.36) | — | — |
| 教师学历×上层职业 | — | — | — | 602.812 (0.35) | — | — |
| 教师学历×父母最高学历 | — | — | — | — | -537.937 (-0.96) | — |
| 教师学历×家庭经济中等 | — | — | — | — | — | -1728.287 (-1.10) |
| 教师学历×家庭经济富裕 | — | — | — | — | — | -3025.387 (-1.03) |
| 其他变量 | 控制 | 控制 | 控制 | 控制 | 控制 | 控制 |
| 伪 $R^2$ | 0.010 | 0.010 | 0.010 | 0.010 | 0.010 | 0.010 |

表 8-9 中的模型是在加入教师职称和学生认知能力变异系数的基础上还分别加入与父母最高职业等级、父母最高学历、家庭经济水平的交互项。区县内教师职称均衡水平对家庭社会经济地位不同的学生课外补习支出的影响不存在异质性；区县内学生认知能力均衡水平越高，父母最高职业等级、父母最高学历、家庭经济水平越高的学生，其课外补习支出越高。

**表 8-9 教师职称、学生认知能力对家庭社会经济地位不同的学生课外补习支出的影响（$N$=3950）**

| 变量 | 模型 12 | 模型 13 | 模型 14 | 模型 15 | 模型 16 | 模型 17 |
|---|---|---|---|---|---|---|
| 教师职称变异系数 | -4550.258*** (-4.22) | -3370.991* (-1.90) | -4066.154*** (-2.82) | — | — | — |
| 学生认知能力变异系数 | — | — | — | -44.464** (-2.02) | 115.508*** (2.37) | -55.424* (-1.96) |
| 教师职称×中层职业 | 2239.677 (1.73) | — | — | — | — | — |

续表

| 变量 | 模型 12 | 模型 13 | 模型 14 | 模型 15 | 模型 16 | 模型 17 |
|---|---|---|---|---|---|---|
| 教师职称×上层职业 | 2175.729<br>（1.55） | — | — | — | — | — |
| 教师职称×父母最高学历 | — | 132.573<br>（0.33） | — | — | — | — |
| 教师职称×家庭经济中等 | — | — | 1352.901<br>（0.88） | — | — | — |
| 教师职称×家庭经济富裕 | — | — | 2044.116<br>（0.92） | — | — | — |
| 学生认知能力×中层职业 | — | — | — | −95.666***<br>（−2.72） | — | — |
| 学生认知能力×上层职业 | — | — | — | −144.393***<br>（−3.45） | — | — |
| 学生认知能力×父母最高学历 | — | — | — | — | −63.953***<br>（−4.65） | — |
| 学生认知能力×家庭经济中等 | — | — | — | — | — | −62.707*<br>（−1.86） |
| 学生认知能力×家庭经济富裕 | — | — | — | — | — | −195.403**<br>（−1.97） |
| 其他变量 | 控制 | 控制 | 控制 | 控制 | 控制 | 控制 |
| 伪 $R^2$ | 0.010 | 0.010 | 0.010 | 0.011 | 0.011 | 0.010 |

## 二、教育均衡化对学科类课外补习支出影响的 Tobit 模型分析

为进一步分析初中教育均衡发展对学生参加不同类型课外补习支出的影响，本章研究将语文、数学、英语课外补习定义为学科类课外补习；将绘画、书法、音乐、舞蹈、棋类、体育、其他课外补习定义为兴趣类课外补习。表 8-10 显示的是区县内义务教育均衡程度对学生学科类课外补习支出影响的 Tobit 模型分析结果。区县内生均公用经费、教师学历、教师职称、学生认知能力变异系数越大（均衡水平越低），学生的学科类课外补习支出显著越低，即区县内初中教育均衡水平越高，初中生学科类课外补习支出越高，且差异达到了显著性水平。

**表 8-10　教育均衡化对学科类课外补习支出影响的 Tobit 模型分析结果（$N$=2870）**

| 变量 | 模型 1 | 模型 2 | 模型 3 | 模型 4 |
|---|---|---|---|---|
| 生均公用经费变异系数 | −2609.964***<br>（−5.30） | — | — | — |
| 教师学历变异系数 | — | −4635.930***<br>（−6.15） | — | — |

续表

| 变量 | 模型 1 | 模型 2 | 模型 3 | 模型 4 |
|---|---|---|---|---|
| 教师职称变异系数 | — | — | −2415.686***<br>（−4.23） | — |
| 学生认知能力变异系数 | — | — | — | −142.656***<br>（−6.38） |
| 其他变量 | 控制 | 控制 | 控制 | 控制 |
| 伪 $R^2$ | 0.008 | 0.008 | 0.008 | 0.008 |

表 8-11 的分析结果显示，区县内生均公用经费均衡水平越高，父母最高职业等级为上层的学生学科类课外补习支出越高；区县内教师学历均衡水平对家庭社会经济地位不同的学生学科类课外补习支出的影响不存在异质性。

**表 8-11　生均公用经费、教师学历对家庭社会经济地位不同的学生学科类课外补习支出的影响（$N$=2870）**

| 变量 | 模型 5 | 模型 6 | 模型 7 | 模型 8 | 模型 9 | 模型 10 |
|---|---|---|---|---|---|---|
| 生均公用经费变异系数 | −662.444<br>（−0.64） | 2933.251*<br>（1.70） | −701.480<br>（−0.48） | — | — | — |
| 教师学历变异系数 | — | — | — | −5320.698***<br>（−3.64） | −3396.520<br>（−1.24） | −4775.846***<br>（−2.71） |
| 生均公用经费×中层职业 | −1902.452<br>（−1.53） | — | — | — | — | — |
| 生均公用经费×上层职业 | −3418.471**<br>（−2.51） | — | — | — | — | — |
| 生均公用经费×父母最高学历 | — | −1322.829***<br>（−3.36） | — | — | — | — |
| 生均公用经费×家庭经济中等 | — | — | −2092.455<br>（−1.34） | — | — | — |
| 生均公用经费×家庭经济富裕 | — | — | −2578.278<br>（−1.18） | — | — | — |
| 教师学历×中层职业 | — | — | — | 1078.721<br>（0.61） | — | — |
| 教师学历×上层职业 | — | — | — | 597.785<br>（0.29） | — | — |
| 教师学历×父母最高学历 | — | — | — | — | −317.095<br>（−0.47） | — |
| 教师学历×家庭经济中等 | — | — | — | — | — | 411.871<br>（0.21） |
| 教师学历×家庭经济富裕 | — | — | — | — | — | −3596.955<br>（−0.95） |
| 其他变量 | 控制 | 控制 | 控制 | 控制 | 控制 | 控制 |
| 伪 $R^2$ | 0.008 | 0.008 | 0.008 | 0.008 | 0.008 | 0.008 |

表 8-12 的分析结果显示区县内教师职称均衡水平对家庭社会经济地位不同的学生学科类课外补习支出的影响不存在异质性；区县内学生认知能力均衡水平越高，父母最高职业等级为上层、父母最高学历越高的学生学科类课外补习支出越高。

**表 8-12　教师职称、学生认知能力对家庭社会经济地位不同的学生学科类课外补习支出的影响（N=2870）**

| 变量 | 模型 11 | 模型 12 | 模型 13 | 模型 14 | 模型 15 | 模型 16 |
|---|---|---|---|---|---|---|
| 教师职称变异系数 | −3911.944***<br>（−3.08） | −4593.096**<br>（−2.27） | −3795.696**<br>（−2.25） | — | — | — |
| 学生认知能力变异系数 | — | — | — | −94.796***<br>（−2.86） | 78.972<br>（1.07） | −118.624***<br>（−2.69） |
| 教师职称×中层职业 | 1574.215<br>（1.06） | — | — | — | — | — |
| 教师职称×上层职业 | 2284.925<br>（1.42） | — | — | — | — | — |
| 教师职称×父母最高学历 | — | 514.084<br>（1.12） | — | — | — | — |
| 教师职称×家庭经济中等 | — | — | 1491.875<br>（0.83） | — | — | — |
| 教师职称×家庭经济富裕 | — | — | 2060.700<br>（0.82） | — | — | — |
| 学生认知能力×中层职业 | — | — | — | 72.234<br>（−1.47） | — | — |
| 学生认知能力×上层职业 | — | — | — | −109.043*<br>（−1.79） | — | — |
| 学生认知能力×父母最高学历 | — | — | — | — | −62.551***<br>（−3.08） | — |
| 学生认知能力×家庭经济中等 | — | — | — | — | — | −25.603<br>（−0.50） |
| 学生认知能力×家庭经济富裕 | — | — | — | — | — | −146.395<br>（−1.16） |
| 其他变量 | 控制 | 控制 | 控制 | 控制 | 控制 | 控制 |
| 伪 $R^2$ | 0.008 | 0.008 | 0.008 | 0.008 | 0.008 | 0.008 |

## 三、教育均衡化对兴趣类课外补习支出影响的 Tobit 模型分析

表 8-13 显示的是区县内义务教育均衡水平对学生兴趣类课外补习支出影响的分析结果。分析结果显示，区县内生均公用经费、教师学历、教师职称、学生认知能力变异系数越大（均衡水平越低），学生的兴趣类课外补习支出显著越低。

即区县内初中教育均衡水平越高，初中生兴趣类课外补习支出显著越高。

**表 8-13 教育均衡化对学生兴趣类课外补习支出影响的 Tobit 模型分析结果（N=2009）**

| 变量 | 模型 1 | 模型 2 | 模型 3 | 模型 4 |
|---|---|---|---|---|
| 生均公用经费变异系数 | −2615.745***<br>（−3.43） | — | — | — |
| 教师学历变异系数 | — | −5043.400***<br>（−4.81） | — | — |
| 教师职称变异系数 | — | — | −2782.522***<br>（−3.14） | — |
| 学生认知能力变异系数 | — | — | — | −80.250***<br>（−3.65） |
| 其他变量 | 控制 | 控制 | 控制 | 控制 |
| 伪 $R^2$ | 0.014 | 0.015 | 0.014 | 0.014 |

表 8-14 的分析结果显示，区县内生均公用经费、教师学历均衡水平对家庭社会经济地位不同的学生兴趣类课外补习支出的影响不存在异质性。

**表 8-14 生均公用经费、教师学历对家庭社会经济地位不同的学生兴趣类课外补习支出的影响（N=2009）**

| 变量 | 模型 5 | 模型 6 | 模型 7 | 模型 8 | 模型 9 | 模型 10 |
|---|---|---|---|---|---|---|
| 生均公用经费变异系数 | −927.657<br>（−0.55） | −1464.374<br>（−0.55） | −588.613<br>（−0.27） | — | — | — |
| 教师学历变异系数 | — | — | — | −3837.220**<br>（−2.06） | −1943.322<br>（−0.52） | −2253.494<br>（−0.97） |
| 生均公用经费×中层职业 | −1973.314<br>（−0.98） | — | — | — | — | — |
| 生均公用经费×上层职业 | −2283.270<br>（−1.09） | — | — | — | — | — |
| 生均公用经费×父母最高学历 | — | −263.480<br>（−0.45） | — | — | — | — |
| 生均公用经费×家庭经济中等 | — | — | −2422.474<br>（−1.03） | — | — | — |
| 生均公用经费×家庭经济富裕 | — | — | −1299.517<br>（−0.41） | — | — | — |
| 教师学历×中层职业 | — | — | — | −2337.403<br>（−0.96） | — | — |
| 教师学历×上层职业 | — | — | — | −823.216<br>（−0.31） | — | — |
| 教师学历×父母最高学历 | — | — | — | — | −759.991<br>（−0.86） | — |
| 教师学历×家庭经济中等 | — | — | — | — | — | −3596.347<br>（−1.39） |

续表

| 变量 | 模型 5 | 模型 6 | 模型 7 | 模型 8 | 模型 9 | 模型 10 |
|---|---|---|---|---|---|---|
| 教师学历×家庭经济富裕 | — | — | — | — | — | −1401.783（−0.31） |
| 其他变量 | 控制 | 控制 | 控制 | 控制 | 控制 | 控制 |
| 伪 $R^2$ | 0.014 | 0.014 | 0.014 | 0.015 | 0.015 | 0.015 |

表 8-15 是教师职称、学生认知能力变异系数对家庭社会经济地位不同的学生兴趣类课外补习支出的影响异质性分析结果。区县内教师职称均衡水平对家庭社会经济地位不同的学生兴趣类课外补习支出的影响不存在异质性；区县内学生认知能力均衡水平越高，父母最高职业等级、父母最高学历、家庭经济水平越高的学生兴趣类课外补习支出越高。

**表 8-15 教师职称、学生认知能力对家庭社会经济地位不同的学生兴趣类课外补习支出的影响（$N$=2009）**

| 变量 | 模型 11 | 模型 12 | 模型 13 | 模型 14 | 模型 15 | 模型 16 |
|---|---|---|---|---|---|---|
| 教师职称变异系数 | −4605.040***（−2.38） | −2059.564（−0.68） | −6188.944**（−2.42） | — | — | — |
| 学生认知能力变异系数 | — | — | — | 9.533（0.31） | 189.827***（2.88） | 9.652（0.24） |
| 教师职称×中层职业 | 3294.262（1.41） | — | — | — | — | — |
| 教师职称×上层职业 | 1070.002（0.44） | — | — | — | — | — |
| 教师职称×父母最高学历 | — | −167.084（−0.25） | — | — | — | — |
| 教师职称×家庭经济中等 | — | — | 3966.731（1.45） | — | — | — |
| 教师职称×家庭经济富裕 | — | — | 3039.966（0.80） | — | — | — |
| 学生认知能力×中层职业 | — | — | — | −126.883**（−2.55） | — | — |
| 学生认知能力×上层职业 | — | — | — | −229.572***（−3.85） | — | — |
| 学生认知能力×父母最高学历 | — | — | — | — | −77.104***（−4.22） | — |
| 学生认知能力×家庭经济中等 | — | — | — | — | — | −112.936**（−2.39） |
| 学生认知能力×家庭经济富裕 | — | — | — | — | — | −386.156**（−2.41） |
| 其他变量 | 控制 | 控制 | 控制 | 控制 | 控制 | 控制 |
| 伪 $R^2$ | 0.014 | 0.014 | 0.014 | 0.015 | 0.015 | 0.015 |

## 第四节 研究结论、讨论与政策建议

### 一、研究结论

第一，区县内生均公用经费、本科及以上学历教师比例、高级及以上职称教师比例、学生认知能力均衡水平越高，初中生的课外补习参与率越高，课外补习支出越高。

第二，区县内生均公用经费、本科及以上学历教师比例、高级及以上职称教师比例、学生认知能力均衡水平对学生参加课外补习概率和课外补习支出具有显著正影响。该研究结果印证了本章研究假设 1。国务院于 2016 年印发《关于统筹推进县域内城乡义务教育一体化改革发展的若干意见》，明确指出要加快推进区县内生均公用经费基准定额统一。生均公用经费是决定学校办学条件的关键要素，区县内生均公共经费均衡水平的提高表示区县内学校办学条件差异的减小，因此，家长和学生更可能选择课外补习来增强自身校外教育资源的占有优势。本科及以上学历、高级及以上职称教师比例代表了高质量教师资源配置水平，高质量教师资源配置的均衡化更可能刺激学生参加课外补习。学生的认知能力在一定程度上能够代表学校的教育结果，学校教育结果均衡水平越高意味着初中生对于优质高中入学机会的竞争压力更大，因此学生认知能力均衡水平越高，学生越可能选择参加课外补习。

第三，区县内生均公用经费、学生认知能力均衡水平越高，家庭社会经济地位越高的初中生，其课外补习支出显著越高；区县内教师学历、教师职称均衡水平对课外补习支出的影响不存在异质性。生均公用经费均衡发展虽然保障了家庭社会经济地位不同的学生能够获得质量均等的学校教育，但家庭社会经济地位较高的家庭可以利用自身经济优势增加对子女的课外补习的投入，拉大与社会经济地位较低家庭之间的校外教育资源差距。学生认知能力均衡水平越高表明家庭社会经济地位不同的学生教育结果差距越小，家庭社会经济地位较高的初中生正在失去升学竞争中的优势，为了保持在升学竞争中的优势地位，他们更可能会通过增加课外补习支出来获得更多优质的校外教育资源，以维持或拉大与弱势阶层学生的教育结果差距。国家在推进义务教育均衡发展时，首先要加大资金投入力度，保障初中阶段的硬件方面的教育资源配置均衡，但教师学历和教师职称的均衡配置难度较大，需要一个更长的过程。本科及以上学历、高级及以上职称比例教师代表了高水平教师资源，教师资源配置的均衡水平是社会各阶层家庭关心的焦点，因此教师学历和教师职称的均衡水平对家庭社会经济地位不同的初中生课外补习支出的影响不存在异质性。

第四，初中教育均衡水平越高，家庭社会经济地位越高的初中生学科类和兴趣类课外补习支出呈现“两手抓”策略。即区县内初中教育均衡水平越高，家庭社会经济地位越高的初中生学科类和兴趣类课外补习支出均显著越高。课外补习支出愈发成为家庭教育投资中的重要组成部分，已有研究发现课外补习费用与家庭的收入水平、教育期望程度呈显著正相关，本章研究在分析初中教育均衡发展对课外补习支出的影响时，还探究了不同家庭社会经济地位的初中生对不同类型的课外补习投资策略。一方面，中考本质上为一种以考试成绩择优录取的升学考试，学科类课外补习能够有效巩固和强化学校教育内容，在初中教育均衡发展的现实背景下，家庭社会经济地位较高的初中生也会增加课外补习支出从而“抓取”迎合应试教育的课外补习资源优势。另一方面，由于示范性高中每年都会有特长生招生计划，通过艺术生和特长生身份争取示范性高中也是初中生的一种重要的升学渠道。同时，增加对兴趣类课外补习支出的投入能够弥补学校个性化教育的不足，使学生获得更丰富的教育资源。因此，随着初中教育均衡的发展，家庭社会经济地位较高的初中生也会“抓取”培养素质的兴趣类课外补习资源优势。

## 二、结论讨论

2020 年，我国高中阶段毛入学率已达到 91.2%，“十四五”规划提出，高中阶段毛入学率提高到 92%以上。[①]但高中阶段教育由普通高中、职业高中、民办高中等类型构成，学校水平也存在质量差异，重点普通高中学生考入重点大学的概率更大。依据 MMI 理论和 EMI 理论，家长和学生已经不满足于接受高中阶段教育机会，而是围绕重点高中的入学机会展开竞争。那么，随着初中教育的全面普及与均衡发展，初中生之间对重点高中入学机会的争夺会更为激烈。初中教育作为义务教育的一部分，由国家和政府提供并保障每一个适龄学生都可以享受到质量均等的初中教育资源。近年来，我国国民经济水平的显著提高，2019 年我国全国居民人均可支配收入为 30 733 元，人均消费支出为 21 559 元。[②]儒家文化中

① 林焕新. 提高 0.8%，影响几何. 中国教育报，2021-04-13（001）.

② 中华人民共和国 2019 年国民经济和社会发展统计公报. http://www.stats.gov.cn/tjsj/zxfb/202002/t20200228_1728913.html.（2020-02-28）［2022-04-25］.

“学而优则仕”的思想也对家庭的消费支出结构产生潜移默化的影响，课外补习作为一种有偿性的校外教育资源，愈发成为我国家庭教育支出的重要部分。EMI理论认为与家庭背景相关的教育不平等是必然的。义务教育均衡发展保障了家庭社会经济地位不同的学生享有均等的学校教育资源，照顾了弱势阶层家庭对教育平等的诉求，但义务教育均衡发展在一定程度上也冲击到了优势阶层家庭的既有利益，优势阶层子女在学校内部的升学竞争优势被弱化。因此优势阶层期望凭借家庭社会经济地位的优越在学校之外的课外补习场域继续发挥优势，继续保持或拉大与弱势阶层子女的教育不平等，削弱政府为教育公平而做出的巨大努力。薛海平的研究发现，课外补习已经成为阶层差距在代际维持和传递的一个重要通道。[①]一方面，政府大力推进义务教育均衡发展，旨在尽可能地减弱由家庭社会经济地位差异而带来的教育不平等，保障每一个孩子都能够享受到均等的学校教育资源；另一方面，家庭社会经济地位差异带来的校外教育不平等一度在课外补习场域中愈演愈烈，侵蚀了教育公平。

## 三、政策建议

第一，增加优质高中资源供给能力，降低初中生对课外补习的需求。本章研究发现，区县内义务教育均衡水平越高，初中生课外补习参与率越高。我国新时代的社会主要矛盾已经转化为人民日益增长的美好生活的需要和不平衡不充分的发展之间的矛盾。在我国高中教育进入普及阶段的背后，存在城乡、区县和校际间高中学校发展不平衡和优质高中教育资源配置不均衡等问题。城市比农村拥有更多的优质高中资源，且衡水中学、毛坦厂中学等“超级中学”对本省市优质教育资源的“虹吸”，削弱了其他区县高中的办学质量和竞争优势，间接增大了这些县区的家长和学生之间对优质高中入学机会的竞争程度。优质高中入学机会稀缺与义务教育均衡发展之间的矛盾，导致初中学生的教育竞争中心由校内转向校外，刺激了课外补习市场的膨胀。因此，政府应均衡配置城乡、区县和校际间的高中资源，扶持农村和高中教育落后区县内的高中发展，扩大优质高中招生规模以增加优质高中资源供给能力，缓解家长和学生对优质高中入学机会的竞争压力，降低初中家长和学生对课外补习的需求。

第二，建议政府在大力推进初中阶段教育均衡发展的过程中，照顾家庭对个

---

① 薛海平. 从学校教育到影子教育：教育竞争与社会再生产. 北京大学教育评论，2015（7）：47-69+188-189.

性化教育的需求，避免学校之间同质化发展。随着社会经济发展和人民收入水平的提高，个性化教育日益成为家长和学生的追求目标。“教育均衡”不等同于“教育平均”，目前各地为推进区域内义务教育均衡发展，出现了“名校+”工程行动计划、①集团化办学②等现象，容易导致区县内学校之间教育教学的同质化，一些家长将视野转向了课外补习场域，期望通过增加兴趣类课外补习支出培养子女的个性化发展。因此，政府要鼓励学校进行特色化建设以消除家长对义务教育均衡发展而带来的学校教育同质化的担忧。

第三，政府要引导家长理性看待课外补习，避免家庭之间在课外补习支出方面的过度竞争而引发的教育焦虑。本章研究发现家庭社会经济地位越高的家庭对教育均衡越敏感，随着义务教育均衡水平的提高，这些家庭的学科类和兴趣类课外补习支出越高。因此，家庭社会经济地位越高的家庭能够利用自身经济优势为子女争取更大的课外补习优势，但也从侧面刺激了课外补习支出“水涨船高”，形成恶性竞争优势。因此，政府应引导家长理性看待课外补习，多关注学生的身心健康发展。

---

① 促进基础教育均衡发展 西安新组建66个“名校+”联合体. http://www.gov.cn/xinwen/2018-08/24/content_5316254.htm.（2018-08-24）[2022-04-25].

② 广州成立多个教育集团促进教育均衡发展. http://www.gov.cn/xinwen/2017-12/14/content_5247012.htm.（2017-12-14）[2022-04-25].

# 第九章　新高考改革对中小学生课外补习支出的影响

2021年7月24日印发的《关于进一步减轻义务教育阶段学生作业负担和校外培训负担的意见》提出坚持从严治理，全面规范校外培训行为，明确规定学科类培训机构的资格审核、培训时间、学科范围等多项细致要求。“双减”政策一经出台立即得到地方政府的重视，校外培训机构受到严厉打击，甚至被迫转型。然而，很多家长却持有怀疑甚至反对的态度，难以实现与政策“共减”，辅导孩子学习的任务从校外培训机构转向了家长自身，引发了许多家长更严重的教育焦虑。家长焦虑源自高考升学压力，甚至，“高考制度不改，‘双减’政策就难以落实”的社会呼声也随之增大。高考作为一种相对公平的选拔机制，为我国经济社会发展遴选输送大批人才，其重要意义不言而喻。但是高考“唯分数论”“一考定终身”的选拔机制确实也加重了学生的学习负担，导致了过度课外补习等“鸡娃育儿”问题。

2014年印发的《国务院关于深化考试招生制度改革的实施意见》是自恢复统一高考以来最全面、最系统的一次考试招生制度改革（简称“新高考改革”）。新高考改革赋予学生选择考试科目的相对自主权，其目的就是更好地推进素质教育，提升学生的核心素养，降低考试压力，促进学生全面而有个性的发展。新高考改革或许是从源头上降低课外补习支出的方法。理由有二：其一，就新高考改革的具体内容而言，考试科目的自主选择化会使学生减少对其弱势科目的选择，转而选择其优势学科和兴趣学科。[①] 故针对弱势科目而不得不参与的课外补习会随之降低。其二，在传统高考的文理科目选择中，理科选择率要远远高于文科，但是新高考改革的执行会降低理科的总体选择比例，出现

① 刘宝剑. 关于高中生选择高考科目的调查与思考——以浙江省2014级学生为例. 教育研究，2015，36（10）：142-148.

“理科萎缩”现象。[①]由于理科更重技巧，文科更重记忆的学科特性，对理科的课外补习需求也普遍高于文科。所以新高考导致的“理科萎缩”现象会降低课外补习需求。可见新高考改革会影响到学生课外补习的参与，有必要探讨新高考改革与中小学生课外补习的关系。基于此，本章研究将新高考改革作为“准自然实验”，探究考试招生制度的改变是否会降低中小学生课外补习支出，力图为“双减”政策实施提供科学的依据。

## 第一节 研究设计

### 一、相关研究

#### （一）新高考改革对学生的影响

由于新高考改革最早始于2014年，针对新高考改革的研究尚处于起步阶段。大多数的研究集中于论述新高考改革的特征分析、存在的问题以及对高中教育的影响。[②③④]在考察新高考改革对学生的影响方面，由于新高考改革赋予学生学科选择的相对自主权，那么学生选科是出于兴趣、能力还是更加功利性的考量？现有研究给出了不一致的回答。

有学者认为学生的学科选择与政策制定的初衷一致，即依据自身兴趣和能力选择。刘宝剑基于浙江2014级学生的调研数据发现，70%的高中生在高一时已经选定三门选考科目，在选择考试科目时主要依据自身的学习特长或兴趣的占比高达76.3%。[⑤] 潘昆峰等通过分析上海和浙江的新高考改革发现高中生的选考科目出现理科选考人数大幅下降的现象，这一“理科萎缩”现象是考生按照现有的学科成绩、兴趣和信心进行选择的结果。[⑥]然而，也有学者发现学生选科时会出于某种功利性的考量而放弃感兴趣或擅长的学科。柯政指出学生在学科选择时并非按照自身的真实兴趣和意愿，而是通过打听和揣摩其他同学的选科情况来调整自

---

① 潘昆峰，刘佳辰，何章立. 新高考改革下高中生选考的“理科萎缩”现象探究. 中国教育学刊，2017（8）：31-36.

② 周海涛，景安磊. 新高考改革助推教育升级. 教育研究，2015，36（8）：91-97.

③ 边新灿，蒋丽君，雷炜. 论新高考改革的价值取向与两难抉择. 中国高教研究，2017（4）：61-65.

④ 崔伟，孙晓园. 新高考选科要求的变与不变. 中国考试，2020（5）：8-15.

⑤ 刘宝剑. 关于高中生选择高考科目的调查与思考——以浙江省2014级学生为例. 教育研究，2015，36（10）：142-148.

⑥ 潘昆峰，刘佳辰，何章立. 新高考改革下高中生选考的“理科萎缩”现象探究. 中国教育学刊，2017（8）：31-36.

己的选择，出现刻意避开别人选择科目的“田忌赛马”现象。[①]刘希伟针对上海和浙江两地考生的调研也发现学生存在“弃理从文”的功利主义倾向，且2018届和2019届毕业生的选科功利现象较2017届毕业生更加严重。[②]

可见，新高考改革影响学生选科的研究已较为成熟。在对学习行为的作用方向，有学者实证分析了新高考改革对理科成绩的显著提高作用，但这一作用对高分位段的资优学生并不显著。[③]尚没有研究考察新高考改革对学生课外补习参与和支出的作用。

### （二）学生参与课外补习的影响因素

本章研究使用“课外补习”这一概念，既包括语言、数学等学科类补习，又包括绘画、音乐、体育等艺体类补习。

课外补习影响因素的研究在国内外都已经较为丰富，已有研究主要考察学生个体、家庭、学校等因素对课外补习参与和支出的影响。在国外学者的研究中，如有学者使用多国比较数据并借助分层广义线性模型，考察学校和学生层面因素对参与课外补习的影响，发现学校环境、学校应对措施、父亲的文化水平等均会对学生参与课外补习产生正的显著影响，且这一影响在东亚地区更明显。[④]有学者基于栅栏模型（hurdle model）探究影响马来西亚家庭在课外补习教育参与和支出的因素，回归结果发现，收入越高、户主学历越高、家庭儿童数量越多、城市家庭有更大概率让其子女参与课外补习，补习支出也更高。[⑤]中泽涉等基于日本大阪大学“高中生及其母亲调查”数据，实证分析结果发现日本家庭收入能显著影响课外补习支出，而家庭子女数量越少，其对子女的课外补习支出越多。[⑥]

在国内的研究中，贝磊等借助栅栏模型，从学校、家庭及学生三个层面检验香港中学生参与补习及费用的影响因素。在课外补习参与方面，学校质量越好、母亲学历高、学生自评成绩越差、参与课外补习也会更高。在课外补习支出方

---

① 柯政.“选考”制度下的“田忌赛马”：原因与对策. 教育发展研究，2016，36（18）：32-38.

② 刘希伟. 高考科目改革的轨迹与反思：基于选择性的视角. 全球教育展望，2018，47（4）：83-97.

③ 吴红斌，蒋承. 新高考改革对文理科选择及成绩的影响研究——基于ACC数据的实证分析. 北京大学教育评论，2019，17（2）：127-148+191.

④ Song K，Park H，Sang K A. Cross-national analysis of the atudent and school-level factors affecting the demand for private tutoring. Asia Pacific Education Review，2013，14（2）：125-139.

⑤ Kenayathulla H B. Household expenditures on private tutoring：Emerging evidence from Malaysia. Asian Pacific Education Review，2013，14（4）：629-644.

⑥ 中泽涉，鲍威，冯倩倩. 日本的影子教育：聚焦高中阶段的课外补习支出. 北京大学教育评论，2015，13（3）：17-28+187.

面，公立学校、家庭收入高、子女数量少的家庭会有显著更高的课外补习花费。[①] 可见，各层面因素对课外补习参与和花费的影响并不一致。有学者研究了重庆市初三年级的学生和家长数据探究课外补习参与的影响因素，发现家庭收入越高、父母的受教育程度越高，学生自我学业评价越高，其参与课外补习的概率也会越高。[②] 周金燕和邹雪借助 PISA 2012 数据对比分析了中国和美国的学生成绩对课外补习的影响情况，结果发现中国在数学和科学类的补习是属于培优型的，但美国的补习主要是补差型，并进一步说明中国课外补习会扩大教育不平等的问题。[③]此外，国内大多研究集中在家庭资本微观层面因素的探讨，且几乎所有的研究结果都得出收入越高、父母文化水平越高、社会资本越高以及政治资本越高的家庭会对子女有更多的课外补习投入。[④⑤]

近年来，一些学者开始从文化观念的角度考察课外补习参与的影响因素。如陈彬莉和白晓曦基于北京市海淀区小学生数据的实证分析得出，课外补习参与除了跟家庭经济背景有关之外，中国传统文化引起父母对子女的高教育期待以及来自同辈群体的压力均会增加课外补习参与情况。[⑥]陈涛等基于霍夫斯泰德文化维度聚焦中国家庭文化价值观，发现家庭公平感、时间偏好、风险偏好以及从众心理等观念均在不同程度上影响影子教育投入的决策。[⑦]

综上所述，目前大部分研究主要从学校、家庭和学生个体的微观层面探讨课外补习的影响因素。而探讨宏观社会因素对课外补习的影响主要来源于选拔性考试制度、就业市场的竞争以及教育均衡化带来的压力问题。[⑧⑨⑩]目前尚未发现分

---

① Bray M，Shengli Z，Lykins C，et al. Differentiated demand for private supplementary tutoring：Patterns and implications in Hong Kong secondary education. Economics of Education Review，2014（38）：24-37.

② Wei Z，Bray M. Shadow education in Chongqing，China：Factors underlying demand and policy implications. Journal of Education Policy，2015，12（1）：83-106.

③ 周金燕，邹雪. 中美学生教育补习机会的影响因素比较——基于 2012 年中国上海和美国 PISA 数据的实证探索. 教育与经济，2016（2）：44-52.

④ 李春玲. 社会政治变迁与教育机会不平等——家庭背景及制度因素对教育获得的影响（1940—2001）. 中国社会科学，2003（3）：86-98+207.

⑤ 薛海平，李静. 家庭资本、影子教育与社会再生产. 教育经济评论，2016，1（4）：60-81.

⑥ 陈彬莉，白晓曦. 家庭社会经济地位、家长同辈群体压力与城镇小学生补习——基于北京市海淀区小学调查. 清华大学教育研究，2015，36（5）：102-109.

⑦ 陈涛，巩阅瑄，李丁. 中国家庭文化价值观与影子教育选择——基于霍夫斯泰德文化维度的分析视角. 北京大学教育评论，2019，17（3）：164-186+192.

⑧ 彭湃. “影子教育”：国外关于课外补习的研究与启示. 比较教育研究，2008（1）：61-65.

⑨ 薛海平，方晨晨. 高考升学竞争与学生课外补习——基于中国家庭追踪调查数据的实证分析. 北京大学教育评论，2020，18（3）：172-186+192.

⑩ 薛海平，师欢欢. 教育均衡化对家庭影子教育支出的影响研究. 国家教育行政学院学报，2021（8）：14-24.

析考试招生制度改革对学生参与课外补习影响的实证研究，但考试招生制度很可能影响学生课后补习参与。因此，本章研究将聚焦高考制度改革是否会对中小学生的课外补习支出产生影响。

## 二、研究数据

本章研究借助中国家庭金融调查与研究（China Household Finance Survey，CHFS）以及 CIEFR-HS 2017 和 2019 年的面板数据。调查内容包括 0—3 岁幼儿早教，3—6 岁幼儿入园情况，6—16 岁以及 16 岁以上在校生的在读情况、入学选择、家庭教育支出和政府补贴。其中，家庭教育支出主要包括校内教育支出和校外教育支出两部分。CHFS 调查内容既包括个体人口统计学特征、家庭成员基本信息以及就业状况、家庭的资产与负债、保险与保障、支出与收入信息，又包括受访者多维度的文化观念信息。由于北京大学中国教育财政科学研究所与西南财经大学中国家庭金融调查与研究中心于 2017 年开展合作调查，两个数据库可以很好地匹配。2017 年数据调查范围覆盖除西藏、新疆和港澳台地区外的 29 个省份 363 个县，共涉及 40 011 户的 127 012 个家庭成员。2019 年数据范围覆盖除西藏、新疆和港澳台地区外的 29 个省份 345 个区县，共涉及 34 643 户的 107 008 个家庭成员。由于 2014 年的第一批新高考改革的学生在 2017 年已经完成高考，第四批改革在观测年份尚未开启，故本章研究所使用的 2017 年和 2019 年数据可以检验第二批（2017 年执行）和第三批（2018 年执行）新高考改革对课外补习的影响，在数据处理时首先将第一批新高考改革的省份（上海和浙江）从样本中剔除。

## 三、变量说明

本章研究关注的因变量为课外补习支出。课外补习支出是指家庭对子女在过去一年用于课外补习的费用，此处的课外补习包含语文、数学等学科类的课外补习，又包含声乐、舞蹈等兴趣类的课外补习。此外，课外补习支出分为学科类和兴趣类的情况在进一步分析里讨论。

本章研究的政策冲击为新高考改革。由于 CHFS 和 CIEFR-HS 作为联合调查于奇数年的 7 月和 8 月开展，其中，课外补习支出是指为过去一年的支出，即 2017 年数据中的课外补习支出数据实际是 2016 年 9 月至 2017 年 8 月的一年的补习支出，而孩子在读年级是指孩子上学期的所在年级，故学生所在年级与课外补习支出费用的数据是对应的。由于第二批新高考改革从2017年秋季新入学的高中一年级学生开始实施，所以在2016年秋季之前入学的学生不受第二批改革的影响。第三批改革也是类似的道理。

因此，本章研究以高中入学时间作为是否会受到改革影响的判断标准，以此设立处理组。①具体如表9-1所示，2017年和2019年数据的在读年级不同，②但是高中入学时间是一样的。在2017年8月到2019年8月的数据年间，2017年9月入学高中的样本会经历第二批改革，2018年9月入学高中的样本会经历第二批和第三批的影响。其他年份入学高中的学生在数据年限内则并不会受新高考改革的影响。

**表9-1 受新高考改革影响的学生样本**

| 在读年级（2017年） | 在读年级（2019年） | 高中入学时间 | 受改革影响批次（2017年8月—2019年8月期间） |
|---|---|---|---|
| 高一 | 高三 | 2016年9月 | 无 |
| 初三 | 高二 | 2017年9月 | 第二批 |
| 初二 | 高一 | 2018年9月 | 第二批和第三批 |
| 初一 | 初三 | 2019年9月 | 无 |
| … | … | …… | |
| 一年级 | 三年级 | 2025年9月 | 无 |

基于以上分析，本章研究将学生样本保留到2017年9月入学高中以及2018年9月入学高中的样本，因为只有这两类学生是在数据年间经历新高考改革的实验群体。为更精细地分析新高考改革对课外补习的效果，本章研究采用多种方法设置处理组和控制组。具体变量与定义见表9-2。

**表9-2 变量与定义**

| 变量 | | 定义 |
|---|---|---|
| 自变量 | 处理组1 | 处理组1为第二批和第三批新高考改革的12个省份在2017年和2018年9月入学高中的学生。控制组为2017到2019年均未改革的省份 |
| | 处理组2 | 处理组2是仅第二批新高考改革的4个省份在2017年和2018年9月入学高中的学生，控制组为2017到2019年均未改革的省份 |
| | 处理组3 | 处理组3是仅第三批新高考改革的8个省份在2018年9月入学高中的学生，控制组为2017到2019年均未改革的省份 |
| | 政策实施后 | 2017年为0，2019年为1 |

① 由于第一批改革省份（浙江和上海）已经从样本中剔除，第四批改革省份改革还没有数据可以检验。所以我们只考察第二批和第三批改革的影响。

② 在读年级是指在2017年或2019年上学期的在读年级。

续表

| 变量 | | 定义 |
|---|---|---|
| 因变量 | 课外补习支出 | 家庭对子女在过去一年用于课外补习的费用，排除掉没有课外补习费用的家庭 |
| | 学科类课外补习支出 | 家庭对子女在过去一年用于学科补习班的费用 |
| | 兴趣类课外补习支出 | 家庭对子女在过去一年用于兴趣补习班的费用 |
| 控制变量 | 户主年龄 | 户主年龄 |
| | 户主性别 | 虚拟变量，女性为1，男性为0 |
| | 父母最高学历 | 父母的最高学历，从未上学到博士，分别赋值0—22 |
| | 户主农村户籍 | 户主为农村户籍设为1，非农户籍设为0 |
| | 家庭年收入 | 家庭各项收入的总和 |
| | 家庭资产 | 家庭各项资产的总和 |
| | 家庭年均消费 | 家庭各项消费的总和 |
| | 家庭人口数 | 家庭所有人口数总和 |
| | 家庭孩子数 | 家庭6—15岁儿童数 |

其中，处理组1实际为第二批和第三批改革的12个省份的学生。处理组2为第二批改革的4个省份的学生样本。处理组3是仅第三批实施新高考改革的8个省份学生。三类处理组对应的控制组均为2017—2019年未改革的省份及其对应入学年份的学生。设置三类处理组因其研究目的略有差异。处理组1是考察2017—2019年实行的两批次新高考改革对课外补习的综合影响。处理组2是仅考察第二批次实行的新高考改革对课外补习的影响。处理组3是仅考察第三批次实行的新高考改革对课外补习的影响。

本章研究的控制变量包括户主年龄、户主性别、父母最高学历、户主农村户籍、家庭收入、家庭资产、家庭消费、家庭人口数以及家庭孩子数。其中，家庭收入包括工资性收入或劳务报酬收入、工商业净收入、农业生产净收入、财产性收入、转移性收入和其他收入；家庭资产包括金融性资产和非金融性资产两大类；家庭消费包括食品消费、衣着消费、居住消费、家庭设备服务消费、医疗保健消费、交通通信消费、教育文娱消费和其他消费。此外，还控制了省份固定效应。

由表9-3的描述性分析可见，处理组1占比为48.1%，处理组2占比18.3%，处理组3占比41.3%。2017年和2019年两年样本中课外补习投入的均值是8187元。其中有90.7%的家庭参与了学科类课外补习支出，其投入均值为7696元，有21.9%的家庭参与兴趣类课外补习支出，其投入均值为5489元，少于学科类课外补习。

**表 9-3　描述性统计**

| 变量 | $M$ | $SE$ | Min | Max |
|---|---|---|---|---|
| 处理组 1 | 0.481 | 0.500 | 0 | 1 |
| 处理组 2 | 0.183 | 0.387 | 0 | 1 |
| 处理组 3 | 0.413 | 0.492 | 0 | 1 |
| 课外补习支出（元） | 8 187 | 14 730 | 1 | 200 000 |
| 学科类课外补习支出（元） | 7 696 | 13 560 | 1 | 200 000 |
| 兴趣类课外补习支出（元） | 5 489 | 9 445 | 50 | 60 000 |
| 户主女性 | 0.176 | 0.381 | 0 | 1 |
| 父母最高学历 | 9.004 | 3.720 | 0 | 22 |
| 户主年龄（岁） | 49.6 | 10.917 | 16 | 85 |
| 户主农村户籍 | 0.640 | 0.480 | 0 | 1 |
| 家庭年收入（元） | 92 451 | 326 000 | 0 | 12 832 180 |
| 家庭资产（元） | 875 000 | 1 900 000 | 0 | 47 505 100 |
| 家庭年均消费（元） | 77 319 | 90519 | 3 898 | 1 748 072 |
| 家庭总人口（人） | 4.423 | 1.399 | 1 | 15 |
| 家庭孩子数（人） | 1.210 | 0.867 | 0 | 7 |

注：学科类补习样本数为 874，兴趣类课外补习样本数为 211，其余变量的样本数均为 963。

## 四、研究方法

本章研究首先采用如下标准 DID 回归模型考察新高考改革对子女课外补习投入的影响：

$$\ln Y_{ijt} = \beta_0 + \beta_1 Treat_{ij} \times Post_t + \beta_2 Post_t + \beta_3 Treat_{ij} + \beta_4 X_{ijt} + \beta_6 Econ_{jt} + u_{ijt} \quad (9\text{-}1)$$

其中，$\ln Y_{ijt}$表示位于省份 $j$ 的家庭 $i$ 对其子女在 $t$ 期的课外补习投入金额的对数。$Treat_{ij}$表示家庭 $i$ 所在的省份 $j$ 在 $t$ 期是否为处理组的哑变量。本章研究设置了三类处理组，分别即为处理组 1，处理组 2，处理组 3。$Post_t$表示政策实施前后变量。2017 年为 0，2019 年为 1。$X_{ijt}$为控制变量，包含户主变量、父母变量和家庭变量。$Econ_{jt}$是经济变量，主要是省份固定效应。此外，$\beta_0$为截距项，$\beta_1$，$\beta_2$，$\beta_3$为各类变量对应的回归系数。

由于对以上模型进行 OLS 回归，得到的 $\widehat{\beta_1}$ 即为 DID 估计量。但只使用以上模型可能存在以下几方面的问题：第一，DID 法的前提是对共同趋势假设的验证，由于只有两期的面板数据，难以借助改革前的多期数据进行平行趋势检验。第二，新高考改革的选取省份并非随机，可能产生内生性问题。比如，中央可能会倾向于选择经济条件好、教育资源好的省份进行改革。第三，由于其他不可观测的遗漏变量引起的内生性问题，比如子女的课外补习参与行为跟家庭生活习惯以及父母文化观念等有关。其中，第一个问题我们可以通过进行安慰剂检验进行共同趋势假设的验证，本章研究设置了两类安慰剂检验。第一类是在控制组内随机分为两组，一组作为“虚拟”处理组，一组作为“虚拟”控制组；第二类是考察新高考改革省份但尚未参与新高考改革的学生群体作为处理组进行考察，均可发现 $\widehat{\beta_1}$ 是不显著的。第二个问题由于因变量为个体层面的变量，而政策选择的非随机性是发生在省级层面，故这类内生性问题对于家庭或者居民影响不大。本章研究也使用 PSM-DID 法增强处理组和控制组的可比性。而对可能存在的遗漏变量问题，本章研究主要通过增加尽可能多的控制变量，以及运用固定效应模型排除不随时间变动的遗漏变量的干扰。

## 第二节　新高考改革对中小学生课外补习支出影响分析

### 一、新高考改革对中小学生课外补习支出的影响效应分析

#### （一）基准结果

按照对处理组的不同定义，在控制所有户主变量、家庭变量以及省级固定效应后，分别基于三类处理组进行双重差分模型检验新高考改革对课外补习支出的影响。实证分析如表 9-4 所示，模型 1—模型 3 分别为处理组 1、处理组 2 以及处理组 3 三类处理组对应的改革带来的补习效应，需要关注的是三个处理组与“新高考后”的交叉项系数。

**表 9-4　新高考改革与课外补习支出**

| 变量 | 模型 1 | 模型 2 | 模型 3 |
|---|---|---|---|
| 处理组 1×新高考后 | −0.122<br>（0.12） | — | — |
| 处理组 1 | 0.708**<br>（0.32） | — | — |
| 处理组 2×新高考后 | — | −0.141<br>（0.20） | — |
| 处理组 2 | — | 0.687**<br>（0.33） | — |
| 处理组 3×新高考后 | — | — | −0.026<br>（0.17） |
| 处理组 3 | — | — | 0.177<br>（0.39） |

续表

| 变量 | 模型 1 | 模型 2 | 模型 3 |
|---|---|---|---|
| 新高考后 | 0.306***<br>（0.08） | 0.317***<br>（0.08） | 0.199*<br>（0.11） |
| 其他变量 | 控制 | 控制 | 控制 |
| $N$ | 963 | 647 | 471 |
| $R^2$ | 0.304 | 0.351 | 0.331 |

注：括号内为标准误。

从表 9-4 的回归结果来看，三类处理组对应的交叉项均为负，但却均不显著。这说明从总体来看，无论是两次新高考改革的综合作用，还是第二批以及第三批两次新高考改革分别效果来看。相较于没有接受新高考改革的群体而言，新高考改革并没有对实验群体的课外补习支出造成显著效果，虽然回归系数为负。

但是，以上的结论并不能说明新高考改革对学生的课外补习支出没有产生影响。比如，对于处理组 2（即处理组仅为第二批实施改革的 4 个省份）而言，第二批新高考改革对两类群体均有可能产生影响。一类是 2017 年 9 月入学的学生，另一类是 2018 年 9 月入学的学生。在本章研究的数据使用年（2017 年 8 月到 2019 年 8 月），对于 2018 年 9 月入学的学生，到 2019 年 8 月只经历了一年的新高考改革，可考察新高考改革对课外补习支出的当期影响。而对于 2017 年 9 月入学的学生而言，到 2019 年时已经经历了两年的新高考改革，可考察新高考改革对课外补习支出的影响是否具有延迟效应。为此，我们还需要进一步考察新高考改革对不同年份入学学生的课外补习支出有何种影响。

分样本回归结果如表 9-5 所示，分别考察处理组 2 在 2017 年和 2018 年 9 月入学的学生样本情况，即经历第二批新高考改革的第二年和第一年的两类样本分别会对其课外补习支出产生何种作用。我们发现，交叉项（处理组 2×新高考后）在 2017 年 9 月入学高中的学生样本中显著为负，这说明在经历新高考改革的第二年，处理组学生的课外补习支出显著低于控制组学生。但是对 2018 年 9 月入学的学生而言，交叉项的系数均不显著。这说明在经历新高考改革的第一年，处理组学生的课外补习行为并不会受新高考改革的影响。通过对试点省份高中生的访谈得知，学生一般在高一下学期才能完成选科，所以在尚未确定选科组合的高一学生而言，课外补习行为没有受到改革的显著影响。这可能也表明，降低课外补习支出的行为可能与自主性选科有关，后文将在机制分析中对此进行验证。

当然，正如模型中提到的，这一结果可能存在内生性问题。本章研究接下来的稳健性检验和内生性处理针对处理组 2 在 2017 年入学高中样本为基础展开。

表 9-5 新高考改革与课外补习支出（基于不同年份入学样本的回归结果）

| 变量 | 2017 入学样本 | 2018 入学样本 |
|---|---|---|
| 处理组 2×新高考后 | −0.550** | 0.169 |
| | （0.26） | （0.28） |
| 处理组 2 | 1.363*** | −0.122 |
| | （0.48） | （0.44） |
| 新高考后 | 0.497*** | 0.195* |
| | （0.13） | （0.11） |
| 户主女性 | 0.129 | 0.017 |
| | （0.13） | （0.12） |
| 父母最高学历 | 0.003 | −0.001 |
| | （0.02） | （0.02） |
| 户主年龄 | 0.130*** | −0.085* |
| | （0.04） | （0.05） |
| 年龄的平方 | −0.001*** | 0.001* |
| | （0.00） | （0.00） |
| 农村户籍 | −0.473*** | −0.339*** |
| | （0.12） | （0.11） |
| 家庭年收入 | 0.098** | 0.041 |
| | （0.04） | （0.04） |
| 家庭资产 | 0.061 | 0.129*** |
| | （0.04） | （0.04） |
| 家庭年均消费 | 0.338*** | 0.356*** |
| | （0.09） | （0.08） |
| 家庭总人口 | −0.200*** | −0.172*** |
| | （0.06） | （0.06） |
| 家庭孩子数 | 0.078 | −0.008 |
| | （0.09） | （0.10） |
| 省份固定效应 | 控制 | 控制 |
| $N$ | 324 | 323 |
| $R^2$ | 0.412 | 0.391 |

注：括号内为标准误。

## （二）稳健性检验

### 1. 共同趋势检验

DID 模型成立的前提是共同趋势假设。由于只有两年的数据，本章研究无法借助改革前多起数据比较的方式进行共同趋势检验，另一行之有效的方式是进行安慰剂检验。在控制组内手动构造“虚拟的”处理组与控制组，控制组取 0，处理组为 1，新生成的变量为“虚拟处理组”。[①] 回归结果发现（表 9-6），交叉项的系数并不显著。说明在控制组中，不存在新高考改革对课外补习的冲击，即安慰剂检验成立。

**表 9-6 安慰剂检验-设置虚拟的控制组和处理组**

| 变量 | 课外补习支出 |
|---|---|
| 虚拟处理组×新高考后 | 0.163<br>（0.23） |
| 虚拟处理组 | −0.145<br>（0.47） |
| 新高考后 | 0.394**<br>（0.18） |
| 其他变量 | 控制 |
| $N$ | 259 |
| $R^2$ | 0.429 |

当然，在控制组内进行一次随机分组的结果并不能说明安慰剂检验的一般性。为此，本章研究通过设立不同的种子数，进行 500 次随机分组，[②]得到 500 个回归系数，回归交叉项系数的分布如图 9-1 所示：其均值为−0.0023，约等于 0，且近似呈现正态分布。这一系数的分布随机性进一步验证了以上安慰剂检验的稳健性。

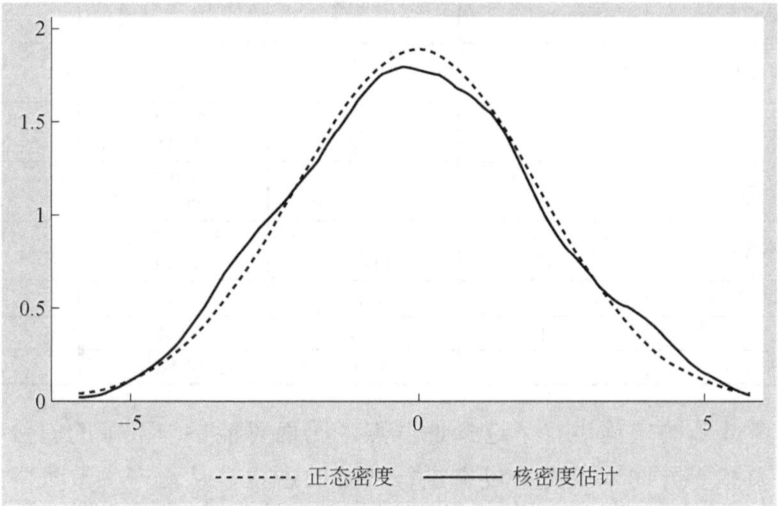


图 9-1 安慰剂检验—500 次随机分组的回归系数分布

① 此处运用 STATA 软件构造随机分组的功能，设置种子数为 19 920 619。

② 种子数分别设置 1—500 的循环。

### 2. 基于减弱内生性问题的回归结果

在影响课外补习的因素中，可能存在一些遗漏变量。首先尝试考虑将可以量化的遗漏变量加入模型中进行稳健性检验。为此，本章研究将添加孩子的学习成绩、所在学校水平以及城市级别进行考察。其中，孩子的学习成绩设为 5 等级变量，数值 1—5 分别表示学习成绩“最后几名”“中下”“中等”“中上”“前几名”，数值越大，表示孩子成绩越好。所在学校水平同样为 5 等级变量，数值越大表示学校质量越好。回归结果如表 9-7 所示，前三列为分别加入孩子的学习、所在学校水平以及城市级别的回归结果，研究显示当加入这几个变量后，交叉项的系数和显著性均没有受到较大影响。将 3 个变量同时加入模型后，交叉项系数的变化不大，其显著水平从 5%降为 10%，仍然通过了稳健性检验。

表 9-7　加入更多的控制变量的回归结果

| 变量 | 模型 4 | 模型 5 | 模型 6 | 模型 7 |
|---|---|---|---|---|
| 处理组 2×新高考后 | −0.538**<br>（0.26） | −0.515**<br>（0.25） | −0.539**<br>（0.26） | −0.505*<br>（0.27） |
| 处理组 2 | 1.308***<br>（0.45） | 1.177***<br>（0.38） | 1.089**<br>（0.49） | 1.255***<br>（0.38） |
| 新高考后 | 0.471***<br>（0.13） | 0.445***<br>（0.14） | 0.487***<br>（0.13） | 0.436***<br>（0.13） |
| 学习成绩 | 0.034<br>（0.05） | — | — | 0.050<br>（0.06） |
| 学校水平 | — | −0.019<br>（0.07） | — | −0.022<br>（0.07） |
| 一线城市 | — | — | 0.319<br>（0.39） | 0.317<br>（0.32） |
| 二线城市 | — | — | 0.368**<br>（0.15） | 0.382**<br>（0.15） |
| 三线城市 | — | — | 0.072<br>（0.15） | 0.092<br>（0.16） |
| 常数项 | 0.691<br>（1.42） | 1.110<br>（1.41） | 1.277<br>（1.39） | 1.273<br>（1.42） |
| 省份固定效应 | 控制 | 控制 | 控制 | 控制 |
| $N$ | 321 | 319 | 324 | 318 |
| $R^2$ | 0.410 | 0.411 | 0.426 | 0.426 |

新高考改革的实施进行了选择性试点，因而可能参与改革的省份在经济水平、教育负担等方面本就异于没有进行改革的省份，从而产生政策内生性的问题。改革可能的内生性作用在省级层面，虽然作用到个体层面的影响已经大大减弱。本章研究还是使用倾向得分匹配的 DID 识别方法。依次尝试多种匹配方式，保留共同匹配的样本范围后再进行 DID 回归。结果发现，核匹配的匹配效果是最

优的，仅丢掉了 12 个未在共同匹配范围内的样本。PSM-DID 的回归结果如表 9-8 所示，交叉项系数为−0.574，且在 0.01 的水平显著。与初始 DID 结果非常接近。

**表 9-8　PSM-DID 的联合识别**

| 变量 | PSM-DID（核匹配） |
|---|---|
| 处理组 2×新高考后 | −0.574**<br>（0.26） |
| 处理组 2 | 1.344***<br>（0.41） |
| 新高考后 | 0.524***<br>（0.13） |
| 其他变量 | 控制 |
| $N$ | 312 |
| $R^2$ | 0.406 |

此外，本章研究还可能存在某些个体不可观测的变量会影响家庭对子女的课外补习投入情况，进而产生遗漏变量内生性问题。借助个体层面固定效应进行回归，以放松个体不随时间变动异质性的影响。从表 9-9 的回归结果可以看出，在控制所有变量后，交乘项的系数为−0.735，且在 0.001 水平显著。与使用标准 DID 模型的结果较为接近，且显著性更强。这在一定程度上说明由于不可观测变量带来个体异质性对课外补习投入行为的影响是很小的。

**表 9-9　基于固定效应的回归结果**

| 变量 | FE |
|---|---|
| 处理组 2×新高考后 | −0.735***<br>（0.16） |
| 处理组 2 | 0.000<br>（0.00） |
| 新高考后 | −1.088***<br>（0.31） |
| 其他变量 | 控制 |
| $N$ | 324 |
| $R^2$ | 0.889 |

### （三）进一步分析

#### 1. 新高考改革对课外补习支出的预期效应

虽然早于 2017 年入学的高中生不会受到政策的影响，但是在 2019 年之后入学高中的初中生或小学生有可能在了解政策后提前做出反应。基于此，本章研究重新设置不同的处理组和控制组。需要注意的是，由于 2019 年之后入学高中的样本均有可能经历前三批改革试点，所以重新设置处理组为前三批改革的省份，控制组为其他没有进行改革的省份。分别对不同年份入学的学生样本进行基于 DID 模型的实证分析。如图 9-2 的回归结果显示，经历改革的初中学生表现出了新高考改革对课外补习支出的显著抑制作用，而改革对课外补习支出的预期效应仅对初三学生显著，小学生的课外补习行为并没有受到新高考改革的显著影响。这可能说明，改革试点地区的初中学生对新高考政策更加了解，可能提前制定自己的高中选科倾向，表现出降低当前课外补习支出的行为。

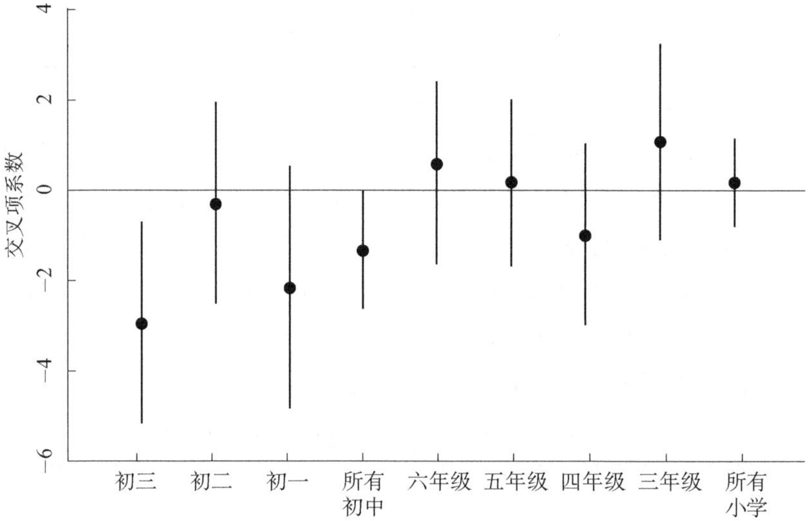


图 9-2　新高考改革与课外补习支出（初中和小学样本）

注：横坐标对应年级为 2019 年数据中的在读年级。具体地，“初三”对应在 2019 年入学高中的学生，“初二”对应在 2020 年入学高中的学生，以此类推（可见表 9-3）。

### 2. 新高考改革对不同类型课外补习支出的影响

表 9-10 对学科类课外补习和兴趣类课外补习两类因变量的进一步分析，结果发现新高考改革仅对学科类课外补习有显著负向影响，但是对兴趣类补习的影响并不显著。这一结论的原因可能在于新高考改革的政策制定与实施偏向对学科类科目考试压力的降低，但对艺体类兴趣班并没有此种规定。

**表 9-10　新高考改革与课外补习支出—按课外补习类型划分**

| 变量 | 学科类补习 | 兴趣类补习 |
|---|---|---|
| 处理组 2×新高考后 | −0.536*<br>(0.30) | −0.404<br>(1.05) |

续表

| 变量 | 学科类补习 | 兴趣类补习 |
|---|---|---|
| 处理组 2 | 1.472***<br>（0.45） | 0.159<br>（1.92） |
| 新高考后 | 0.496***<br>（0.15） | 0.697<br>（0.55） |
| 其他变量 | 控制 | 控制 |
| $N$ | 288 | 74 |
| $R^2$ | 0.454 | 0.477 |

## 二、新高考改革对中小学生课外补习支出的影响机制分析

第一，本章研究认为新高考改革引发的“理科萎缩”的高考选科现象是降低课外补习支出的一个重要原因。在传统高考的文理科目选择中，理科选择率要远远高于文科，但是新高考改革的执行会降低理科的总体选择比例。[①] 根据选取的新高考改革样本，即以 2020 年参加高考的北京、天津、山东、海南 4 个省份为例，通过搜集理科占比的相关数据来对比分析新高考改革前后的理科选择比例[②]。如表 9-11 所示，在新高考改革之前，2018 和 2019 年 4 省份选择理科的人数占比分别平均为 69.37%、69.81%、57.75%、66.94%。

**表 9-11　新高考改革前后的理科情况比较**

| 省份 | 新高考改革前 | | | | 新高考改革后 | |
|---|---|---|---|---|---|---|
| | 人数 | 2018 年高考 | 2019 年高考 | 两年平均 | 学科 | 2020 年高考占比（%） |
| 北京 | 理科人数 | 34 592 | 34 345 | 34 468 | 物理 | 61.54 |
| | 总人数 | 50 842 | 49 070 | 49 956 | 化学 | 63.32 |
| | | | | | 生物 | 44.33 |
| | 理科占比（%） | 68.75 | 69.99 | 69.37 | 理科 | 56.40 |
| 天津 | 理科人数 | 37 589 | 37 022 | 37 305 | 物理 | 45.45 |
| | 总人数 | 53 017 | 53868 | 53 442 | 化学 | 61.97 |
| | | | | | 生物 | 64.00 |
| | 理科占比（%） | 70.89 | 68.72 | 69.81 | 理科 | 57.14 |

① 潘昆峰，刘佳辰，何章立. 新高考改革下高中生选考的“理科萎缩”现象探究. 中国教育学刊，2017（8）：31-36.

② 新高考实施后选科情况如何？北京、天津、山东 2020 年选科数据揭秘！ http://k.sina.com.cn/article_6588938277_188bb382501900q2fb.html.（2020-12-12）[2022-04-25].

续表

| 省份 | 新高考改革前 | | | | 新高考改革后 | |
|---|---|---|---|---|---|---|
| | 人数 | 2018年高考 | 2019年高考 | 两年平均 | 学科 | 2020年高考占比（%） |
| 山东 | 理科人数 | 305 551 | 316 786 | 311 168 | 物理 | 39.52 |
| | 总人数 | 532 075 | 545 522 | 538 798 | 化学 | 49.79 |
| | | | | | 生物 | 57.83 |
| | 理科占比（%） | 57.43 | 58.07 | 57.75 | 理科 | 49.05 |
| 海南 | 理科人数 | 17 790 | 36 528 | 27 159 | 物理 | 38.79 |
| | 总人数 | 24 724 | 58 993 | 41 858 | 化学 | 52.22 |
| | | | | | 生物 | 69.01 |
| | 理科占比（%） | 71.95 | 61.92 | 66.94 | 理科 | 53.34 |

注：该数据来源于各省份一分一段表和北京高考资讯团队整理的高考选科数据。

新高考改革后的理科占比明显降低。通过计算北京、天津、山东和海南4个省份在2020年高考选择物理、化学和生物三门理科占比的平均值作为新高考改革后的理科占比。4省份选择理科的占比就分别下降到56.40%、57.14%、49.05%、53.34%。理科选择比例的降低会减少理科的课外补习参与。而在课外补习参与中，由于理科更重技巧，文科更重记忆的学科特性，对理科的补习需求也一般高于文科。故而理科选择比例的下降会对总体的课外补习支出产生抑制作用。

第二，新高考改革选科自由度的扩大避免了学生在相同赛道上的竞争，这是降低课外补习支出的另一重要机制。本章研究的数据年限可以考察第二批和第三批的新高考改革影响，但却只发现了第二批改革的影响效应。通过搜集相关数据发现，相较于第二批新高考改革省份，第三批新高考改革省份的选科要求更加具体和严格，限制了学生的选科自由度。从选科要求来看，学者将高考选科要求总结为3个阶段（表9-12）①：第一阶段，高校只给出选科范围，学生只要符合其中之一即可；第二阶段，出现了学生必须同时选择2门或3门科目才可以的要求；第三阶段，6门科目被划分为首选和再选，高校同时对首选和再选科目进行规定，仍存在必须同时选择2门或3门科目的要求。

① 崔伟，孙晓园. 新高考选科要求的变与不变. 中国考试，2020（5）：8-15.

**表 9-12 三阶段的选课要求类型**

<table>
<tr><th>阶段</th><th>试点批次</th><th>招生年份</th><th colspan="2">类型</th></tr>
<tr><td rowspan="4">第一阶段</td><td rowspan="4">第一批</td><td rowspan="4">2017<br>2018<br>2019</td><td colspan="2">不限</td></tr>
<tr><td colspan="2">X 必选</td></tr>
<tr><td colspan="2">X/Y（只须符合其中 1 门即可）</td></tr>
<tr><td colspan="2">X/Y/Z（只须符合其中 1 门即可）</td></tr>
<tr><td rowspan="6">第二阶段</td><td rowspan="6">第一、二批</td><td rowspan="6">2020</td><td colspan="2">不限</td></tr>
<tr><td colspan="2">X（必须选考方可报考）</td></tr>
<tr><td colspan="2">X/Y（选考其中 1 门即可）</td></tr>
<tr><td colspan="2">X+Y（均需选考方可报考）</td></tr>
<tr><td colspan="2">X/Y/Z（选考其中 1 门即可）</td></tr>
<tr><td colspan="2">X+Y+Z（均需选考方可报考）</td></tr>
<tr><td rowspan="5">第三阶段</td><td rowspan="5">第三批</td><td rowspan="5">2021</td><td>首选：</td><td>再选：</td></tr>
<tr><td>物理或历史均可</td><td>不限</td></tr>
<tr><td>仅物理</td><td>A（必须选考方可报考）</td></tr>
<tr><td>仅历史</td><td>A/B（选考其中 1 门即可）</td></tr>
<tr><td></td><td>A+B（均需选考方可报考）</td></tr>
</table>

注：X、Y、Z 分别代表 3 门不同科目，A、B 代表除物理、历史外的 2 门不同科目。

而从选科组合数据来看，搜集了第二批和第三批省份实际选科组合比例的相关数据①（表 9-13）。相较于“3+3”高考选科模式，“3+1+2”的选科模式缺少了物理和历史同时选择的组合类型，也限制了除物理和历史之外科目的自由组合情况。但是这些科目组合在“3+3”选科模式中仍占有较高比重，尤其是“化生地”这一理科属性和文科属性都不是很强的混合选科组合。

**表 9-13 高考选科组合人数比例** 单位：%

| 选科组合 | “3+3”选科模式 | “3+1+2”选科模式 | | | | | |
|---|---|---|---|---|---|---|---|
| | 山东 | 江苏 | 福建 | 湖北 | 湖南 | 广东 | 重庆 |
| 物化地 | 6.9 | 8.8 | 10.3 | 9.0 | 11.7 | 12.3 | 10.2 |
| 物生政 | 1.3 | 6.1 | 5.4 | 6.5 | 5.7 | 6.2 | 6.9 |
| 物生地 | 6.8 | 10.8 | 14.3 | 13.5 | 11.6 | 14.7 | 10.4 |
| 物政地 | 1.2 | 4.3 | 3.3 | 3.9 | 5.5 | 4.5 | 3.2 |
| 物化政 | 1.5 | 8.1 | 2.8 | 2.7 | 5.2 | 4.2 | 6.2 |
| 物化生 | 13.1 | 19.6 | 15.7 | 16.1 | 13.4 | 14.3 | 16.8 |

① 由于数据限制，第二批新高考改革只搜集到了山东省 2020 届高考选科组合数据，与本章研究所使用 2017 级高中入学样本一致，数据来源于山东省教育厅巡视员张志勇在第十四届全国重点中学校长论坛中公布的相关数据。第三批新高考改革选科组合数据为对应 2021 届高考选科组合数据。

续表

| 选科组合 | “3+3”选科模式 | “3+1+2”选科模式 | | | | | |
|---|---|---|---|---|---|---|---|
| | 山东 | 江苏 | 福建 | 湖北 | 湖南 | 广东 | 重庆 |
| 化生史 | 3.6 | 5.2 | 8.4 | 14.1 | 7.3 | 8.4 | 8.2 |
| 化政史 | 1.6 | 3.1 | 2.6 | 3.2 | 5.1 | 3.8 | 3.9 |
| 化史地 | 5.0 | 1.8 | 4.9 | 1.8 | 4.3 | 3.5 | 1.1 |
| 生史地 | 11.2 | 4.3 | 14.2 | 9.3 | 8.9 | 9.4 | 3.8 |
| 生政史 | 2.8 | 9.1 | 8.8 | 10.3 | 10.0 | 9.7 | 12.0 |
| 政史地 | 16.7 | 18.9 | 9.2 | 9.6 | 11.3 | 9.6 | 17.6 |
| 物化史 | 2.0 | — | — | — | — | — | — |
| 物生史 | 1.3 | — | — | — | — | — | — |
| 物政史 | 0.8 | — | — | — | — | — | — |
| 物史地 | 4.7 | — | — | — | — | — | — |
| 化政生 | 4.1 | — | — | — | — | — | — |
| 化政地 | 1.9 | — | — | — | — | — | — |
| 化生地 | 10.1 | — | — | — | — | — | — |
| 生政地 | 3.5 | — | — | — | — | — | — |

## 三、新高考改革对中小学生课外补习支出的异质性分析

本章研究按照学生成绩、家庭收入以及所在城市级别分组进行异质性分析。由于本章研究分析样本在 300 个左右，在进行异质性分析时只将每类变量分为两组以保证回归结果的样本量。实证分析如表 9-14 所示。

其中，学生成绩分为中等及以下和中上及以上两类，结果发现，学生成绩在中上及以上组别的交叉项系数为−0.902，且在 0.01 水平显著，说明成绩较好的学生才会受新高考改革政策影响而降低课外补习支出。按家庭收入划分的结果却发现，高收入家庭的处理组学生较控制组的课外补习支出显著更低。按城市级别划分的结果也显示，一二线城市学生组别的交叉项系数为负，且在 0.001 水平显著，可见一二线城市的学生才会受新高考改革政策影响表现出课外补习支出的显著降低。异质性的分析结果说明，高收入、一二线城市的家庭和学习成绩好的学生更易受新高考改革的影响而降低课外补习支出，这可能由于优势家庭的子女课外补习支出水平更高，其降低空间也相对较大。这一研究结论对促进不同社会阶层的教育平等有着积极意义。

表 9-14　新高考改革对课外补习支出的异质性分析

| 变量 | | 处理组 2×新高考后 | $N$ | $R^2$ |
|---|---|---|---|---|
| 按学生成绩 | 中等及以下 | −0.461<br>（0.34） | 167 | 0.503 |
| | 中上及以上 | −0.902**<br>（0.43） | 154 | 0.486 |
| 按家庭收入 | 低收入 | −0.284<br>（0.43） | 115 | 0.442 |
| | 高收入 | −0.606*<br>（0.33） | 209 | 0.446 |
| 按城市级别 | 一二线城市 | −0.663***<br>（0.23） | 136 | 0.479 |
| | 三四线城市 | −0.065<br>（0.62） | 188 | 0.380 |

# 第三节　研究结论、讨论与政策建议

## 一、研究结论

“双减”政策的实施对规范课外补习机构起到了很大的作用，但是家长的教育焦虑仍然高涨，私人家教等地下补习行为屡禁不止。“双减”政策难以完全落地，其根本原因是家长和学生对课外补习的需求并未消减，过高的课外补习需要源自考试制度带来的升学压力。可以说，“双减”政策落地难的问题，其重要根源是考试招生制度的问题。基于此，以“减负”为导向的考试招生制度是否会降低中小学的课外补习支出？本章研究将新高考改革作为外生的“准自然实验”，探究考试招生制度的改变是否会降低中小学生课外补习支出，为“双减”政策实施提供科学依据。

本章研究借助 CHFS 以及 CIEFR-HS 2017 年和 2019 年的面板数据，采用双重差分模型的实证研究得出如下结论：①相较于没有新高考改革的同级学生，经历新高考改革的学生表现出了对课外补习的显著抑制作用，但这一效应仅在经历改革的第二年显著。这说明新高考改革对课外补习支出的抑制作用具有一年的延迟效应。②改革具有预期效应。初中学生，尤其是初三学生，表现出了新高考改革对课外补习的显著抑制作用，小学生的课外补习行为并没有受到新高考改革的显著影响。③将课外补习分为学科类课外补习和兴趣类课外补习两类作为因变量的进一步分析。研究发现新高考改革仅对学科类课外补习有显著负向影响，但是对兴趣类补习的影响并不显著。④考察新高考改革对课外补习效应产生抑制效应的机制分析。通过数据分析后的研究结果，新高考改革引发的“理科萎缩”的高考选科现象和选科自由度的扩大是抑制课外补习支出的重要原因。⑤在异质性分析中，优势家庭的子女更易受新高考改革的影响而降低课外补习支出，这一研究结论对促进不同社会阶层的教育平等有着积极意义。

## 二、讨论

本章研究发现新高考改革会降低课外补习支出，其机理是学生对擅长科目选择自主权的扩大降低了课外补习的需求。然而，目前新高考改革省份的学生在选科方面仍难以兴趣或擅长作为标准，存在急功近利或被外界干扰等问题。这可能出于以下几方面原因。第一，高校专业选考对应学科，限制了学生学科选择。教育部印发的《普通高校本科招生专业选考科目要求指引（通用版）》，对每个具体专业提出了“可选科目”和“选考要求”。在该文件的92个专业类的选考要求中，提及最多的是科目是物理，共被63个专业类提及，占专业类总数的68%。而各高校在制定选考科目要求时，有更多的专业类被限定为必考物理，尤其是高水平大学和专业。这种专业限定的招生方式虽然有利于学生进入大学后的专业学习，但也容易引导学生更倾向选择物理这类更有用的“万能学科”。第二，教学师资力量的不足，难以实现所有选科组合的分班。目前，“3+3”选科模式有20种选科组合，而“3+1+2”模式也有12种选科组合。相较于走班制，传统行政班级具有便于管理，学习氛围更好等多方面的优点。但是绝大多数学校难以对所有选科组合实行分班管理，而选择“冷门”选科组合的学生只能通过走班学习。因此，学生可能提前预测走班的成本而放弃原本擅长的学科。第三，大数据分析选科组合特点，引导学生选择优势组合。学校或课外补习机构会通过往年新高考改革的选科数据进行深入分析，形成对每种选科组合的人数和优劣势的分析报告供学生参考。课外补习机构也以“制定一对一选科指导”为噱头吸引家长和学生参与到后续学科补习。

## 三、政策建议

基于以上分析，本章研究建议相关部门和决策者应结合“双减”政策，从降低课外补习需求的角度出发完善新高考改革。应更加注重学生的选科自主权，避免在固定赛道的同质竞争。具体可考虑从几下几方面展开。

第一，相关部门和高校可以考虑适当放开专业对应学科的限制，尽量不要存在“万能学科”或“冷门学科”，这不利于综合性人才的选拔标准。第二，学校应合理配置教学师资力量，做到针对每一类学科组合开展分班教学，有利于增强学生冷门选科组合的信心，形成更好的学习氛围。第三，选科大数据分析应更加注重兴趣与特长学科的发掘与培养，弱化客观上“优势”学科组合的引导。

不同于治理课外补习机构的供给侧结构性改革，改进考试招生制度以实施课外补习需求侧改革，或许能对政府落实“双减”政策和治理课外补习乱象提供一种解决问题的新思路。决策机构和教育管理者应该思考如何进一步深化我国当前的中高考制度改革从根源上引导学生和家长降低对课外补习需求，回归到素质教育的初心，实现“双减”政策目标。

# 第十章 高等教育普及化对中小学生参与课外补习的影响

随着我国高等教育事业的不断发展，2019 年，我国高等教育进入普及化阶段，2020 年，高等教育毛入学率更是达到 54.4%，[①②]但我国优质高等教育资源却仍然缺乏。一方面，我国的双一流高校为 137 所，只占 2020 年高校数量的 5.0%。[③]另一方面，在各大世界高校排名中，我国无一高校进入世界前 10，世界前 30 也仅有北京大学和清华大学两所内地高校。可见，我国优质高等教育资源从总体上仍较为缺乏。

教育作为阶层保持优势的隐蔽手段。父母对于孩子如何实现阶层上升或起码保持阶层优势更是寄予厚望并费尽心思。优质高等教育资源的缺乏加剧了父母和孩子的紧张感和焦虑感。进入 21 世纪以来，教育竞争不断加剧，家庭教育投入也越来越大。同时，以公立学校系统为主的教育服务已经不能完全满足家长们的需要，一大批提供课外辅导班和艺术兴趣的机构应运而生并不断改造升级。当今家庭的孩童教育消费的核心目的是“购买希望”：父母们把对小孩的教育投资看作促进孩子获得成功的手段，通过文化资本获得更高的社会阶层地位。[④]而参加校外辅导班和兴趣班，一度成为家长安排子女课外教育的某种“标配”。加上由于高等教育教育资源和教育机会分布不均衡，家庭在投资孩子教育消费上的竞争

---

① 2019 年全国教育事业发展统计公报. http://www.moe.gov.cn/jyb_sjzl/sjzl_fztjgb/202005/t20200520_456751.html.（2020-05-20）[2022-04-25].

② 2020 年全国教育事业发展统计公报. http://www.moe.gov.cn/jyb_sjzl/sjzl_fztjgb/202108/t20210827_555004.html.（2021-08-27）[2022-04-25].

③ 2020 年全国教育事业发展统计公报. http://www.moe.gov.cn/jyb_sjzl/sjzl_fztjgb/202108/t20210827_555004.html.（2021-08-27）[2022-04-25].

④ 林晓珊. “购买希望”：城镇家庭中的儿童教育消费. 社会学研究，2018，33（4）：163-190.

不断加剧，有“标配”的又希望追求“高配”。①教育的过度竞争导致教育不断内卷化。家庭对孩子的教育投入越来越多，教育焦虑不断被制造并升格，家长和学生的负担越来越重。由此“鸡娃”现象随之产生，并且越来越多不甘落后或不敢落后的家长正在走进“鸡娃”的队伍，造成了“校内减负，校外增负”的情形。

随着我国高等教育进入普及化阶段，学生和家长在追求高等教育机会的同时，更加希望追求高等教育质量，享有优质的高等教育资源，学生和家长对接受高等教育的期望会影响到学生课外补习参与，因此有必要探讨高等教育规模扩张与学生课外补习参与的关系。鉴于此，本章研究基于 CFPS 2010 年、2012 年、2014 年、2016 年和 2018 年数据和收集各省份的高等教育录取率数据，通过面板数据随机效应模型，从高等教育规模数量扩张和质量扩张两个维度，探讨高等教育规模扩张对学生课外补习参与的动态影响，同时探究影响的异质性和滞后性，研究结论为普及时代的高等教育高质量发展和课外补习治理提供经验证据。

## 第一节　研究设计

### 一、相关研究

在现代社会中，高等教育的普及化与优质高等教育资源相对稀缺加剧了教育竞争。在高等教育普及化方面，中国作为“赶超发展”的后发国家，在高等教育发展上采取“非均衡型发展”模式，国家集中财政力量优先发展少数重点高校（如“985 工程”高校、“211 工程”高校以及“双一流”建设高校），与此同时，借助地方政府与市场资源发展大众型大学。②③在这种高等教育发展模式下，中国高等院校呈现层级化。这就意味着在高考中取得成功的少数学生不仅能进入文凭价值、教育质量俱佳的大学，而且家庭所负担的学费压力也较少；反之，在高考中进入层级较低的高等院校的学生则接受较差的高等教育，并且所获得的文凭价值在劳动力市场竞争中不占优势。这种“零和博弈”的锦标赛流动模式的教育系统加剧了学生参加高考的巨大压力。④

高等教育扩招一方面整体上扩大了各地区考生的高等教育入学机会，但是另

① 陈先哲. 把城市家庭从教育竞争中解放出来. 光明日报，2021-01-26（15）.

② 孙伦轩，陈・巴特尔. 分层与断裂：“金砖四国”高等教育的结构风险初探. 江苏高教，2017（5）：99-103.

③ 俞蕖. 陡峭与平缓：高等教育体系分层结构差异及其嬗变. 高等教育研究，2015，36（5）：20-28.

④ 范云霞，郑新蓉. 高考陪读：劳动家庭的教育参与. 教育学报，2020，16（5）：53-61.

一方面存在东部与中西部的分化[①②]；优质高等教育资源稀缺，经济发达且优质高校聚集之地占据绝对优势[③]。优质高等教育资源的区域不均衡以及稀缺意味着省域高考竞争激烈，高等教育金字塔分层化则意味着高考竞争具有强激励性。这种竞争的激烈性与激励性影响了家庭的教育抉择，导致高比例的学生课外补习参与。[④]由于我国遵循择优录取的原则，所以通过课外补习使得学生在竞争中获得优势，从某种意义上说就是通过“金钱”购买“分数”、能力和机会，从而获得教育竞争优势，对于无法参与课外补习的学生而言，损害了他们接受优质教育资源的权力，尤其对教育公平造成了干扰。[⑤]课外补习使优势阶层子女获得更多数量和更高质量的教育，其社会再生产功能日益显现。[⑥]而参加课外补习则有助于高中生升入大学。[⑦]此外，教育资源的分配不均也迫使各家庭利用课外补习获得或保持竞争优势。[⑧]在目前升学制度下，由于存在“热屋效应”，学生有巨大的提升学业压力以及对精英大学的追求，这种充满“竞争”的氛围导致课外补习的需求愈加旺盛。[⑨]然而，过度扭曲的课外补习不仅增加了学生的学业负担，而且消耗了大量的家庭和社会资源，削弱了政府推进教育公平的成效，造成了社会不平等。[⑩⑪]

目前，高等教育入学竞争与课外补习的关系研究并不多，已有研究发现激烈的高考升学竞争和有限的优质高等教育资源促使学生不得不参与课外补习提高自己的能力，以在教育竞争中取得优势。[⑫⑬]这些研究只是从静态角度基于横截面数

---

① 曹妍，张瑞娟. 我国高等教育入学机会及其地区差异：2007—2015年. 教育发展研究，2017，37（1）：25-35.

② 刘精明. 扩招时期高等教育机会的地区差异研究. 北京大学教育评论，2007（4）：142-155.

③ 乔锦忠. 优质高等教育入学机会分布的区域差异. 北京师范大学学报（社会科学版），2007（1）：23-28.

④ Lee S，Shouse R C. The impact of prestige orientation on shadow education in South Korea. Sociology of Education，2011，84（3）：212-224.

⑤ 吴岩. 教育公平视角下初中阶段教育补习现状研究——以广州市为例. 教育研究，2014，35（8）：75-84.

⑥ 薛海平. 从学校教育到影子教育：教育竞争与社会再生产. 北京大学教育评论，2015，13（3）：47-69.

⑦ 薛海平，赵阳. 高中生参加课外补习有助于考大学吗？ 华东师范大学学报（教育科学版），2020，38（5）：93-102.

⑧ 张薇，马克・贝磊，李红兰. 影子教育的影响因素及其政策意义——以重庆市为例. 教育科学研究，2017（6）：56-62.

⑨ 周东洋，吴愈晓. 教育竞争和参照群体——课外补习流行现象的一个社会学解释. 南京师大学报（社会科学版），2018（5）：84-97.

⑩ 薛海平，丁小浩. 中国城镇学生教育补习研究. 教育研究，2009（1）：39-46.

⑪ Bray M. The shadow education system：Private tutoring and its implication for planners. Fundamentals of Educational Planning Series，Number 11，1999.

⑫ 薛海平，方晨晨. 高考升学竞争与学生课外补习——基于中国家庭追踪调查数据的实证分析. 北京大学教育评论，2020，18（3）：172-186.

⑬ 薛海平，方晨晨，马莉萍. 高等教育入学机会质量竞争与基础教育学生课外补习参与——基于中国家庭追踪调查数据的实证研究. 宏观质量研究，2021，9（2）：74-87.

据考察两者的关系，但是高等教育普及化是一个动态过程，只用某一年数据不足以揭示两者的动态发展。在我国高等教育规模持续扩张的情况下，课外补习现象却愈演愈烈。高等教育的普及化过程给学生参与课外补习带来了什么样的影响？目前，鲜有实证研究探究高等教育规模扩张对学生参与课外补习影响的动态变化过程。基于此，本章研究采用面板数据，考察高等教育规模扩张对学生参与课外补习的动态影响过程，为普及时代的高等教育发展和课外补习治理提供经验证据。

## 二、研究数据

本章研究采用 CFPS 2010 年、2012 年、2014 年、2016 年和 2018 年的五期追踪数据。样本包括学前、小学、初中和高中学生 4566 名。在衡量各省份高等教育规模时，本章研究采用的高等院校录取率分别为高校本科录取率、“211 工程”高校录取率和“985 工程”高校录取率，录取率越高，说明该省份高等教育规模越大，由此产生的教育竞争度越低，反之则表明该省的高等教育规模越小，教育竞争度越高。同时，用“211 工程”高校录取占比和“985 工程”高校录取占比衡量某省份学生获得优质高等教育资源的机会。该数值越大，意味着优质高等教育资源规模扩张，由此产生的教育竞争程度就越低；数值越小，意味着优质高等教育资源规模缩小，由此产生的教育竞争程度就越高。

某省份“211 工程”高校录取占比=该省份“211 工程”高校录取率/该省份高校本科录取率。

某省份“985 工程”高校录取占比=该省份“985 工程”高校录取率/该省份高校本科录取率。

## 三、研究方法

为了探究高等教育普及化对基础教育学生参与课外补习的影响，本章研究选取 CFPS 上述五期数据以及相应年份的高等教育录取率数据，合成了一个以学生为研究对象的面板数据。在研究方法方面，由于样本为随机抽取，且探讨的是学生个体效应，因此采用面板数据随机效应模型，以学生是否参加课外补习为被解释变量，各省份高等教育录取率为核心解释变量，同时加入学生性别、父母最高学历、家庭人均年收入、各省份人均 GDP 等为控制变量。模型的具体公式如下：

$$Y_{it} = \beta_0 + \beta_1 N_{it} + \beta_2 X_{it} + \mu_{it} \tag{10-1}$$

其中，$Y_{it}$ 是被解释变量，为学生是否参与课外补习，如果学生参与课外补习则标记为 1，没有参与则标记为 0。$N_{it}$ 是核心解释变量，为高等教育录取率，包括高校本科录取率、“211 工程”高校录取占比和“985 工程”高校录取占比，$X_{it}$ 为一系列控制变量，包括学生性别（0=女，1=男）、学校阶段（1=幼儿园，2=小学，3=初中，4=高中）、父母最高学历（1=文盲/半文盲，2=小学，3=初中，4=高中，5=专科，6=本科及以上）、父母最高职业层次（1=下层，2=中层，3=上层）、城乡（0=乡村，1=城市）、家庭人均年收入（1=最低 20%，2=中下 20%，3=中间 20%，4=中上 20%，5=最高 20%）、人均 GDP（连续变量）等等，以此控制随时间变化和省际存在差异的内生变量，$\mu_{it}$ 为随机误差项。

# 第二节　高等教育普及化对中小学生参与课外补习的影响

## 一、高等教育规模扩张对学生课外补习的影响

从表 10-1 可知，在学生层面和家庭层面中，女生、学校阶段较低、重点学校、父母最高学历较高、父母最高职业层次较高、家庭人均年收入较高、城市学生参与课外补习的概率更高。具体而言，女生参与课外补习的可能性显著高于男生。学校阶段越低，学生参与课外补习的可能性就越高。重点学校学生参与课外补习的概率显著高于非重点学校的学生。家庭背景越好的学生，参与课外补习的可能性就越高。城市学生参与课外补习的概率显著高于乡村学生。从模型 1 中可知高校本科录取率对学生课外补习参与有显著正影响，即高等教育规模数量扩张会显著提高学生参与课外补习的概率。从模型 2 和模型 3 发现“211 工程”高校和“985 工程”高校录取占比对学生课外补习参与率有显著负影响，即高等教育规模质量扩张有利于降低学生课外补习参与率。

表 10-1　高等教育规模扩张对学生课外补习参与的影响

| 变量 | 模型 1 | 模型 2 | 模型 3 |
|---|---|---|---|
| 男生（以女生为参照） | −0.030***<br>（0.006） | −0.030***<br>（0.006） | −0.031***<br>（0.006） |
| 学校阶段 | −0.020***<br>（0.004） | −0.023***<br>（0.004） | −0.023***<br>（0.004） |
| 是否重点学校 | 0.045***<br>（0.007） | 0.039***<br>（0.007） | 0.037***<br>（0.007） |
| 父母最高学历 | 0.062***<br>（0.003） | 0.066***<br>（0.003） | 0.067***<br>（0.003） |

续表

| 变量 | 模型 1 | 模型 2 | 模型 3 |
|---|---|---|---|
| 父母最高职业层次 | 0.033***<br>（0.005） | 0.026***<br>（0.005） | 0.025***<br>（0.005） |
| 家庭人均年收入 | 0.037***<br>（0.003） | 0.041***<br>（0.003） | 0.041***<br>（0.003） |
| 城乡 | 0.131***<br>（0.007） | 0.127***<br>（0.007） | 0.126***<br>（0.007） |
| 人均 GDP | −0.001<br>（0.001） | 0.001<br>（0.001） | 0.001<br>（0.001） |
| 高校本科录取率 | 0.314***<br>（0.024） | — | — |
| “211 工程”高校录取占比 | — | −0.272***<br>（0.060） | — |
| “985 工程”高校录取占比 | — | — | −0.561***<br>（0.179） |
| 截距 | −0.158***<br>（0.017） | −0.037***<br>（0.018） | −0.047***<br>（0.017） |

注：括号内为标准误。本章下同。

## 二、高等教育规模扩张对学生课外补习参与的异质性影响

为了进一步探究高等教育规模扩张对学生课外补习参与的异质性影响，本章研究分别选取了城乡和父母最高学历作为学生家庭背景的代理变量，考察高等教育扩张对不同城乡、不同父母最高学历的学生课外补习参与的影响效应。

### （一）高等教育扩张对不同城乡学生课外补习参与的异质性

表 10-2 呈现了高等教育规模扩张对不同城乡的学生参与课外补习的异质性结果。模型 1 中，高校本科录取率与城乡的交互项显著为正，说明高校本科录取率对学生参与课外补习的影响在不同城乡中存在异质性。

**表 10-2　高等教育扩张对不同城乡的学生课外补习参与的异质性**

| 变量 | 模型 1 | 模型 2 | 模型 3 |
|---|---|---|---|
| 男生（以女生为参照） | −0.030***<br>（0.006） | −0.031***<br>（0.006） | −0.031***<br>（0.006） |
| 学校阶段 | −0.020***<br>（0.004） | −0.024***<br>（0.004） | −0.024***<br>（0.004） |
| 是否重点学校 | 0.045***<br>（0.007） | 0.039***<br>（0.007） | 0.037***<br>（0.007） |
| 父母最高学历 | 0.062***<br>（0.003） | 0.066***<br>（0.003） | 0.067***<br>（0.003） |
| 父母最高职业层次 | 0.033***<br>（0.005） | 0.026***<br>（0.005） | 0.025***<br>（0.005） |

续表

| 变量 | 模型 1 | 模型 2 | 模型 3 |
|---|---|---|---|
| 家庭人均年收入 | 0.037***<br>（0.002） | 0.041***<br>（0.002） | 0.042***<br>（0.002） |
| 城乡 | 0.023<br>（0.017） | 0.175***<br>（0.014） | 0.197***<br>（0.017） |
| 人均 GDP | −0.001<br>（0.001） | 0.001<br>（0.001） | 0.001*<br>（0.000） |
| 高校本科录取率 | 0.168***<br>（0.032） | — | — |
| 高校本科录取率×城乡 | 0.341***<br>（0.048） | — | — |
| “211 工程”高校录取占比 | — | −0.143*<br>（0.073） | — |
| “211 工程”高校录取占比×城乡 | — | −0.400***<br>（0.126） | — |
| “985 工程”高校录取占比 | — | — | −0.025<br>（0.216） |
| “985 工程”高校录取占比×城乡 | — | — | −1.611***<br>（0.363） |
| 截距 | −0.099***<br>（0.019） | −0.052***<br>（0.018） | −0.071***<br>（0.018） |

图 10-1 表明，高校本科录取率的提高对城市学生影响更大，即相比于乡村学生，高校本科录取率的提高更加促进了城市学生参与课外补习。模型 2 和模型 3 分别加入了“211 工程”高校录取占比、“985 工程”高校录取占比与城乡的交互项，其结果显著为负，说明提高“211 工程”高校和“985 工程”高校录取占比对城市学生影响更小。也就是说，相比于乡村学生，提高“211 工程”高校和“985 工程”高校录取占比对城市学生参与课外补习的作用相对更小。

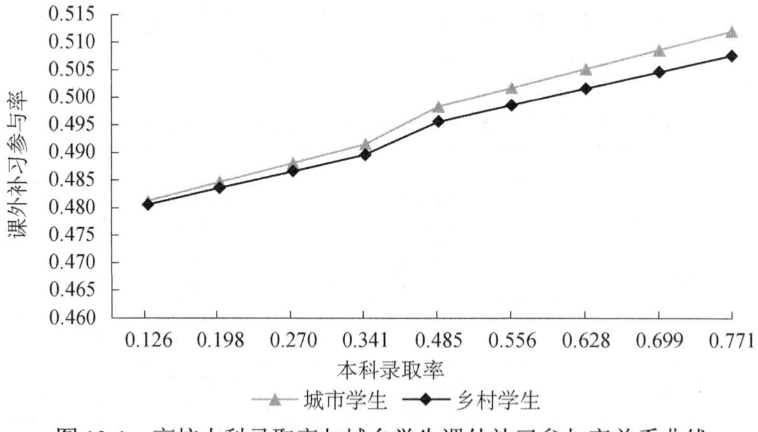


图 10-1 高校本科录取率与城乡学生课外补习参与率关系曲线

同样，图 10-2 和图 10-3 显示，“211 工程”高校和“985 工程”高校录取占比提高，均能有效降低不同城乡学生课外补习参与率，不过乡村学生课外补习参与率下降的影响更大。

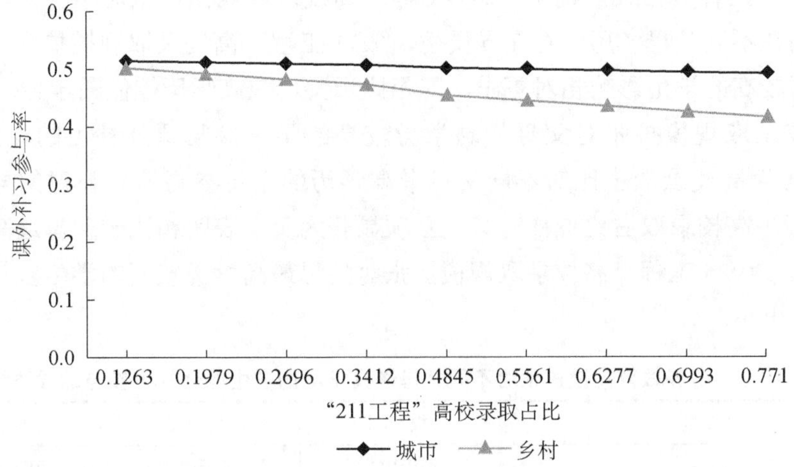


图 10-2　“211 工程”高校录取占比与城乡学生课外补习参与率关系曲线

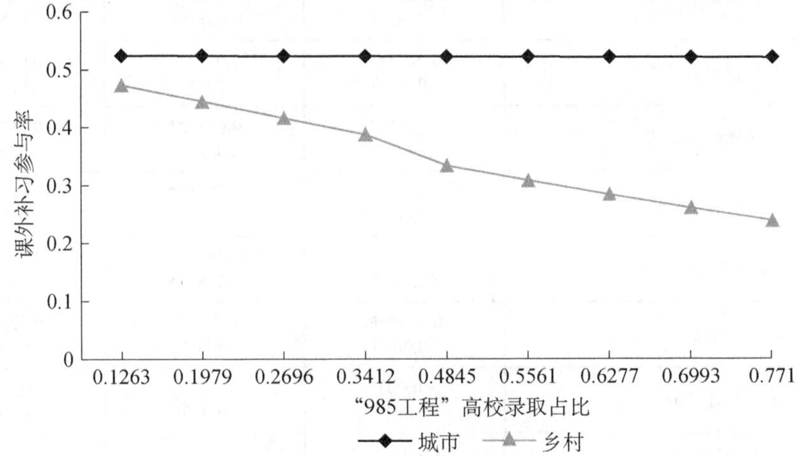


图 10-3　“985 工程”高校录取占比与城乡学生课外补习参与率关系曲线

### （二）高等教育扩张对不同父母最高学历的学生课外补习参与的异质性

同样，在表 10-3 中分别放入高等教育录取率和父母最高学历的交互项，检验其异质性。从表 10-3 可知，模型 1 中高校本科录取率与父母最高学历的交互项显著为正，说明本科高校录取规模数量扩张对学生参与课外补习的影响在不同父母学历中存在异质性，本科高校录取规模数量扩张，对父母学历较高的学生影响更大，即相比于父母学历较低的学生，本科高校录取数量扩张更加促进了父母学历较高的学生参与课外补习。模型 2 中“211 工程”高校录取占比与父母最高学历的交互项呈显著负相关，说明“211 工程”高校录取规模扩张对学生参与课外补习的影响在不同父母学历中存在异质性，“211 工程”高校录取规模扩张，对父母最高学历较高的学生影响相对更小，即相比于父母最高学历较低的学生，“211 工程”高校录取规模扩张对父母最高学历较高的学生参与课外补习的作用更小。“985 工程”高校录取占比对不同父母最高学历的学生参与课外补习的异质性与“211 工程”高校录取占比一样，其交互项显著为负，表明相比于父母最高学历较低的学生，“985 工程”高校录取规模扩张对父母最高学历较高的学生参与课外补习的影响更小。

**表 10-3 高等教育规模扩张对不同父母最高学历的学生课外补习参与的异质性**

| 变量 | 模型 1 | 模型 2 | 模型 3 |
|---|---|---|---|
| 男生（以女生为参照） | −0.030***<br>（0.006） | −0.030***<br>（0.006） | −0.031***<br>（0.006） |
| 学校阶段 | −0.020***<br>（0.004） | −0.024***<br>（0.004） | −0.024***<br>（0.004） |
| 是否重点学校 | 0.045***<br>（0.007） | 0.039***<br>（0.007） | 0.037***<br>（0.007） |
| 父母最高学历 | 0.027***<br>（0.006） | 0.083***<br>（0.007） | 0.083***<br>（0.007） |
| 父母最高职业层次 | 0.033***<br>（0.005） | 0.026***<br>（0.005） | 0.025***<br>（0.005） |
| 家庭人均年收入 | 0.037***<br>（0.002） | 0.041***<br>（0.002） | 0.042***<br>（0.002） |
| 城乡 | 0.131***<br>（0.007） | 0.127***<br>（0.007） | 0.127***<br>（0.007） |
| 人均 GDP | −0.001<br>（0.001） | 0.001*<br>（0.000） | 0.001**<br>（0.000） |
| 高校本科录取率 | 0.030<br>（0.064） | — | — |
| 高校本科录取率×父母最高学历 | 0.110***<br>（0.019） | — | — |
| “211 工程”高校录取占比 | — | 0.107<br>（0.151） | — |
| “211 工程”高校录取占比×父母最高学历 | — | −0.138***<br>（0.050） | — |
| “985 工程”高校录取占比 | — | — | 0.430<br>（0.454） |

续表

| 变量 | 模型 1 | 模型 2 | 模型 3 |
| --- | --- | --- | --- |
| “985 工程”高校录取占比×父母最高学历 | — | — | −0.344***<br>（0.145） |
| 截距 | −0.040<br>（0.027） | −0.085***<br>（0.024） | −0.092***<br>（0.025） |

## 三、高等教育规模扩张对学生参与课外补习影响的滞后效应

由于高等教育规模扩张对学生参与课外补习的影响并不在当期立即显现，可能存在一定滞后性，因此，我们分别做了滞后一期至三期的影响效应。由表 10-4 可知，高校本科录取率对学生课外补习参与率存在滞后效应，而且滞后三期的影响效应最大。

**表 10-4　本科高校规模扩张对学生课外补习参与的影响**

| 变量 | 模型 1 | 模型 2 | 模型 3 |
| --- | --- | --- | --- |
| 男生（以女生为参照） | −0.037***<br>（0.008） | −0.049***<br>（0.010） | −0.061***<br>（0.015） |
| 学校阶段 | −0.027***<br>（0.005） | −0.040***<br>（0.006） | −0.028***<br>（0.009） |
| 是否重点学校 | 0.040***<br>（0.009） | 0.038***<br>（0.010） | 0.023<br>（0.016） |
| 父母最高学历 | 0.066***<br>（0.004） | 0.064***<br>（0.005） | 0.067***<br>（0.007） |
| 父母最高职业层次 | 0.030***<br>（0.006） | 0.020**<br>（0.008） | 0.010<br>（0.012） |
| 家庭人均年收入 | 0.042***<br>（0.003） | 0.056***<br>（0.004） | 0.057***<br>（0.007） |
| 城乡 | 0.123***<br>（0.009） | 0.095***<br>（0.011） | 0.085***<br>（0.017） |
| 人均 GDP | 0.001<br>（0.001） | 0.001<br>（0.001） | −0.001<br>（0.001） |
| 高校本科录取率滞后一期 | 0.229***<br>（0.027） | — | — |
| 高校本科录取率滞后二期 | — | 0.230***<br>（0.034） | — |
| 高校本科录取率滞后三期 | — | — | 0.643***<br>（0.093） |
| 截距 | −0.139***<br>（0.023） | −0.110***<br>（0.028） | −0.310***<br>（0.059） |

从表 10-5 发现，“211 工程”高校录取占比对学生参与课外补习存在滞后效应，其中滞后一期的影响效应最大。

**表 10-5 “211 工程”高校规模扩张对学生课外补习参与的影响**

| 变量 | 模型 1 | 模型 2 | 模型 3 |
|---|---|---|---|
| 男生（以女生为参照） | −0.038***<br>（0.008） | −0.048***<br>（0.010） | −0.060***<br>（0.015） |
| 学校阶段 | −0.029***<br>（0.005） | −0.037***<br>（0.006） | −0.035***<br>（0.009） |
| 是否重点学校 | 0.037***<br>（0.009） | 0.037***<br>（0.010） | 0.014<br>（0.016） |
| 父母最高学历 | 0.067***<br>（0.004） | 0.064***<br>（0.005） | 0.071***<br>（0.007） |
| 父母最高职业层次 | 0.027**<br>（0.006） | 0.021***<br>（0.008） | 0.004<br>（0.012） |
| 家庭人均年收入 | 0.045***<br>（0.003） | 0.057***<br>（0.004） | 0.062***<br>（0.007） |
| 城乡 | 0.124***<br>（0.008） | 0.097***<br>（0.011） | 0.080***<br>（0.017） |
| 人均 GDP | 0.001<br>（0.001） | 0.001<br>（0.001） | −0.001<br>（0.001） |
| “211 工程”高校录取占比滞后一期 | −0.290***<br>（0.084） | — | — |
| “211 工程”高校录取占比滞后二期 | — | −0.185*<br>（0.103） | — |
| “211 工程”高校录取占比滞后三期 | — | — | −0.150<br>（0.295） |
| 截距 | −0.036<br>（0.023） | −0.027<br>（0.029） | −0.015***<br>（0.046） |

同样，由表 10-6 可知，“985 工程”高校录取占比对学生参与课外补习存在滞后效应，其中具体表现为滞后一期存在影响效应。

**表 10-6 “985 工程”高校规模扩张对学生课外补习参与的影响**

| 变量 | 模型 1 | 模型 2 | 模型 3 |
|---|---|---|---|
| 男生（以女生为参照） | −0.038***<br>（0.008） | −0.049***<br>（0.010） | −0.060***<br>（0.015） |
| 学校阶段 | −0.029***<br>（0.005） | −0.036***<br>（0.006） | −0.037***<br>（0.009） |
| 是否重点学校 | 0.036**<br>（0.009） | 0.036***<br>（0.010） | 0.014<br>（0.016） |
| 父母最高学历 | 0.067***<br>（0.004） | 0.062***<br>（0.005） | 0.071***<br>（0.007） |

续表

| 变量 | 模型 1 | 模型 2 | 模型 3 |
|---|---|---|---|
| 父母最高职业层次 | 0.027**<br>(0.006) | 0.021***<br>(0.008) | 0.004<br>(0.012) |
| 家庭人均年收入 | 0.045***<br>(0.003) | 0.057***<br>(0.004) | 0.062***<br>(0.009) |
| 城乡 | 0.123***<br>(0.009) | 0.097***<br>(0.011) | 0.082***<br>(0.017) |
| 人均 GDP | 0.001*<br>(0.000) | 0.001<br>(0.001) | 0.001<br>(0.001) |
| “985 工程”高校录取占比滞后一期 | −0.637***<br>(0.246) | — | — |
| “985 工程”高校录取占比滞后二期 | — | −0.168<br>(0.301) | — |
| “985 工程”高校录取占比滞后三期 | — | — | −0.161<br>(0.792) |
| 截距 | −0.048**<br>(0.023) | −0.040<br>(0.028) | −0.035<br>(0.042) |

## 四、稳健性检验

目前，教育竞争更多地围绕着优质高等教育资源获取展开。为了进一步验证高等教育规模扩张对学生参与课外补习的影响，本章研究把“211 工程”高校和“985 工程”高校录取占比合成重点高校录取占比，采用面板数据随机效应模型（表 10-7），结果发现重点高校录取占比对学生参与课外补习有显著负影响，而且滞后一期的影响效应最大，说明重点高校录取规模扩张可以有效地降低学生课外补习参与率，研究结论较为稳健。

**表 10-7 重点高校录取占比对学生课外补习参与的影响**

| 变量 | 模型 1 | 模型 2 | 模型 3 | 模型 4 |
|---|---|---|---|---|
| 男生（以女生为参照） | −0.030***<br>(0.006) | −0.038***<br>(0.008) | −0.048***<br>(0.010) | −0.060***<br>(0.015) |
| 学校阶段 | −0.023***<br>(0.004) | −0.029***<br>(0.005) | −0.037***<br>(0.006) | −0.034***<br>(0.009) |
| 是否重点学校 | 0.039***<br>(0.007) | 0.037***<br>(0.009) | 0.036***<br>(0.010) | −0.013<br>(0.016) |
| 父母最高学历 | 0.066***<br>(0.003) | 0.067***<br>(0.004) | 0.064***<br>(0.005) | 0.071***<br>(0.007) |
| 父母最高职业层次 | 0.026***<br>(0.005) | 0.027***<br>(0.006) | 0.021***<br>(0.008) | 0.003<br>(0.012) |

续表

| 变量 | 模型 1 | 模型 2 | 模型 3 | 模型 4 |
|---|---|---|---|---|
| 家庭人均年收入 | 0.042***<br>（0.002） | 0.045***<br>（0.003） | 0.057***<br>（0.004） | 0.062***<br>（0.007） |
| 城乡 | 0.127***<br>（0.007） | 0.124***<br>（0.009） | 0.097***<br>（0.011） | 0.081***<br>（0.017） |
| 人均 GDP | 0.001*<br>（0.000） | 0.001<br>（0.001） | 0.001<br>（0.001） | 0.001<br>（0.001） |
| 重点高校录取占比基期 | −0.205***<br>（0.001） | — | — | — |
| 重点高校录取占比滞后一期 | — | −0.217***<br>（0.064） | — | — |
| 重点高校录取占比滞后二期 | — | — | −0.101*<br>（0.056） | — |
| 重点高校录取占比滞后三期 | — | — | — | 0.032<br>（0.244） |
| 截距 | −0.038**<br>（0.017） | −0.038<br>（0.023） | −0.030<br>（0.029） | −0.028<br>（0.045） |

# 第三节　研究结论、讨论与政策建议

## 一、结论与讨论

本章研究使用中国家庭追踪调查五期数据以及收集的高等教育录取率，采用面板数据随机效应模型探究高等教育普及化对基础教育学生参与课外补习的影响及其异质性和滞后性。基于上述实证分析结果，本章研究主要得出如下研究结论。

第一，高等教育规模数量扩张刺激了学生参与课外补习，而质量扩张可以有效降低学生课外补习参与率。由于我国高等教育已经进入普及化阶段，这也使得家长和学生更希望上“好大学”，即精英大学。精英大学文凭作为一个筛选信号，在劳动力市场具有非常大的竞争优势。①然而，随着高等教育规模不断扩张，造成了文凭稀释效应，普通本科高校文凭在劳动力市场的价值越来越低。高等教育规模数量扩张引发一些家长和学生的焦虑感和紧迫感，面对教育不断内卷以及教育过度竞争，他们不得不获取更多的校外教育资源以保持竞争优势。这也与目前愈演愈烈的“鸡娃”现象相呼应。“鸡娃”现象伴随着教育焦虑而生。与

① 吴晓刚. 中国当代的高等教育、精英形成与社会分层 来自“首都大学生成长追踪调查”的初步发现. 社会，2016，36（3）：1-31.

此同时，我国优质高等教育资源不足，精英大学的录取比例较低，其文凭往往具有更大的价值，所以高等教育规模质量扩张可以在一定程度上缓解家长和学生的焦虑感和紧迫感，从而降低学生课外补习参与率。

第二，高等教育规模数量扩张和质量扩张对不同家庭背景和城乡学生参与课外补习的影响存在异质性。本科高校录取规模扩张，更加刺激了父母最高学历较高和城市学生参与课外补习，而重点高校录取规模扩张，虽然能够降低学生课外补习参与率，但相比于父母最高学历较低以及乡村的学生，父母最高学历较高和城市学生的课外补习参与率下降较少。目前，我国高等教育分层较为明显，而且不同层次高校存在一定差异，造成高考的筛选功能较为突出。[①]由于基础教育中的学校教育难以有效拉开学生间成绩差距，因此家长和学生纷纷追求校外教育，投入大量的金钱和时间投资影子教育，以获得教育竞争优势，在升学竞争中占据有利地位。同时，由于我国长期存在城乡二元差异以及不同家庭背景差异，城市和家庭背景较好的学生投入的金钱和时间更多，他们对高等教育规模扩张更加敏感，其追求优质高等教育资源的意愿更加强烈。因此，相比于乡村和家庭背景较差的学生，高等教育规模数量扩张对城市和家庭背景较好的学生影响更大，而高等教育规模质量提升对城市和家庭背景较好的学生影响反而更小。

第三，高等教育规模扩张对学生课外补习参与率影响存在滞后效应。劳动力市场反映的是近几年的劳动力供需关系和竞争情况，在一定程度上也反映了高等教育毕业生的数量和质量结构。[②]劳动力市场就业竞争越激烈，家长和学生往往越追求“好大学”，以保持就业竞争优势。因此，学生和家长往往会根据最近一次重点高校录取情况作为参考，所以滞后一期的重点高校录取率对学生课外补习参与率的影响效应较明显。

## 二、政策建议

第一，高等教育规模数量扩张的同时要更加注重优质高等教育资源的供给。高等教育具有高度分层功能，我国高等教育规模数量扩张反而刺激了课外补习，通过质量扩张，即扩大精英大学入学机会，才能有效降低基础教育课外补习热。因此，高等教育规模扩张要从数量扩张到质量扩张，提高优质高等教育资源的供给。这样不但能够有效缓解家长和学生教育焦虑，降温课外补习热，减少“鸡

---

① 黄捷扬. 筛选理论视角下的高考改革趋势研究. 教育理论与实践，2019，39（20）：16-18.

② 岳昌君. 我国阶梯型劳动力市场中的高校毕业生就业结构与对策. 中国高等教育，2012（6）：38-40.

娃”现象，而且还能减轻学生学业负担和竞争压力，缓解教育内卷，营造良好的教育生态。为减轻学生和家庭校外培训负担，不仅要规范治理作为供给方的校外培训机构，更要考虑作为需求方的学生和家庭校外培训原因。我国优质高等教育资源不足，导致优质高等教育入学机会竞争压力较大，因此增加精英大学入学机会能从根源上降低学生和家庭校外培训需求。

第二，高等教育规模扩张要兼顾不同省份高等教育的发展状况。虽然我国优质高等教育做到了全覆盖，每个省份均有“双一流”高校，但总体而言，呈现“东密西疏”的现象。东部的优质高等教育资源明显多于中西部，不利于中西部高等教育振兴和经济社会发展。中西部省份的精英大学数量少，大学录取率低，教育质量竞争也更加激烈。因此，一方面，高等教育优势省份要扶持高等教育发展薄弱的省份，支持中西部地区高等教育发展；另一方面，高校需要进一步完善招生政策，在名额（尤其是精英大学的招生名额）分配时，要考虑各省份报考人数等因素。

第三，普及时代的高等教育要更加注重弱势群体的优质高等教育入学机会。家庭背景较好的学生往往能够享受较高质量的学校教育，他们又通过校外教育（如参与课外补习）进一步巩固和放大了教育竞争优势。结果造成城乡和不同家庭社会经济背景的学生获得高等教育入学机会在数量和质量上不均等，不利于社会阶层流动。因此，精英大学在分配招生名额时，建议向弱势群体倾斜，面向中西部和农村地区学生增加一定数量的招生名额，提高不同阶层流动性。

# 第十一章　高考升学竞争对中小学生参与课外补习的影响

当今社会，教育已成为社会阶层流动的重要途径，作为教育竞争的重要方式，课外补习一度在我国城乡地区迅速蔓延，成为一种普遍的社会现象。课外补习在我国盛行的一个重要原因与我国的教育竞争机制有关。目前，我国的教育竞争机制还是以选拔性的考试制度为主。教育竞争本质上属于同辈群体争夺有限的教育资源和升学机会，在应试教育体制下则表现为获得更高的考试成绩或上更好的学校。[①]在高等教育规模不断扩张但优质高等教育资源不足的情况下，家长和学生对于优质高等教育资源和重点大学的偏好成为了教育焦虑的一个重要根源。这种焦虑促使家庭纷纷为子女选择课外补习，以便在高考升学竞争中获得优势。课外补习一度成为学生之间和家庭之间开展升学竞争的有效手段。[②]课外补习对学生升学竞争的影响虽然受到各界关注，然而鲜有研究讨论升学竞争如何影响学生和家庭参与课外补习。本章研究基于 CFPS 2016 年数据和各省份高考录取率数据，采用多层线性伯努利模型，探究高考升学竞争与基础教育阶段学生参与课外补习的关系，本章研究的研究结论能帮助学界理解过去课外补习"高烧不退"现象背后的深层次社会原因，进而为政府治理课外补习问题提供参考依据。

① 周东洋，吴愈晓. 教育竞争和参照群体——课外补习流行现象的一个社会学解释. 南京师大学报（社会科学版），2018（5）：84-97.

② Song K O，Park H J，Sang K A. A cross-national analysis of the student and school-level factors affecting the demand for private tutoring. Asia Pacific Education Review，2013，14（2）：125-139.

# 第一节 研究设计

## 一、相关研究

近20年，国内外学术界涌现出大量关于课外补习的研究文献，本章研究将从课外补习与教育竞争的关系这一问题出发，梳理国内外研究成果。

对于学生来说，查漏补缺、提高成绩是补习的首要目的，然而背后却隐藏着一场对于优质教育资源的争夺，因为中国在不同的教育阶段，遵循择优录取的绩效原则，有条件的家庭购买额外的教育资源获得竞争优势，在某种意义上相当于“购买”了分数和更多的机会。[①]李淑贞和肖斯的研究发现，“声望取向”（prestige orientation）的文凭偏好促使很多学生参与课外补习，即激烈的高等教育竞争，追求上重点高校的机会导致了大规模、高比例的课外补习的参与率。[②]薛海平利用CFPS 2012年数据对我国义务教育阶段学生的课外补习活动进行实证研究，深入探讨了影子教育的社会再生产过程与功能，研究发现目前义务教育阶段在校生的家庭教育竞争中心正从学校教育转向影子教育，而影子教育系统中日益激烈的博弈竞争会对社会阶层间的良性循环和正常的社会流动产生不利影响，进而可能再生产原有的社会等级结构。[③]张薇等探讨了诸多推动中国影子教育发展的特殊因素，认为中国异常激烈的高考竞争推动了低学段竞争，迫使各个家庭通过影子教育获得或保持竞争优势。[④]周东洋和吴愈晓在探讨影响学生参加课外补习的因素时，从“个体-结构”的研究视角进行归纳，认为学生参与课外补习的动机和目的存在差异与升学标准和高等教育资源的稀缺性和分层程度有关，根源在于教育竞争在本质上受到教育制度的制约。在中国，教育资源的稀缺性和教育竞争的激烈程度不亚于国外，课外补习的参与也不可避免地受到教育竞争的影响。[⑤]

课外补习已经成为全球范围内的一种普遍的社会现象，对个体、家庭、学校

---

① 吴岩. 教育公平视角下初中阶段教育补习现状研究——以广州市为例. 教育研究，2014，35（8）：75-84.

② Lee S，Shouse R C. The impact of prestige orientation on shadow education in South Korea. Sociology of Education，2011，84（3）：212-224.

③ 薛海平. 从学校教育到影子教育：教育竞争与社会再生产. 北京大学教育评论，2015，13（3）：47-69+188-189.

④ 张薇，马克・贝磊，李红兰. 影子教育的影响因素及其政策意义——以重庆市为例. 教育科学研究，2017（6）：56-62.

⑤ 周东洋，吴愈晓. 教育竞争和参照群体——课外补习流行现象的一个社会学解释. 南京师大学报（社会科学版），2018（5）：84-97.

和社会都产生了深远的影响，因此吸引了大量的国内外学者对此问题进行研究。已有研究探讨了影子教育规模、影响因素以及对学生发展影响，但较少涉及到教育竞争与学生参与课外补习的关系，尤其是高考升学竞争是如何影响基础教育阶段学生参与课外补习的？迄今为止，这方面的相关实证研究甚少。本章研究基于大规模基线调查数据，采用多层线性伯努利模型，分析高考升学竞争与基础教育阶段学生参与课外补习的关系，有助于弥补这方面的研究不足，为教育行政部门治理课外补习问题提供有益的决策参考。

## 二、理论基础与研究假设

MMI 理论认为，教育规模的不断增大并不能影响人们对教育机会的获取。当人们受教育机会的增加超过了社会的总需求时，教育系统中的不平等现象并不能减少。只有当高层级的教育需求达到了某种饱和程度，优势阶层和弱势阶层之间的受教育机会差异才可能减小。EMI 理论认为，当教育数量均等在某个层级实现后，应该考虑教育质量的不均等。

目前，随着高校不断扩招，我国高等教育大众化阶段进入普及化阶段，不同阶层接受高等教育的机会差异正在缩小。此时，处于社会经济地位较高的家庭不满足于“上大学”，他们追求的是“上好大学”，要接受优质的高等教育，而不仅仅是接受高等教育的机会。因此，当一些省份的高校本科录取率上升的时候，也就是学生接受的高等教育机会较大，会造成家长和学生“上好大学”竞争焦虑感上升，反而会促使学生参与课外补习，提高了课外补习参与率。只有当重点大学录取率提高时，才会缓解学生和家庭的教育焦虑，从而降低课外补习参与率。基于此，提出如下研究假设。

H1：在本科生录取率越高的省份，学生课外补习参与率就越高。

H2：在本科生录取率越高的省份，家庭社会经济地位较高的学生课外补习参与率就越高。

H3：在“211 工程”高校录取占比以及“985 工程”高校录取占比越高的省份，学生课外补习参与率就越低。

H4：在“211 工程”高校录取占比以及“985 工程”高校录取占比越高的省份，家庭社会经济地位较高，学生课外补习参与率就越低。

## 三、数据和变量说明

本章研究使用的数据全部来自CFPS 2016年数据。CFPS样本覆盖25个省份，目标样本规模为1.6万户，调查对象包含样本家户中的全部家庭成员。CFPS重点关注中国居民的经济与非经济福利，以及包括经济活动、教育成果、家庭关系与家庭动态、人口迁移、健康等在内的诸多研究主题，是一项全国性、大规模、多学科的社会跟踪调查项目。CFPS数据是目前国内少有的、较为综合性和全面性的大规模追踪调查数据，是现阶段比较符合本章研究的基线数据。本章研究样本包括学前、小学、初中和高中生，共6082名学生。本章研究中的课外补习是指为提高学生学业成绩或才艺培养而进行的正规学校教育外的补充性教育活动，包含学术类和才艺类课程校外培训，这两类校外培训活动均有助于学生在未来的升学竞争中处于优势地位。

在衡量省内高考竞争的激烈程度时，本章研究采用了该省高等教育录取率，用本科生录取率代表学生接受高等教育的概率，主要衡量学生接受高等教育的机会。数值越大，说明学生获取普通高等教育入学机会竞争激烈程度越低，反之亦然。考虑到一省本科录取率近两年一般不会有大的变化，所以本章研究采用2016年某省份本科录取率衡量2016年该省份高中学生感受到的近两年普通高等教育入学机会竞争激烈程度。

2016年某省份本科生录取率=2016年该省份高中生被录取的本科生人数/2016年该省份的高中毕业人数。①

2016年某省份“211工程”高校录取率=2016年该省份高中生被“211工程”高校录取人数②/2016年该省份的高中毕业人数。

2016年某省份“985工程”高校录取率=2016年该省份高中生被“985工程”高校录取人数③/2016年该省份的高中毕业人数。

用“211工程”高校录取占比和“985工程”高校录取占比来衡量某省份学生进入重点大学的概率，主要衡量某省份学生接受优质高等教育的机会。“211工程”高校录取占比为某省份“211工程”高校录取率与本科录取率的比值，“985工程”高校录取占比为某省份“985工程”高校录取率与本科录取率的比值。数值越大，说明学生获取优质高等教育的机会竞争激烈程度越低，反之亦然。有关

---

① 该省份的本科生录取人数和该省份的高中毕业人数数据均来源于教育部2016年教育统计数据文件，参见http://www.moe.gov.cn/s78/A03/moe_560/jytjsj_2016/2016_gd/.

② 各“211工程”高校在该省份招生计划名额加总，数据收集于各大高校招生网公布的本科生招生计划。

③ 各“985工程”高校在该省份招生计划名额加总，数据收集于各大高校招生网公布的本科生招生计划。

变量说明见表 11-1。

**表 11-1　本章研究变量说明**

| 变量类型 | 变量名 | 变量说明 |
| --- | --- | --- |
| 个人层面 | 是否参与课外补习 | 0=否，1=是 |
| | 性别 | 0=女，1=男 |
| | 是否重点校 | 0=否，1=是 |
| | 学校阶段 | 1=学前，2=小学，3=初中，4=高中 |
| 家庭层面 | 父母最高职业地位 | 1=下层，2=中层，3=上层 |
| | 父母最高学历 | 1=文盲，2=小学，3=初中，4=高中，5=大专，6=大学本科及以上 |
| | 家庭人均年收入 | 1=最低 25%，2=25%—50%，3=50%—75%，4=最高 25% |
| 省级层面 | 2016 年人均 GDP | 连续变量 |
| | 2016 年本科生录取率 | 连续变量 |
| | 2016 年“211 工程”高校录取占比 | 连续变量 |
| | 2016 年“985 工程”高校录取占比 | 连续变量 |

## 四、研究方法

学生课外补习的参与率受到个体、家庭、省份等多层次、多方面因素的影响，估计学生课外补习的参与率的影响研究中面对的数据是具有嵌套关系的多层次数据结构。此外，由于学生是否参加课外补习为二分变量，因此，本章研究采用多层线性伯努利模型进行估计。本章研究将建立学生个体和省份两个层面的估计模型。

### （一）零模型

该模型将学生课外补习参与率的总差异分解为学生个体和省际差异两个层面，主要用于探讨学生课外补习参与率在省际间是否存在显著差异，模型如下。

学生层：$Y_{ij}=\beta_{0j}+r_{ij}$，$r_{ij}\sim N(0,\ \delta^2)$。

省级层：$\beta_{0j}=\gamma_{00}+\mu_{0j}$，$\mu_{0j}\sim N(0,\ \tau_{00})$。

其中，$Y_{ij}$表示第 $j$ 个省第 $i$ 个学生的课外补习参与率，$\beta_{0j}$表示省份 $j$ 的学生平均课外补习参与率，$\gamma_{00}$表示总体学生的课外补习参与率，$\mu_{0j}$表示省份之间的随机效应，$\delta^2$表示学生层面的课外补习参与率的差异，$\tau_{00}$表示省份之间学生课外补习参与率的差异。

### （二）全模型

在零模型的基础上加上学生层面和省级层面的变量构建全模型，主要用来考察学生层面和省级层面的变量对学生课外补习参与率的影响情况，模型如下：

学生层：$Y_{ij}=\beta_{0j}+\beta_1 j$（性别）$+\beta_2 j$（重点校）$+\beta_3 j$（学校阶段）$+\beta_4 j$（父母最高职业地位）$+\beta_5 j$（父母最高学历）$+\beta_6 j$（家庭人均年收入）$+r_{ij}$，$r_{ij}\sim N$（0，$\delta^2$）。

省级层：$\beta_{0j}=\gamma_{00}+\gamma_{01}$（GDP）$+\gamma_{02}$（录取率）$+\mu_{0j}$，$\mu_{0j}\sim N$（0，$\tau_{00}$）。

## 第二节　参与课外补习与高考升学竞争的相关分析

### 一、不同背景学生参与课外补习的差异性

从表 11-2 可知，所调查学生样本中，14.0%的学生参与了课外补习，其中，男生参与课外补习的比例为 12.5%，明显低于女生（15.7%）。重点校学生参与课外补习的比例为 17.6%，明显高于非重点校学生（13.5%）。这说明我国学生参与课外补习以“培优”为主，“好学生”“好学校”的教育竞争更为激烈。学生的家庭人均年收入越高，其参与课外补习的比例就越大。父母最高学历越高，学生参与课外补习的比例就越大。不同父母最高职业学生参与课外补习的比例有明显差异。父母最高职业为下层的学生参与课外补习的比例为 11.1%，父母最高职业为中层的学生参与课外补习的比例为 14.5%，父母最高职业为上层的学生参与课外补习的比例为 24.6%。家庭背景较好的学生课外补习参与率较高，这也与目前诸多的研究结论较为一致。说明，教育竞争在家庭背景较好的学生中更为激烈。不同学校阶段的学生参与课外补习的比例有所差异。学前班学生参与课外补习的比例最低，为 11.3%，小学生参与课外补习的比例为 14.5%，初中生参与课外补习的比例为 17.8%，高中生参与课外补习的比例为 13.5%。

**表 11-2　不同背景学生参与课外补习的差异性**

| 变量 | | 比例（%） | $N$ | 皮尔逊卡方检验 |
|---|---|---|---|---|
| 全样本 | | 14.0 | 5838 | |
| 学生性别 | 男 | 12.5 | 3120 | $\chi^2$=12.425<br>$p$<0.001 |
| | 女 | 15.7 | 2718 | |
| 家庭人均年收入 | 最低 25% | 7.3 | 1840 | $\chi^2$=195.650<br>$p$ <0.001 |
| | 25%—50% | 12.8 | 1825 | |
| | 50%—75% | 18.1 | 1368 | |
| | 最高 25% | 28.1 | 641 | |

续表

| 变量 | | 比例（%） | $N$ | 皮尔逊卡方检验 |
|---|---|---|---|---|
| 全样本 | | 14.0 | 5838 | |
| 父母最高学历 | 文盲/半文盲 | 6.7 | 523 | $\chi^2$=184.595 $p$ <0.001 |
| | 小学 | 9.4 | 1248 | |
| | 初中 | 12.7 | 2555 | |
| | 高中 | 18.6 | 950 | |
| | 大专 | 25.6 | 340 | |
| | 大学本科及以上 | 35.6 | 208 | |
| 父母最高职业地位 | 下层 | 11.1 | 2190 | $\chi^2$=69.279 $p$ <0.001 |
| | 中层 | 14.5 | 2502 | |
| | 上层 | 24.6 | 589 | |
| 是否重点校 | 是 | 17.6 | 988 | $\chi^2$=9.815 $p$ =0.001 |
| | 否 | 13.5 | 2711 | |
| 学校阶段 | 学前 | 11.3 | 1704 | $\chi^2$=23.154 $p$ <0.001 |
| | 小学 | 14.5 | 2346 | |
| | 初中 | 17.8 | 994 | |
| | 高中 | 13.5 | 794 | |

## 二、学生课外补习参与率与高校本科录取率的相关性分析

由表 11-3 可知，上海学生参与课外补习的比例最高，为 33.8%，广西学生参与课外补习的比例最低，为 1.6%。长三角地区、京津地区以及东北三省学生参与课外补习的比例较高，中西部地区学生参与课外补习的比例较低。这与薛海平等的研究结论一致。①长三角地区和京津地区等经济较为发达省份的学生课外补习参与率要普遍高于中西部地区省份。当学校教育系统的质量无法达到预期的时候，一些收入较高的家庭会向校外教育系统寻求更高质量的教育资源。此外，在义务教育阶段，学校教育系统更加偏向于提供标准化、规范化的教育，导致一些家庭对教育的差异化需求无法得到满足。所以这部分家庭有可能将子女送到课外补习班，从而导致不同家庭在学校教育之外获得的市场教育资源的分化。

① 薛海平，方晨晨. 我国义务教育课外补习：现状与趋势. 教育经济评论，2019，4（4）：75-97.

表 11-3　各省份基础教育阶段学生课外补习参与率　　单位：%

| 地区 | 课外补习参与率 | 地区 | 课外补习参与率 |
|---|---|---|---|
| 上海 | 33.8 | 湖北 | 16.7 |
| 江苏 | 31.7 | 陕西 | 15.8 |
| 黑龙江 | 27.4 | 福建 | 12.4 |
| 辽宁 | 25.7 | 河北 | 10.8 |
| 北京 | 24.1 | 四川 | 10.4 |
| 安徽 | 23.8 | 甘肃 | 9.3 |
| 浙江 | 20.7 | 重庆 | 9.1 |
| 天津 | 20.6 | 云南 | 8.7 |
| 吉林 | 20.5 | 广东 | 8.1 |
| 山东 | 19.6 | 江西 | 4.4 |
| 山西 | 19.2 | 贵州 | 4.0 |
| 湖南 | 18.7 | 广西 | 1.6 |
| 河南 | 18.0 | — | — |

图 11-1 呈现了各省份课外补习参与率、本科生录取率、"211 工程"高校录取占比以及"985 工程"高校录取占比的趋势。从图 11-1 可知，一方面，各省份基础教育阶段学生课外补习参与率随着各省份本科生录取率上升而上升；另一方面，又随着各省份"211 工程"高校录取占比和"985 工程"高校录取占比上升而下降。

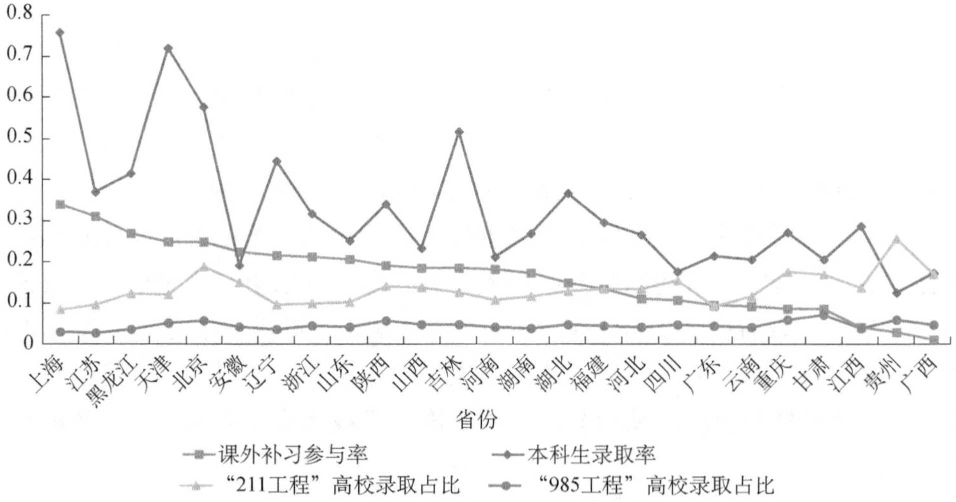


图 11-1　课外补习参与率与高校录取率

为了进一步探究各省份基础教育阶段学生课外补习参与率与高校本科录取率之间的关系，采用皮尔逊相关性分析，结果显示，各省份基础教育阶段学生课外补习参与率与本科生录取率存在显著正相关关系，而与“211 工程”高校录取占比以及“985 工程”高校录取占比存在显著负相关关系。

## 第三节　高考升学竞争对学生参与课外补习影响分析

### 一、高校录取率对课外补习参与率的影响

基于多层线性模型分析影响学生参与课外补习的因素，本章研究首先建构不含任何解释变量的零模型，以分解造成学生课外补习参与率差异的来源。估计结果显示，省域内和省份间的学生课外补习参与率的方差分别为 0.1167 和 0.0065，其组内相关系数为 0.0528，说明学生课外补习参与率总的变异中有 5.28%来源于省份间的差异，另有 94.72%来源于省域内学生个体及家庭的差异，可见学生课外补习参与率差异受学生个体及家庭背景的影响总体上大于省级层面因素的影响。从显著性水平来看，$p$=0.00，表明学生课外补习参与率在省份间存在显著差异。为此，需要建构多层线性模型来讨论和分析影响学生参与课外补习的因素。

表 11-4 中的模型 1 考察了各省份本科生录取率对学生课外补习参与率的影响。由模型 1 可知，女生参与课外补习的概率显著高于男生。学生成绩等级对学生参与课外补习无显著影响。家庭人均年收入、父母最高学历和父母最高职业对学生参与课外补习均有显著正影响。在控制了学生家庭背景和学校特征的情况下，人均 GDP 对学生参与课外补习无显著影响。本科生录取率对学生参与课外补习有显著正影响，即本科生录取率越高，学生参与课外补习的概率就越大。该结果支持了本章研究提出的研究假设 1。本科生录取率高，说明该省市学生接受普通高等教育的概率较大。但是，随着社会经济的快速发展，高校毕业生的就业竞争越来越激烈。一些学生和家长并不满足于上大学，更想进入重点大学，接受优质的高等教育。高校扩招 20 年来，高等教育的升学竞争压力并没有减小，反而更大。因此，学生和家长就会寻求参加课外补习，提高自己的高考升学竞争力，导致本科生录取率高的省份，课外补习参与率反而更高。

表 11-4 高校录取率对课外补习参与率影响的多层线性模型分析结果（$N$=3320）

| 变量 | | 模型 1 | 模型 2 | 模型 3 |
|---|---|---|---|---|
| 学生层 | 男生（以女生为参照） | −0.379***<br>（0.103） | −0.377***<br>（0.103） | −0.377**<br>（0.103） |
| | 家庭人均年收入 | 0.364***<br>（0.060） | 0.366***<br>（0.060） | 0.364***<br>（0.060） |
| | 父母最高学历 | 0.219***<br>（0.050） | 0.221***<br>（0.050） | 0.221***<br>（0.050） |
| | 父母最高职业地位 | 0.216***<br>（0.082） | 0.210**<br>（0.082） | 0.210***<br>（0.080） |
| | 重点校（以非重点校为参照） | 0.226**<br>（0.116） | 0.223*<br>（0.116） | 0.223*<br>（0.116） |
| | 学校阶段 | 0.078<br>（0.068） | 0.077<br>（0.068） | 0.075<br>（0.068） |
| 省级层 | 人均 GDP | −0.001<br>（0.001） | −0.001<br>（0.001） | 0.001<br>（0.001） |
| | 本科生录取率 | 2.799**<br>（1.195） | — | — |
| | “211 工程”高校录取占比 | — | −10.647***<br>（3.925） | — |
| | “985 工程”高校录取占比 | — | — | −24.699**<br>（14.055） |
| 截距 | | −3.789***<br>（0.391） | −1.828**<br>（0.768） | −2.304***<br>（0.858） |
| $p$ | | 0.000 | 0.000 | 0.000 |

注：括号内为标准误。本章下同。

在模型 2 和模型 3 中分别放入“211 工程”高校录取占比以及“985 工程”高校录取占比，均发现对学生参与课外补习有显著负影响，表明“211 工程”高校录取占比以及“985 工程”高校录取占比越高，学生参与课外补习的概率就越低。该结果支持了本章研究提出的研究假设 3。“211 工程”高校录取占比“211 工程”高校录取率和“985 工程”高校录取占比“985 工程”高校录取率与本科生录取率的比值越高，说明该省份学生接受优质高等教育资源的概率越大，升上重点大学的竞争越小，因此，学生和家长寻求课外补习的动机越弱，进而降低了基础教育阶段学生课外补习参与率。

## 二、高校录取率对课外补习参与率的异质性影响

为了进一步考察高校录取率对课外补习参与率的异质性影响，本章研究在模型 4、模型 5 和模型 6 中分别加入本科生录取率与家庭人均年收入、父母最高学历和父母最高职业的交互项，结果显示交互项对学生参与课外补习均有显著正影

响。学生家庭背景强化了本科生录取率对学生参与课外补习的影响。该结果支持了本章研究提出的研究假设 2。本科生录取率高，说明更多学生可以接受高等教育，社会经济地位较高的家庭感受到的孩子未来竞争压力会更大，更会让学生参与课外补习，以提高高考升学竞争力进入重点大学，接受更加优质的高等教育，从而保持未来竞争优势以维护自己的阶层地位。在模型 7—模型 12 中分别加入家庭社会经济背景变量与“211 工程”高校录取占比以及“985 工程”高校录取占比的交互项，表 11-5 结果显示交互项对学生参与课外补习均无显著影响，表明重点高校录取率对不同家庭社会经济背景学生参与课外补习的影响不存在显著差异，也意味着不同家庭社会经济背景学生感受到的上重点大学竞争压力不存在异质性。该结果并没有支持本章研究提出的研究假设 4。

**表 11-5　高校本科录取率对不同家庭社会经济背景学生课外补习参与率影响（*N*=3320）**

| 变量 | 模型 4 | 模型 5 | 模型 6 | 模型 7 | 模型 8 | 模型 9 | 模型 10 | 模型 11 | 模型 12 |
|---|---|---|---|---|---|---|---|---|---|
| 本科生录取率 | 2.624（1.831） | 2.769*（1.638） | 2.867*（1.582） | — | — | — | — | — | — |
| “211 工程”高校录取占比 | — | — | — | −18.297***（5.815） | −11.760**（5.801） | −14.543**（5.968） | — | — | — |
| “985 工程”高校录取占比 | — | — | — | — | — | — | −36.692**（18.733） | −27.423（18.866） | −29.265（18.738） |
| 本科生录取率×家庭人均年收入 | 0.552*（0.314） | — | — | — | — | — | — | — | — |
| 本科生录取率×父母最高学历 | — | 0.404*（0.245） | — | — | — | — | — | — | — |
| 本科生录取率×父母最高职业地位 | — | — | 0.899**（0.459） | — | — | — | — | — | — |
| “211 工程”高校录取占比×家庭人均年收入 | — | — | — | 0.735（0.681） | — | — | — | — | — |
| “211 工程”高校录取占比×父母最高学历 | — | — | — | — | 0.367（1.404） | — | — | — | — |

续表

| 变量 | 模型 4 | 模型 5 | 模型 6 | 模型 7 | 模型 8 | 模型 9 | 模型 10 | 模型 11 | 模型 12 |
|---|---|---|---|---|---|---|---|---|---|
| “211 工程”高校录取占比×父母最高职业地位 | — | — | — | — | — | 2.102<br>（2.384） | — | — | — |
| “985 工程”高校录取占比×家庭人均年收入 | — | — | — | — | — | — | 4.747<br>（4.871） | — | — |
| “985 工程”高校录取占比×父母最高学历 | — | — | — | — | — | — | — | 0.823<br>（3.799） | — |
| “985 工程”高校录取占比×父母最高职业地位 | — | — | — | — | — | — | — | — | 2.559<br>（6.929） |
| 截距 | −3.253***<br>（0.454） | −3.336***<br>（0.445） | −3.367***<br>（0.446） | −0.881<br>（0.931） | −1.686*<br>（0.941） | −1.340<br>（0.951） | −1.743*<br>（1.034） | −2.174**<br>（1.046） | −2.096**<br>（1.027） |
| $p$ | 0.000 | 0.000 | 0.000 | 0.000 | 0.000 | 0.000 | 0.000 | 0.000 | 0.000 |

注：上述模型在学生层面均控制性别、家庭人均年收入、父母最高学历、父母最高职业地位、是否重点校以及学校阶段，在省级层面均控制了人均 GDP，由于篇幅原因，在文中省略。本章下同。

为了进一步考察高校录取率对不同学校阶段的学生参与课外补习的影响，本章研究在模型 13—模型 15 中分别加入学校阶段与本科生录取率、“211 工程”高校录取占比以及“985 工程”高校录取占比的交互项，表 11-6 结果显示交互项对学生参与课外补习均无显著影响，表明高校录取率对不同学校阶段的学生参与课外补习的影响不存在显著差异，意味着高考升学竞争压力已经传导到各个学校阶段。

**表 11-6　本科录取率与不同学校阶段的交互作用对课外补习影响结果（$N$=3320）**

| 变量 | 模型 13 | 模型 14 | 模型 15 |
|---|---|---|---|
| 学校阶段 | 0.012<br>（0.154） | 0.836<br>（0.766） | −0.221<br>（0.212） |
| 本科生录取率 | 3.407**<br>（1.736） | — | — |

续表

| 变量 | 模型 13 | 模型 14 | 模型 15 |
|---|---|---|---|
| “211 工程”高校录取占比 | — | −27.359***<br>（7.073） | — |
| “985 工程”高校录取占比 | — | — | −31.875*<br>（17.849） |
| 学校阶段×本科生录取率 | −0.227<br>（0.471） | — | — |
| 学校阶段×“211 工程”高校录取占比 | — | 6.006<br>（6.788） | — |
| 学校阶段×“985 工程”高校录取占比 | — | — | 1.149<br>（1.588） |
| 截距 | −3.963***<br>（0.531） | −0.302<br>（1.074） | −2.053**<br>（0.960） |
| $p$ | 0.000 | 0.000 | 0.000 |

## 三、稳健性检验

2016 年的课外补习参与情况可能会受到往年高校录取率的影响，因此，本章研究利用 2015 年本科生录取率、2015 年“211 工程”高校录取占比、2015 年“985 工程”高校录取占比进行稳健性检验。研究结果表明，2015 年高校录取率对 2016 年学生课外补习参与率的影响与 2016 年高校录取率对 2016 年学生课外补习参与率的影响基本一致，结果都较为稳健。具体统计分析结果见表 11-7 以及表 11-8。

**表 11-7　2015 年高校录取率对课外补习参与率影响的多层线性模型分析结果（$N$=3320）**

| 变量 | 模型 16 | 模型 17 | 模型 18 | 模型 19 | 模型 20 | 模型 21 |
|---|---|---|---|---|---|---|
| 本科生录取率 | 2.958**<br>（1.262） | — | — | 2.838<br>（1.946） | 2.794<br>（1.764） | 3.169<br>（2.688） |
| “211 工程”高校录取占比 | — | −10.044**<br>（4.180） | — | — | — | — |
| “985 工程”高校录取占比 | — | — | −24.575*<br>（14.323） | — | — | — |
| 本科生录取率×家庭人均年收入 | — | — | — | 0.584*<br>（0.334） | — | — |
| 本科生录取率×父母最高学历 | — | — | — | — | 0.436*<br>（0.256） | — |

续表

| 变量 | 模型 16 | 模型 17 | 模型 18 | 模型 19 | 模型 20 | 模型 21 |
|---|---|---|---|---|---|---|
| 本科生录取率×父母最高职业地位 | — | — | — | — | — | 0.617*<br>（0.315） |
| 截距 | −3.841***<br>（0.396） | −1.824**<br>（0.852） | −2.33***<br>（0.860） | −4.186***<br>（0.520） | −4.274***<br>（0.513） | −4.259***<br>（0.509） |
| $p$ | 0.000 | 0.000 | 0.000 | 0.000 | 0.000 | 0.000 |

**表 11-8　2015 年重点高校本科录取率对不同家庭社会经济背景学生课外补习参与率的影响（$N$=3320）**

| 变量 | 模型 22 | 模型 23 | 模型 24 | 模型 25 | 模型 26 | 模型 27 |
|---|---|---|---|---|---|---|
| “211 工程”高校录取占比 | −15.957***<br>（5.830） | −11.544*<br>（6.085） | −10.536*<br>（5.987） | — | — | — |
| “985 工程”高校录取占比 | — | — | — | −37.256*<br>（19.175） | −30.399*<br>（16.443） | −29.877*<br>（17.077） |
| “211 工程”高校录取占比×家庭人均年收入 | 2.415<br>（1.621） | — | — | — | — | — |
| “211 工程”高校录取占比×父母最高学历 | — | 0.483<br>（1.419） | — | — | — | — |
| “211 工程”高校录取占比×父母最高职业地位 | — | — | 1.270<br>（2.356） | — | — | — |
| “985 工程”高校录取占比×家庭人均年收入 | — | — | — | 5.016<br>（5.005） | — | — |
| “985 工程”高校录取占比×父母最高学历 | — | — | — | — | 1.760<br>（3.958） | — |
| “985 工程”高校录取占比×父母最高职业地位 | — | — | — | — | — | 2.973<br>（7.186） |
| 截距 | −2.772***<br>（1.043） | −2.065*<br>（1.129） | −2.411**<br>（1.109） | −2.945***<br>（1.087） | −2.240**<br>（1.133） | −2.086**<br>（1.046） |
| $p$ | 0.000 | 0.000 | 0.000 | 0.000 | 0.000 | 0.000 |

# 第四节　研究结论、讨论与政策建议

## 一、研究结论

本章研究基于中国家庭追踪调查数据和收集各省份教育统计数据，通过构建多层线性模型，探究高校本科录取率对学生参与课外补习的影响，得出以下主要研究结论。

第一，各省份基础教育阶段学生课外补习参与率随着其本科生录取率上升而上升，又随着各省份“211 工程”高校录取占比和“985 工程”高校录取占比上升而下降。

第二，本科生录取率对学生参与课外补习有显著正影响，即本科生录取率越高，学生课外补习参与率就越高。“211 工程”高校录取占比以及“985 工程”高校录取占比均对学生参与课外补习有显著负影响，即重点高校录取占比越高，学生课外补习参与率就越低。

第三，本科生录取率对不同家庭社会经济背景学生参与课外补习影响存在异质性，本科生录取率越高，社会经济地位较高的家庭学生参与课外补习的概率越大。重点高校录取率对不同家庭社会经济背景学生参与课外补习的影响不存在异质性，意味着不同家庭社会经济背景的学生均致力于寻求课外补习以提高进入重点大学的机会。

第四，在模型中分别加入学校阶段与本科生录取率、“211 工程”高校录取占比以及“985 工程”高校录取占比的交互项，结果显示交互项对学生参与课外补习均无显著影响。这说明高考升学竞争压力对基础教育各阶段学校学生参与课外补习影响不存在显著差异，高考升学竞争压力已经传导到各个学校阶段。

## 二、结论讨论

按照 MMI 理论和 EMI 理论，不同背景的学生接受高等教育的机会是有差异的。当高等教育还是精英教育模式时，“上大学”是人们的首要目标，社会经济地位较高的父母总是会寻找各种方式，帮助其子女争取“上大学”的机会，以维持竞争优势。当高等教育进入普及化阶段时，由于高等教育质量的不均衡，尤其是省份间优质高等教育资源存在较大的差距时，高考竞争的核心不在于受教育机会，而在于教育质量，即不在于“上大学”，而在于“上好大学”。教育部发布的《2018 年全国教育事业发展基本情况》的数据显示，我国已建成世界上规模最大的高等教育体系，高等教育毛入学率达到 48.1%，即将由高等教育大众化阶段进入普及化阶段。随着高等教育规模扩张和入学率的提高，重点高校的入学机会出现了“队列拥挤现象”（cohort crowding）：即高校扩招使得更多的高中毕业生进入高校，同时重点高校的供给弹性却非常小，造成重点高校的竞争反而更加激烈。[①]中国高校扩招使得高等教育入学机会持续扩大，但是由于政府实施“制高

① Bound J，Turner S. Cohort crowding：How resources affect collegiate attainment. Journal of Public Economics，2007（56）：877-899.

点战略”等政策，重点高校的招生规模没有显著增加，地方本科院校和高职院校的规模不断扩大。①②对于部分社会经济地位较高的家庭而言，上大学已经不能有效维持子女的竞争优势，优质高等教育资源的不足和分布不均衡加重了其教育焦虑，迫使其不得不加大对孩子的校外教育投入。因此，社会经济地位较高的家庭父母往往更加焦虑，为了有效地维持社会地位，就会努力让子女参与课外补习，以便子女在高考竞争中取得优势，接受优质的高等教育。此外，研究发现，高等教育的竞争压力不断往下传导和下沉，在中学、小学，甚至学前阶段的家庭都感受到了高等教育竞争的压力，从而增加了校外教育的投入，促使学生参加课外补习。早期获得优质教育资源的学生在升学竞争中可以获得更大的优势。因此，高等教育竞争产生了传递效应，不仅影响与高考直接相关的中学阶段，也影响小学和学前阶段，而且这种影响并没有显著差异。为了上好大学，高考升学竞争不断向低学段的学生家庭蔓延。

## 三、政策建议

第一，调整和优化高等教育资源促进省际间高等教育均衡发展。目前，我国高等教育发展不均衡问题仍较为明显，优质的高等教育资源在区域和省份之间分布不均衡。无论是“985 工程”高校和“211 工程”高校还是“双一流”高校，均呈现东部密集、中西部稀疏的格局。不同省份重点大学数量差异较大，造成不同省份重点大学录取率存在较大差异。重点大学录取率较低省份的学生和家长围绕“上好大学”的竞争更激烈，他们的教育焦虑感更强，更有动机去寻求课外补习。因此，需要进一步调整和优化高等教育资源，在高等教育不发达地区扶持建设更多的重点高校，减轻这些省份学生的高考升学竞争压力，有助于降低课外补习参与率。

第二，面向优质高等教育资源较为稀缺的省份增加重点高校招生名额。高校扩招 20 年来，我国高等教育发展取得了举世瞩目的成就。我国即将由高等教育大众化阶段进入普及化阶段，一般的适龄学生均可以接受高等教育，但也正因为如此，人们不再关注“上大学”而关注“上好大学”，这加重了学生和家长的教育焦虑。学生为了能够在高考中取得好成绩，考入重点大学，参加课外补习成为“首选”，学生和家庭围绕课外补习的竞争也日益激烈。尤其是社会经济地位较高

① 李春玲. 教育不平等的年代变化趋势（1940—2010）——对城乡教育机会不平等的再考察. 社会学研究，2014，29（2）：65-89.

② 吴晓刚. 1990—2000 年中国的经济转型、学校扩招和教育不平等. 社会，2009，29（5）：88-113.

的家庭，高等教育招生规模的扩张强化了他们的教育竞争焦虑，而基础教育阶段学校发展均衡化的政策导向和趋势，削弱了经济地位较高的家庭子女学校教育质量优势，进一步加剧了他们的教育竞争焦虑，促使他们纷纷寻求课外补习，希望增强学生的高考升学竞争力，提高进入重点大学的机会。面向优质高等教育较为稀缺的省份扩大重点大学招生名额，有助于减少这些省份学生和家庭的高考升学竞争压力，缓解他们的教育焦虑，从而降低课外补习参与率。

第三，面向家庭社会经济地位较低的弱势阶层家庭增加重点高校招生名额。随着高等教育招生规模的扩大，家庭社会经济地位较高的学生更多参与课外补习，以提高进入重点大学的机会，有效维持教育和社会竞争优势。结果造成不同家庭社会经济地位的学生获得高等教育的入学机会由数量不均等转向质量不均等，容易导致阶层固化，不利于社会阶层的流动。因此，重点高校在分配招生计划时应面向家庭社会经济地位较低的弱势阶层家庭增加招生名额。目前，教育部正在实施面向贫困地区定向招生专项计划，一些重点高校也出台了面向贫困地区定向招生专项计划，包括北京大学的“筑梦计划”、清华大学的“自强计划”等。重点高校应继续增加面向家庭社会经济地位较低的弱势阶层家庭招生名额，缩小不同家庭社会经济地位的学生获得高等教育入学机会质量差距，促进社会不同阶层的合理流动。

# 第十二章　中考升学竞争对中小学生参与课外补习的影响

教育公平是社会公平的重要基础。中华人民共和国成立以来，我国的高中教育取得了巨大成绩，高中毛入学率从 1949 年的 1.1%提高到 2020 年的 91.2%，与此同时，2020 年我国高等教育毛入学率为 54.4%。[①②]可见，我国高中教育入学机会差距不大，但是高等教育入学机会还存在较大差距。从动态角度考察，高等教育入学机会差距是基础教育机会不均等的累积和延续。接受良好的小学教育有助于进入较好的初中，有助于接受优质的高中教育，从而有更大优势进入大学甚至是精英大学。逐级分层结果意味着受教育者进入不同层级的学校就读，会产生不一样的教育结果，直接影响其随后的教育流动乃至社会流动。在层层分流中，初中是教育分流的关键阶段。初中毕业后，大部分学生接受普通高中教育，部分学生接受中等职业教育，小部分学生则直接步入社会。可见中考的分流作用非常明显。由于初中进入高中的升学率远远高于高中进入大学的升学率，因此进入一个“好高中”，即示范高中[③]，接受优质的高中教育对于初中生而言变得尤为重要。由于示范高中受到家长和学生的追捧以及社会的认可，因此为了让学生在中考升学竞争中取得优势，接受优质的高中教育，课外补习成为家长和学生的一个重要选择。作为教育竞争和家庭教育投资的重要方式，课外补习或影子教育已经演变成一种世界性现象，并且在发展中国家和东亚社会尤为盛行。在我国，初中学生

---

① 储朝晖. 中国高中教育发展的特征与启示. 河北师范大学学报（教育科学版），2020，22（2）：29-36.

② 2020 年全国教育事业发展统计公报. http://www.gov.cn/xinwen/2021-03/01/content_5589503.htm.（2021-03-01）[2022-04-25].

③ 示范高中是“实施素质教育的示范性普通高中”的简称，是全面贯彻教育方针，模范执行教育法律、法规和有关政策，办学思想端正，加强德育，积极开展教育教学改革，教师素质与办学条件好，办学有特色，学生德智体等方面全面发展，社会和高等院校对学生的评价好，学校的管理水平高，有较长的办学历史，在省域内外有较高声誉的普通高级中学。

的课外补习参与率已达到47.3%，将近一半的初中生参与了课外补习。课外补习正成为学生和家庭之间开展升学竞争的有效手段。然而，目前鲜有学者对中考升学竞争和学生课外补习参与的关系进行研究。本章研究利用CFPS 2016年数据和收集的各省份高中录取率数据，基于MMI理论和EMI理论，通过建立多层线性伯努利模型，探究反映中考升学竞争激烈程度的高中录取率与义务教育阶段学生课外补习参与的关系，为制定课外补习相关政策提供经验证据。

# 第一节 研究设计

## 一、相关研究

教育竞争是一种重要的社会选择，主要围绕着受教育机会、获得质量较高的学校教育机会、凭借着不同的教育文凭获得报酬优厚的就业机会等等。[①]对于义务教育阶段的学生而言，由于全国高中毛入学率均达到90%以上，因此，高中受教育机会并不是教育竞争的重点。教育竞争主要围绕着获得质量较高的高中教育机会，所以为了在竞争中获得优势，社会经济地位较高的家庭通常会通过课外补习额外获得教育资源。[②]吴岩的研究发现，由于我国的高中以及大学招生遵循择优录取的竞争原则，因此有条件的家庭通过购买额外的教育资源，即课外补习，其实也是购买了分数、“能力”和“机会”，使得学生在中考升学竞争中获得优势，损害了那些不能够提供课外补习家庭的孩子享受优质教育的权利，对教育公平造成了干扰。[③]薛海平研究了我国义务教育阶段学生的课外补习活动，发现课外补习使优势阶层子女获得更多数量和更高质量的教育，使其子女在未来的升学和就业竞争中取得成功。[④]张薇和马克·贝磊采用重庆市初中生的数据对中考升学竞争与课外补习的关系进行分析，提出中国的高考竞争激烈且具有很高的利害关系，它给志在上大学的高中生造成了巨大的压力，这种压力推动了低学段的竞争，使中考也成为一个具有高利害关系的考试。[⑤]此外，教育资源在地区和

---

① 刘精明. 教育选择方式及其后果. 中国人民大学学报，2004（1）：64-71.

② Lee S，Shouse R C. The impact of prestige orientation on shadow education in South Korea. Sociology of Education，2011，84（3）：212-224.

③ 吴岩. 教育公平视角下初中阶段教育补习现状研究——以广州市为例. 教育研究，2014，35（8）：75-84.

④ 薛海平. 从学校教育到影子教育：教育竞争与社会再生产. 北京大学教育评论，2015，13（3）：47-69+188-189.

⑤ 张薇，马克·贝磊，李红兰. 影子教育的影响因素及其政策意义——以重庆市为例. 教育科学研究，2017（6）：56-62.

学校间的分配不均，也迫使各个家庭利用课外补习获得或保持竞争优势。周东洋和吴愈晓提出由于存在“热屋效应”，学生有着巨大的提升学业成就的压力以及对精英文凭的追求，在这种充满教育竞争的氛围下，就可能产生对课外补习的需求。①

课外补习已然成为一种全球化现象，尤其是东南亚地区，尤为盛行，引起了学者们的普遍关注。学生和家庭围绕课外补习日益激烈的竞争不仅加剧了学生学业负担，消耗了大量家庭和社会资源，而且可能削弱政府在推进教育公平方面的政策成效，维持与扩大了社会不平等。②③目前，关于教育竞争与学生课外补习参与的实证研究较少。有鉴于此，本章研究基于 CFPS 2016 年数据，采用多层线性伯努利模型，探究反映中考升学竞争激烈程度的高中录取率与义务教育阶段学生课外补习参与的关系，研究结论有助于我们理解课外补习背后深层次的原因，为政府治理课外补习问题提供理论依据。

## 二、理论基础与研究假设

MMI 理论和 EMI 理论为初中升学竞争与课外补习的关系阐述提供了很好的理论思想。按照 MMI 理论，当义务教育没有普及时，不同社会阶层家庭的子女受教育机会是有差异的。社会阶层较高的家庭为了维持其子女的升学竞争优势，就会努力使他们的子女受教育机会最大化。只有当义务教育普及或者达到饱和状态，不同社会阶层家庭的子女受教育机会才可能减小。卢卡斯在 MMI 理论的基础上，进一步提出了 EMI 理论。根据 EMI 理论，当义务教育普及时，由于我国义务教育发展存在不平衡不充分的矛盾，使得义务教育质量在城乡间、区域间、学校间存在差异。此时，教育竞争的核心转向教育质量，而不再是受教育机会。由于学校教育需要照顾到每个同学，难以做到差异化教学，而且教学时间也较为固定，对于学生而言差异性不大，所以课外补习成为了家长和学生在教育竞争中的“首选”。社会阶层较高的家庭为了让子女在未来的升学竞争中保持优势，就会通过课外补习获得额外更高质量和更多数量的教育资源。

当前，我国高中毛入学率达到 90%以上，不同社会阶层的家庭基本可以接受

① 周东洋，吴愈晓. 教育竞争和参照群体——课外补习流行现象的一个社会学解释. 南京师大学报（社会科学版），2018（5）：84-97.

② 薛海平，丁小浩. 中国城镇学生教育补习研究. 教育研究，2009（1）：39-46.

③ Bray M. The shadow education system：Private tutoring and its implication for planners. Fundamentals of Educational Planning Series，1999，number 11.

高中教育时，他们追求的不再是高中受教育机会，而是优质的高中受教育机会。可见，对于不同社会阶层的家庭而言，他们的教育竞争核心在于上示范高中，而不是普通高中，更不是职业高中。由于我国高中教育已基本普及，甚至有些省份的高中入学率已经达到100%，围绕高中入学机会的竞争较小。此外，由于职业教育的门槛较低，而且近年来国家大力扩招中等职业教育，因此围绕职业教育入学机会的竞争也较小。所以，不同社会阶层的家庭主要围绕“普通高中”和“示范高中”展开竞争。当一些省份的普通高中录取率上升时，也就是说学生接受普通高中教育入学机会变大时，可能造成一些学生上“好高中”的竞争焦虑感上升。尤其对于社会阶层较高的家庭，面对教育竞争不断提高和优质教育资源的缺乏，加剧了他们的焦虑感和紧迫感。[①]因此，社会阶层较高的家庭为了有效维持其社会地位，对于普通高中录取率会更加敏感，反而会促使其子女参与课外补习，进一步提高了课外补习参与率。只有当示范高中录取率提高时，才会缓解一些家庭和学生的教育焦虑，从而降低课外补习参与率。基于此，本章研究分别就“高中录取率”“职业高中录取率”“普通高中录取率”“示范高中录取率”与课外补习参与率关系提出以下研究假设。

H1：高中录取率对义务教育阶段学生课外补习参与率无显著影响。

H2：职业高中录取率对义务教育阶段学生课外补习参与率无显著影响。

H3：普通高中录取率对义务教育阶段学生课外补习参与率有显著正向影响。

H4：示范高中录取率对义务教育阶段学生课外补习参与率有显著负向影响。

H5：普通高中录取率对义务教育阶段不同家庭社会阶层的学生课外补习参与率有异质性影响，随着普通高中录取率提高，家庭社会阶层较高的学生更有可能参加课外补习。

## 三、研究数据与变量说明

本章研究使用的数据全部来自CFPS 2016年，样本覆盖25个省份，目标样本规模为1.6万户，调查对象包含样本家户中的全部家庭成员。本章研究样本为义务教育阶段的学生，共4168名学生，其中，小学生2935名，初中生1233名。

本章研究采用职业高中录取率、普通高中录取率、示范高中录取率以及高中

---

① 薛海平，方晨晨. 高考升学竞争与学生课外补习——基于中国家庭追踪调查数据的实证分析. 北京大学教育评论，2020，18（3）：172-186+192.

录取率衡量中考升学竞争的激烈程度。录取率数值越小，则说明中考竞争程度越激烈，数值越大，表明中考升学竞争程度越小。由于2016年的学生课外补习参与情况更多是受到过去一年受教育机会情况的影响，因此本章研究采用2015年的高中录取率衡量2016年该省份初中学生感受到的中考升学竞争激烈程度。

2015年某省份高中录取率=2015年该省份高中招生人数/2015年该省份初中毕业人数。①

2015年某省份职业高中录取率=2015年该省份职业高中招生人数/2015年该省份初中毕业人数。

2015年某省份普通高中录取率=2015年该省份普通高中招生人数/2015年该省份初中毕业人数。

2015年某省份示范高中录取率=2015年该省份示范高中招生人数②/2015年该省份初中毕业人数。

本章研究变量说明见表12-1。

**表12-1 本章研究变量说明**

| 变量类型 | 变量名 | 变量说明 |
|---|---|---|
| 个人层面 | 是否参与课外补习 | 0=否，1=是 |
| | 性别 | 0=女，1=男 |
| | 学校阶段 | 0=小学，1=初中 |
| 家庭层面 | 父母最高职业地位 | 1=下层，2=中层，3=上层 |
| | 父母最高学历 | 1=文盲，2=小学，3=初中，4=高中，5=专科，6=本科，7=硕士，8=博士 |
| | 家庭人均年收入 | 1=最低20%，2=中下20%，3=中间20%，4=中上20%，5=最高20% |
| 省级层面 | 2015年人均GDP | 连续变量 |
| | 2015年高中录取率 | 连续变量 |
| | 2015年职业高中录取率 | 连续变量 |
| | 2015年普通高中录取率 | 连续变量 |
| | 2015年示范高中录取率 | 连续变量 |

① 该省份的高中招生人数为职业高中招生人数和普通高中招生人数之和，职业高中招生人数、普通高中招生人数以及初中毕业人数均来源于教育部2015年教育统计数据文件，参见http://www.moe.gov.cn/s78/A03/moe_560/jytjsj_2015/。

② 各省份示范高中招生人数来源于各省份示范高中公布的数据。

## 四、研究方法

由于学生是否参与课外补习受到家庭、省市等多层次、多因素的影响，因此，本章研究采用的数据具有嵌套关系。此外，由于学生是否参加课外补习为二分变量，因此本章研究采用多层线性伯努利模型进行估计。本章研究将建立学生个体和省市两个层面的估计模型：

### （一）零模型

该模型将学生课外补习参与率的总差异分解为学生个体和省际间差异两个层面，主要用于探讨学生课外补习参与率在省际间是否存在显著差异，模型如下。

学生层：$Y_{ij}=\beta_{0j}+r_{ij}$，$r_{ij}\sim N$（0，$\delta^2$）。

省级层：$\beta_{0j}=\gamma_{00}+\mu_{0j}$，$\mu_{0j}\sim N$（0，$\tau_{00}$）。

其中，$Y_{ij}$ 表示第 $j$ 个省份第 $i$ 个学生是否参与课外补习，$\beta_{0j}$ 表示省份 $j$ 的学生平均课外补习参与率，$\gamma_{00}$ 表示总体学生的课外补习参与率，$\mu_{0j}$ 表示省份之间的随机效应，$\delta^2$ 表示学生层面的课外补习参与率的差异，$\tau_{00}$ 表示省份之间学生课外补习参与率的差异。

### （二）全模型

在零模型的基础上加上学生层面和省级层面的变量构建全模型，主要用来考察学生层面和省级层面的变量对学生课外补习参与率的影响情况，模型如下：

学生层：$Y_{ij}=\beta_{0j}+\beta_{1j}$（性别）$+\beta_{2j}$（重点校）$+\beta_{3j}$（学校阶段）$+\beta_{4j}$（父母最高职业地位）$+\beta_{5j}$（父母最高学历）$+\beta_{6j}$（家庭人均年收入）$+r_{ij}$，$r_{ij}\sim N$（0，$\delta^2$）。

省级层：$\beta_{0j}=\gamma_{00}+\gamma_{01}$（GDP）$+\gamma_{02}$（录取率）$+\mu_{0j}$，$\mu_{0j}\sim N$（0，$\tau_{00}$）。

# 第二节　中考升学竞争与学生参与课外补习的关系

表 12-2 呈现了各省份课外补习参与率和高中录取率的基本情况。由表 12-2 可知，全国平均课外补习参与率达到 32.74%，其中黑龙江义务教育学生的课外补习参与率最高，达到 64.50%，广西最低，为 8.10%。总体而言，东北三省、长三角地区以及京津地区的学生课外补习参与率较高，中部和西部地区的学生课外补习参与率较低。这与薛海平等的研究结果[①]较为一致。全国平均高中录取率达到

① 薛海平，方晨晨. 我国义务教育课外补习：现状与趋势. 教育经济评论，2019，4（4）：75-97.

91.66%。其中天津、安徽和四川的高中录取率超过 100%，原因可能是部分初中生毕业工作后重新上高中，导致高中录取人数超过了应届的初中毕业人数。全国平均普通高中录取率为 57.82%，最高的为陕西，达到 69.64%，最低的为云南（47.56%），两者相差 22.08 个百分点。全国平均职业高中录取率为 33.85%，最高的为安徽（47.86%），最低的是吉林（22.59%）。国家要求普通高中和职业高中的录取比要达到 1∶1，目前而言，普通高中录取率要远高于职业高中录取率。不同省份的示范高中录取率存在较大差异。全国平均示范高中录取率为 18.16%，最高的为重庆（43.30%），最低的为江苏（4.78%）。

**表 12-2　各省份课外补习参与率和各类高中录取率**　　单位：%

| 变量 | 课外补习参与率 | 高中录取率 | 普通高中录取率 | 职业高中录取率 | 示范高中录取率 |
|---|---|---|---|---|---|
| 黑龙江 | 64.50 | 96.32 | 67.76 | 28.56 | 9.41 |
| 天津 | 62.50 | 109.41 | 64.14 | 45.27 | 14.37 |
| 江苏 | 59.40 | 89.56 | 52.20 | 37.37 | 4.78 |
| 上海 | 58.20 | 97.83 | 56.68 | 41.14 | 18.41 |
| 辽宁 | 52.90 | 95.16 | 62.19 | 32.96 | 6.67 |
| 浙江 | 49.00 | 93.45 | 54.33 | 39.12 | 13.78 |
| 山东 | 37.80 | 85.52 | 55.86 | 29.66 | 18.69 |
| 湖南 | 36.10 | 88.33 | 54.35 | 33.98 | 14.20 |
| 吉林 | 35.80 | 89.69 | 67.10 | 22.59 | 14.72 |
| 北京 | 35.70 | 90.38 | 61.16 | 29.22 | 17.73 |
| 山西 | 34.00 | 85.90 | 58.10 | 27.80 | 19.38 |
| 安徽 | 33.80 | 104.55 | 56.68 | 47.86 | 39.14 |
| 湖北 | 33.30 | 89.12 | 60.39 | 28.74 | 21.20 |
| 河南 | 32.30 | 85.59 | 54.99 | 30.60 | 24.21 |
| 陕西 | 28.80 | 97.69 | 69.64 | 28.05 | 6.70 |
| 河北 | 27.80 | 94.07 | 58.92 | 35.14 | 33.92 |
| 福建 | 20.90 | 98.15 | 59.38 | 38.76 | 9.93 |
| 甘肃 | 20.40 | 84.62 | 60.00 | 24.62 | 20.76 |
| 广东 | 18.90 | 81.97 | 51.39 | 30.58 | 12.57 |
| 四川 | 18.90 | 101.06 | 55.59 | 45.47 | 12.41 |
| 重庆 | 18.00 | 97.68 | 61.08 | 36.61 | 43.30 |
| 江西 | 12.40 | 85.80 | 57.57 | 28.23 | 21.95 |
| 云南 | 10.70 | 77.98 | 47.56 | 30.42 | 15.05 |
| 贵州 | 8.20 | 81.38 | 48.90 | 32.48 | 20.36 |
| 广西 | 8.10 | 90.41 | 49.47 | 40.94 | 20.40 |
| 平均 | 32.74 | 91.66 | 57.82 | 33.85 | 18.16 |

图 12-1 呈现了各省份课外补习参与率、高中录取率、普通高中录取率、职业高中录取率和示范高中录取率的趋势。从图 12-1 可知，各省份义务教育阶段学生课外补习参与率，一方面随着各省份高中录取率、普通高中录取率和职业高中录取率的上升而上升，另一方面又随着各省份示范高中录取率的上升而下降。

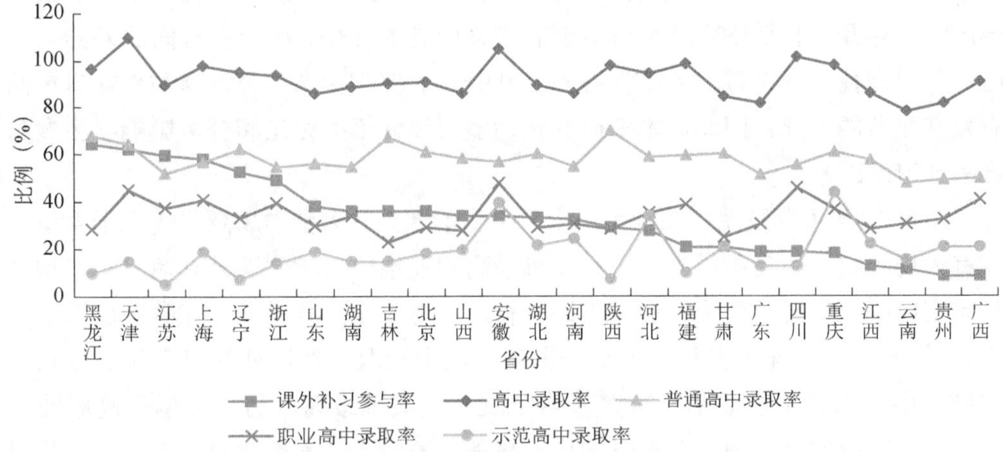

图 12-1　课外补习参与率与高中录取率

为了进一步探究各省份义务教育阶段学生课外补习参与率与高中录取率、职业高中录取率、普通高中录取率和示范高中录取率之间的关系，采用皮尔逊相关进行分析，结果见表 12-3。相关性分析结果显示，各省份义务教育阶段学生课外补习参与率与高中录取率、职业高中录取率和普通高中录取率存在显著正相关关系，而与示范高中录取率存在显著负相关关系。

**表 12-3　课外补习参与率与高中录取率的相关性分析结果**

| 变量 | 课外补习参与率 | 高中录取率 | 职业高中录取率 | 普通高中录取率 | 示范高中录取率 |
|---|---|---|---|---|---|
| 课外补习参与率 | 1 | 0.563** | 0.183** | 0.462** | −0.240** |
| 高中录取率 | 0.563** | 1 | 0.567** | 0.582** | 0.015 |
| 职业高中录取率 | 0.183** | 0.567** | 1 | −0.340** | 0.050** |
| 普通高中录取率 | 0.462** | 0.582** | −0.340** | 1 | −0.033* |
| 示范高中录取率 | −0.240** | 0.015 | 0.050** | −0.033* | 1 |

## 第三节　高中录取率对学生参与课外补习的影响

在采用伯努利多层线性模型分析高中录取率对义务教育学生课外补习参与率的影响时，要首先建构不含任何解释变量的零模型。结果显示，省域内和省份间的学生课外补习参与率的方差成分分别为 0.1167 和 0.0065，其组内相关系数为 0.0528，说明学生课外补习参与率总的变异中有 5.28%来源于省份间的差异。同时，从显著性水平来看，显著性检验 $p$=0.00，表明学生课外补习参与率在省市间有极其显著的差异。因此，本章研究建构多层线性模型讨论和分析影响学生参与课外补习的因素。

由表 12-4 可以发现，在学生层中，男生的课外补习参与率要显著低于女生。家庭人均年收入、父母最高学历和父母最高职业地位对学生课外补习参与率均有显著正影响。不同学校阶段的学生课外补习参与率无显著差异。在省级层面中，人均 GDP 对课外补习参与率无显著影响。高中录取率对课外补习无显著影响。在模型中放入高中录取率和家庭人均年收入、父母最高学历、父母最高职业地位、学习阶段的交互项，发现影响均不显著，表明不同家庭背景和不同学习阶段的学生对于高中入学机会竞争带来的压力没有异质性。同样，职业高中录取率对学生课外补习参与率的影响也得到类似的结论。

**表 12-4　高中录取率和职业高中录取率对课外补习参与率影响的伯努利多层线性模型分析结果（$N$=3498）**

| 变量 | | 模型 1 | 模型 2 | 模型 3 | 模型 4 | 模型 5 | 模型 6 | 模型 7 | 模型 8 | 模型 9 | 模型 10 |
|---|---|---|---|---|---|---|---|---|---|---|---|
| 学生层 | 男生（以女生为参照） | −0.257***<br>（0.083） | −0.257***<br>（0.083） | −0.256***<br>（0.083） | −0.257***<br>（0.083） | −0.257***<br>（0.083） | −0.260***<br>（0.083） | −0.260***<br>（0.083） | −0.260***<br>（0.083） | −0.260***<br>（0.083） | −0.260***<br>（0.083） |
| | 家庭人均年收入 | 0.369***<br>（0.038） | 0.450<br>（0.601） | 0.370***<br>（0.038） | 0.369***<br>（0.038） | 0.370***<br>（0.038） | 0.372***<br>（0.038） | 0.501**<br>（0.218） | 0.372***<br>（0.038） | 0.372***<br>（0.038） | 0.371***<br>（0.038） |
| | 父母最高学历 | 0.339***<br>（0.040） | 0.339***<br>（0.040） | 0.085<br>（0.577） | 0.339***<br>（0.040） | 0.339***<br>（0.040） | 0.339***<br>（0.040） | 0.339***<br>（0.040） | 0.181<br>（0.207） | 0.339***<br>（0.040） | 0.339***<br>（0.040） |
| | 父母最高职业地位 | 0.294***<br>（0.064） | 0.294***<br>（0.064） | 0.294***<br>（0.064） | −0.632<br>（0.982） | 0.294***<br>（0.064） | 0.299***<br>（0.064） | 0.299***<br>（0.064） | 0.299***<br>（0.064） | 0.430<br>（0.363） | 0.299***<br>（0.064） |
| | 初中（小学为基准） | 0.050<br>（0.091） | 0.050<br>（0.091） | 0.050<br>（0.091） | 0.048<br>（0.091） | −0.401<br>（1.473） | 0.046<br>（0.091） | 0.046<br>（0.091） | 0.047<br>（0.091） | 0.047<br>（0.091） | 0.418<br>（0.524） |

续表

| 变量 | | 模型 1 | 模型 2 | 模型 3 | 模型 4 | 模型 5 | 模型 6 | 模型 7 | 模型 8 | 模型 9 | 模型 10 |
|---|---|---|---|---|---|---|---|---|---|---|---|
| 省级层 | 人均GDP | 0.001<br>（0.001） | 0.001<br>（0.001） | 0.001<br>（0.001） | 0.001<br>（0.001） | 0.001<br>（0.001） | 0.001<br>（0.001） | 0.001*<br>（0.000） | 0.001<br>（0.001） | 0.001*<br>（0.000） | 0.001*<br>（0.000） |
| | 高中录取率 | 3.221<br>（2.347） | 3.531<br>（3.278） | 2.191<br>（3.317） | 1.268<br>（3.143） | 3.055<br>（2.408） | — | — | — | — | — |
| | 职业高中录取率 | — | — | — | — | — | −3.123<br>（2.588） | −1.561<br>（3.669） | −5.080<br>（3.608） | −2.271<br>（3.479） | −2.687<br>（2.649） |
| 交互效应 | 高中录取率×家庭人均年收入 | — | −0.096<br>（0.711） | — | — | — | — | — | — | — | — |
| | 高中录取率×父母最高学历 | — | — | 0.299<br>（0.678） | — | — | — | — | — | — | — |
| | 高中录取率×父母最高职业地位 | — | — | — | 1.092<br>（1.156） | — | — | — | — | — | — |
| | 高中录取率×学习阶段 | — | — | — | — | 0.533<br>（1.732） | — | — | — | — | — |
| | 职业高中录取率×家庭人均年收入 | — | — | — | — | — | — | −0.469<br>（0.780） | — | — | — |
| | 职业高中录取率×父母最高学历 | — | — | — | — | — | — | — | 0.571<br>（0.735） | — | — |
| | 职业高中录取率×父母最高职业地位 | — | — | — | — | — | — | — | — | −0.470<br>（1.283） | — |
| | 职业高中录取率×学习阶段 | — | — | — | — | — | — | — | — | — | −1.350<br>（1.878） |
| | 截距 | −6.374***<br>（1.906） | −6.639**<br>（2.729） | −5.493**<br>（2.764） | −4.719*<br>（2.600） | −6.232***<br>（1.960） | −3.071***<br>（0.707） | −3.512***<br>（1.019） | −2.516**<br>（1.004） | −3.309***<br>（0.960） | −3.192***<br>（0.725） |
| | *p* | 0.000 | 0.000 | 0.000 | 0.000 | 0.000 | 0.000 | 0.000 | 0.000 | 0.000 | 0.000 |

注：括号内为标准误。本章下同。

表 12-5 呈现了普通高中录取率和示范高中录取率对学生课外补习参与率的影响效应。结果显示，普通高中录取率对学生课外补习参与率有显著正影响，即普通高中录取率越高，课外补习参与率也就越高。在模型中加入普通高中录取率和家庭人均年收入、父母最高学历、父母最高职业地位以及学习阶段的交互项，发现不同家庭人均年收入、父母最高学历和学习阶段的学生在普通高中录取率对课外补习参与率的影响中没有异质性，而不同父母最高职业地位的学生在普通高中录取率对课外补习参与率的影响中存在异质性。相反，示范高中录取率对学生课外补习参与率有显著负影响，说明示范高中录取率的提高可以降低学生课外补习参与率。加入示范高中录取率和不同家庭背景及学习阶段的交互项后，结果显示不同家庭背景的学生在示范高中录取率对课外补习参与率的影响中不存在异质性，不同学校阶段的学生在示范高中录取率对课外补习参与率的影响中存在异质性。

**表 12-5 普通高中录取率和示范高中录取率对课外补习参与率影响的伯努利多层线性模型分析结果（*N*=3498）**

| 变量 | 模型 11 | 模型 12 | 模型 13 | 模型 14 | 模型 15 | 模型 16 | 模型 17 | 模型 18 | 模型 19 | 模型 20 |
|---|---|---|---|---|---|---|---|---|---|---|
| 普通高中录取率 | 6.212***<br>(2.178) | 4.632<br>(3.225) | 6.729**<br>(3.394) | 2.126<br>(3.228) | 5.476**<br>(2.269) | — | — | — | — | — |
| 示范高中录取率 | — | — | — | — | — | −2.789***<br>(1.520) | −3.826*<br>(2.139) | −4.206*<br>(2.266) | −3.305<br>(2.086) | −2.158<br>(1.552) |
| 普通高中录取率×家庭人均年收入 | — | 0.535<br>(0.802) | — | — | — | — | — | — | — | — |
| 普通高中录取率×父母最高学历 | — | — | −0.160<br>(0.810) | — | — | — | — | — | — | — |
| 普通高中录取率×父母最高职业地位 | — | — | — | 2.465*<br>(1.426) | — | — | — | — | — | — |
| 普通高中录取率×学校阶段 | — | — | — | — | 2.149<br>(1.989) | — | — | — | — | — |
| 示范高中录取率×家庭人均年收入 | — | — | — | — | — | — | 0.330<br>(0.478) | — | — | — |
| 示范高中录取率×父母最高学历 | — | — | — | — | — | — | — | 0.422<br>(0.499) | — | — |

续表

| 变量 | 模型 11 | 模型 12 | 模型 13 | 模型 14 | 模型 15 | 模型 16 | 模型 17 | 模型 18 | 模型 19 | 模型 20 |
|---|---|---|---|---|---|---|---|---|---|---|
| 示范高中录取率×父母最高职业地位 | — | — | — | — | — | — | — | — | 0.286（0.795） | |
| 示范高中录取率×学校阶段 | — | — | — | — | — | — | — | — | — | −1.984*（1.152） |
| 截距 | −7.300***（1.269） | −6.398***（1.858） | −7.596***（1.958） | −4.975***（1.855） | −6.878***（1.320） | −3.153***（0.508） | −2.967***（0.574） | −2.896***（0.591） | −3.055***（0.574） | −3.285***（0.511） |
| *p* | 0.000 | 0.000 | 0.000 | 0.000 | 0.000 | 0.000 | 0.000 | 0.000 | 0.000 | 0.000 |

注：上述模型在学生层面均控制性别、家庭人均年收入、父母最高学历、父母最高职业地位、学校阶段，在省级层面均控制了人均 GDP，由于篇幅原因，在文中省略。

在上述研究中，发现不同学习阶段和父母最高职业地位的学生在录取率对课外补习参与率的影响过程中存在异质性。为了进一步探讨异质性的深层差异，本章研究分别对不同学校阶段和父母最高职业地位进行分样本回归。表 12-6 显示了不同学校阶段的分样本回归结果，发现无论是小学样本还是初中样本，高中录取率和职业高中录取率对学生课外补习参与率均没有显著影响。普通高中录取率对学生课外补习参与率均有显著正影响，其中初中样本的系数要高于小学样本，表明普通高中录取率对初中生课外补习参与率的影响要大于小学生。小学样本中，示范高中录取率对课外补习参与率无显著影响，而初中样本中，示范高中录取率对课外补习参与率有显著负影响，即示范高中录取率的提高，可以显著降低初中生参与课外补习的概率。因为初中生面临中考竞争带来的直接压力，所以对于示范高中录取率更加敏感，而小学生面临的更多的是小升初的竞争压力，所以示范高中录取率的提高可以显著降低初中生课外补习参与率，而对于小学生的影响并不显著。

**表 12-6　高中录取率对不同学段的学生课外补习参与率影响的伯努利多层线性模型分析结果**

| 比较项 | 小学样本 | | | | 初中样本 | | | |
|---|---|---|---|---|---|---|---|---|
| 高中录取率 | 2.500（2.386） | — | — | — | 4.416（2.846） | — | — | — |
| 职业高中录取率 | — | −4.039（2.609） | — | — | — | −2.744（3.209） | — | — |
| 普通高中录取率 | — | — | 6.130***（2.222） | — | — | — | 7.158***（2.562） | — |
| 示范高中录取率 | — | — | — | −2.378（1.585） | — | — | — | −3.575*（1.835） |

续表

| 比较项 | 小学样本 | | | | 初中样本 | | | |
|---|---|---|---|---|---|---|---|---|
| 截距 | −5.977***<br>（1.932） | −3.060***<br>（0.705） | −7.443***<br>（1.303） | −3.423***<br>（0.537） | −7.062***<br>（2.308） | −2.923***<br>（0.882） | −7.545***<br>（1.502） | −3.423***<br>（0.537） |
| $p$ | 0.000 | 0.000 | 0.000 | 0.000 | 0.000 | 0.000 | 0.000 | 0.000 |
| $N$ | 2448 | 2448 | 2448 | 2448 | 1050 | 1050 | 1050 | 1050 |

注：上述模型在学生层面均控制性别、家庭人均年收入、父母最高学历和父母最高职业地位，在省级层面均控制了人均 GDP，由于篇幅原因，在文中省略，括号内为标准误。

表 12-7 呈现不同父母最高职业地位的学生中录取率对课外补习参与率的影响结果。在不同父母最高职业地位样本中，高中录取率和职业高中录取率对学生课外补习参与率均无显著影响。普通高中录取率对学生课外补习参与率均有显著正影响，其中父母最高职业地位为上层的学生样本的系数最大，父母最高职业地位为下层的学生样本系数最小，可见普通高中录取率对上层样本的影响较大，对下层样本的影响较小。在父母最高职业分类为下层的样本中，示范高中录取率对课外补习参与率有显著负影响，即示范高中录取率的提高能够显著降低父母最高职业分类为下层的学生课外补习参与率，而父母最高职业分类为中层和上层的样本中，示范高中录取率对课外补习参与率无显著影响。

**表 12-7　高中录取率对不同父母最高职业地位的学生课外补习参与率影响的伯努利多层线性模型分析结果**

| 变量 | 下层样本 | | | | 中层样本 | | | | 上层样本 | | | |
|---|---|---|---|---|---|---|---|---|---|---|---|---|
| 高中录取率 | 2.003<br>（2.803） | — | — | — | 3.854<br>（2.943） | — | — | — | 3.589<br>（3.001） | — | — | — |
| 职业高中录取率 | — | −4.115<br>（3.118） | — | — | — | −3.133<br>（3.174） | — | — | — | −3.458<br>（3.592） | — | — |
| 普通高中录取率 | — | — | 5.292**<br>（2.563） | — | — | — | 7.056***<br>（2.741） | — | — | — | 8.179***<br>（3.156） | — |
| 示范高中录取率 | — | — | — | −4.350**<br>（2.018） | — | — | — | −2.388<br>（1.834） | — | — | — | −0.420<br>（2.164） |
| 截距 | −4.964**<br>（2.273） | −2.391***<br>（0.850） | −6.324***<br>（1.490） | −2.377***<br>（0.624） | −6.536***<br>（2.403） | −2.729***<br>（0.868） | −7.459***<br>（1.625） | −2.839***<br>（0.649） | −5.721**<br>（2.435） | −2.125**<br>（0.993） | −7.393***<br>（1.846） | −2.820***<br>（0.776） |
| $p$ | 0.000 | 0.000 | 0.000 | 0.000 | 0.000 | 0.000 | 0.000 | 0.000 | 0.000 | 0.000 | 0.000 | 0.000 |
| $N$ | 1794 | 1794 | 1794 | 1794 | 1326 | 1326 | 1326 | 1326 | 378 | 378 | 378 | 378 |

注：上述模型在学生层面均控制性别、家庭人均年收入、父母最高学历和学校阶段，在省级层面均控制了人均 GDP，由于篇幅原因，在文中省略，括号内为标准误。

# 第四节　研究结论、讨论与政策建议

## 一、研究结论

本章研究基于 CFPS 2016 年数据和收集各省份高中录取率的数据，基于 MMI 理论和 EMI 理论，通过构建多层线性伯努利模型，探究中考升学竞争对义务教育阶段学生课外补习参与率的影响，得出以下主要研究结论。

第一，我国义务教育阶段学生课外补习参与率为 32.74%。我国平均高中录取率为 91.66%，绝大部分初中生能够接受高中教育。我国平均普通高中录取率为 57.82%，平均职业高中录取率为 33.85%，这与我国高中阶段总体保持普通高中和中等职业学校招生规模大体相当的政策目标差异较大。我国平均示范高中录取率为 18.16%，表明我国优质高中教育资源较为稀缺。

第二，高中录取率和职业高中录取率对学生课外补习参与率无显著影响。提高高中录取率和职业高中录取率并不能降低学生课外补习参与率，说明围绕高中入学机会和职业高中入学机会的竞争较小。而且不同家庭背景和不同学习阶段的学生对于高中入学机会和职业高中入学机会带来的竞争压力没有异质性，表明不同社会阶层家庭的教育竞争核心并不是高中教育和职业高中教育的入学机会。

第三，普通高中录取率对学生课外补习参与率有显著正影响，即普通高中录取率越高，学生课外补习参与率就越高。

第四，示范高中录取率对学生课外补习参与率有显著负影响，即提高示范高中录取率，可以显著降低学生课外补习参与率。

第五，普通高中录取率对不同社会阶层家庭学生课外补习参与率的影响存在异质性，普通高中录取率越高，社会阶层较高的家庭学生参与课外补习的概率越大。普通高中录取率对不同学校阶段的学生无异质性影响，无论是小学样本还是初中样本，普通高中录取率对学生课外补习参与率均有显著正影响。

第六，示范高中录取率对不同社会阶层家庭学生课外补习参与率的影响存在异质性，示范高中录取率对父母最高职业地位分类为下层的学生课外补习参与率有显著负影响，而对父母最高职业地位分类为中层和上层的学生课外补习参与率无显著影响。示范高中录取率对不同学校阶段的学生存在异质性影响，示范高中录取率对小学生课外补习参与率无显著影响，对初中生课外补习参与率有显著负影响。

## 二、结论讨论

根据MMI理论，当高中教育还未普及时，人们接受教育的主要目的是获得受教育机会，即“上高中”。现在高中教育已经普及化，90%以上的初中生可以接受高中教育，甚至50%以上的学生可以接受普通高中教育，导致高中受教育机会和职业高中受教育机会，甚至是普通高中受教育机会的吸引力都大大降低。本章研究发现，普通高中录取率的提高，反而促进了学生课外补习参与率，示范高中录取率的提高才能有效降低课外补习参与率。结合EMI理论可知，现在高中教育竞争的核心不是受教育机会，而是教育质量。此时，对于社会阶层较高的家庭而言，通常上普通高中已经不能有效维持他们子女在高中教育和未来高等教育升学竞争中的优势地位，而且由于高中受教育机会的无差异性和优质高中教育资源的稀缺性，普通高中的扩招反而增加了社会阶层较高的家庭的教育竞争压力，进一步加剧了他们的教育焦虑。所以，社会阶层较高的家庭就会努力让其子女参与课外补习，力图帮助他们在中考升学竞争中建立优势以进入示范高中，接受优质的高中教育资源。此外，本章研究发现，即使提高示范高中录取率，也只降低了社会阶层较低家庭的学生课外补习参与率，社会阶层较高家庭的学生依然会选择参与课外补习以确保有效维持高中升学竞争优势。国内外的一些研究均发现，课外补习有助于提升学生学业成绩。①②这就会导致示范高中增加的入学机会和优质的高中教育资源，更多的被社会阶层较高家庭的子女所享有，结果扩大了不同社会阶层家庭子女示范高中入学机会的差异，导致示范高中入学机会不均等，不利于社会流动和教育公平。

此外，在探讨中考升学竞争对义务教育学生课外补习参与的影响时，本章研究中的高中录取率采用2015年数据，而义务教育学生课外补习参与采用2016年数据，在一定程度上可以避免双向因果问题，但仍然没有解决该问题，这可能导致估计结果有一定偏差。在后续研究中，我们将尝试采用追踪数据进一步降低内生性的干扰。

## 三、政策建议

第一，扩大优质高中教育资源，增加示范高中录取率，降低义务教育阶段学

---

① 薛海平. 课外补习、学习成绩与社会再生产. 教育与经济，2016（2）：32-43.

② Dang H H. The Determinants and impact of private tutoring classes in Vietnam. Economics of Education Review，2007，26（6）：683-698.

生课外补习参与率。由于我国高中教育已经基本普及，中考升学竞争更多的是围绕高中教育质量展开，即在于“上好高中”，而不是高中受教育机会。然而，优质高中资源的稀缺，造成示范高中的入学机会出现了“队列拥挤现象”，即示范高中的供给弹性较小，导致其竞争反而更加激烈。[①]社会阶层较高的家庭为了能让其子女进入示范高中，纷纷寻求校外教育，即课外补习，帮助其子女在升学竞争中维持优势。可见，若能扩大优质高中教育资源，增加示范高中供给能力，提高示范高中录取率，让更多学生享受优质的高中教育资源，可在一定程度上缓解父母和孩子中考升学竞争压力，也有助于降低义务教育阶段学生课外补习参与率。

第二，向社会阶层较低的弱势家庭定向增加示范高中招生名额，减弱课外补习社会再生产作用，促进不同阶层家庭子女优质高中入学机会均等化。本章研究发现，社会阶层较高的家庭为了有效维持教育竞争优势，更多地让子女参与课外补习，以增大他们进入示范高中的机会。此外，示范高中录取率的提高降低了父母最高职业分类为下层的学生课外补习参与率，对于中层和上层的家庭而言，依然会选择参与课外补习。因此，即便示范高中录取率提高了，社会阶层较高的家庭仍然会让其子女参与课外补习，这也容易造成增加的示范高中名额更多地被社会阶层较高的学生所占有，加剧了不同阶层家庭子女优质高中入学机会不均等。目前，有些省份已经出台类似政策，如北京中招“指标到校”“名额分配”，上海市“名额分配到校”政策。因此，在提高示范高中录取率的同时，应该面向社会阶层较低的弱势家庭增加示范高中的招生名额，削弱课外补习的社会再生产作用，让更多弱势家庭的子女能够享有优质的高中教育资源，促进不同阶层家庭子女优质高中入学机会均等化，为打破阶层固化、实现不同社会阶层合理流动创造条件。

---

① Bound J，Turner S. Cohort crowding：How resources affect collegiate attainment. Journal of Public Economics，2007，91（5）：877-899.

# 后　记

进入21世纪，随着教育竞争不断加剧，家庭对孩子教育的期望越来越高，围绕孩子教育的需求也日益多元化。同时，教育供给也在发生变化，以公立学校系统为主的教育服务已经不能完全满足家长们的需要，一大批校外教育机构应运而生并不断扩张。中小学生大量参与课外补习已经成为全球范围内普遍存在的社会现象，伴随而来的学业负担过重、教育内卷，以及"鸡娃""海淀妈妈"等畸形教育产物引起社会各界和政府高度关注，越来越多的国内学者开始研究课外补习问题。探讨学生和家长参与课外补习决策的影响因素有助于揭示"课外补习热"现象背后深层次原因，为落实"双减"政策、化解学生和家长课外补习需求与整顿校外培训机构提供决策参考。

从21世纪初开始，国内有少数学者开始采用实证研究方法探讨基础教育阶段学生的课外补习问题。我从2005年开始采用定量研究方法探讨基础教育阶段学生参与课外补习的影响因素，主要聚焦于分析学生个体和家庭社会经济背景因素对其参与课外补习的影响，研究成果《中国城镇学生教育补习的实证分析》被2006年中国教育经济学年会会议论文集收录，我也受邀在该次年会的分论坛上做了报告。在会议论文基础上，我于2009年在《教育研究》第1期发表了《中国城镇学生教育补习研究》一文，该文荣获第四届全国教育科学研究优秀成果奖三等奖。近5年，依托我主持的国家自然科学基金面上项目"家庭资本、影子教育与社会再生产”（项目批准号：71774112）、北京市社会科学基金首都师范大学北京基础教育研究基地重点项目“从学校教育到影子教育：教育竞争与社会再生产”（项目批准号：15JDJYA007）、首都师范大学教育学部重大项目“影子教育、学业负担与学生发展”，我和课题组成员以及我的研究生对基础教育阶段学生课外补习问题进行了系统、深入的研究，从不同视角探讨了学生参与课外补习的深层次原因，尤其注重从宏观层面探讨社会经济和教育政策对学生和家庭课外补习决策行为的影响。我们陆续发表了几十篇相关论文，指导了近十名博硕士研究生完成了相关学位论文，取得了较丰富的研究成果。

为了系统揭示基础教育阶段学生和家庭热衷于参加课外补习现象背后的原因，我基于家庭微观层次、学校中观层次、社会宏观层次，从经济、文化、教育不同视角探讨学生和家庭参与课外补习决策行为的影响因素。截至目前，国内关于课外补习问题研究的专著非常少，可以说，本书集中呈现了我和项目组成员近5年对我国基础教育阶段学生参与课外补习原因问题研究代表性成果，也在一定程度上反映了我国基础教育阶段学生课外补习问题研究的最新进展。在本书即将出版之际，对所有参与本书研究的课题组成员以及大力支持本书研究的单位和个人表示衷心感谢。

感谢国家自然科学基金委、北京市社会科学基金首都师范大学北京基础教育研究基地、首都师范大学教育学部对我主持的基础教育课外补习问题研究的立项支持。

感谢北京大学中国社会科学调查中心、中国人民大学中国调查与数据中心、北京大学中国教育财政科学研究所为本书提供数据的大力支持。

感谢北京大学全国医学教育发展中心助理研究员方晨晨、西南财经大学公共管理学院师资博士后巩阅瑄参与了本书的研究工作。

感谢我的研究生高翔、师欢欢、杨路波、韩一鸣、左舒艺、徐丹诚、杨琳琳、胡晓晴参与本书的文字编辑工作。

科学出版社在本书出版中给予了有力支持，借此机会对科学出版社教育与心理分社分社长付艳和崔文燕编辑以及编校人员表示衷心感谢。谢谢她们为本书的修改和完善提出的宝贵意见。

鉴于我水平有限，书中不免存在某些不当之处，恳请读者朋友批评指正。

谨以拙著，献给所有支持本书研究以及关注课外补习问题和“双减“政策的朋友。祝愿我国的基础教育明天会更好！